黒田孝高画像
（福岡市美術館蔵、画像提供：福岡市美術館／DNPartcom）

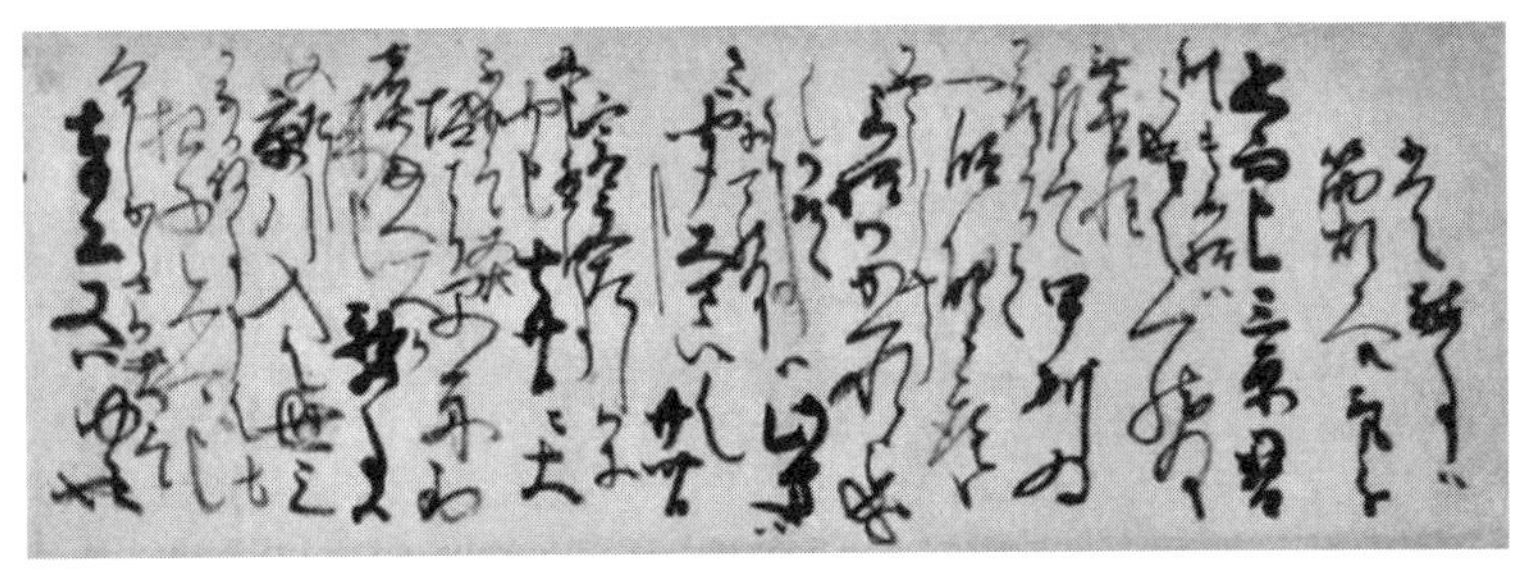

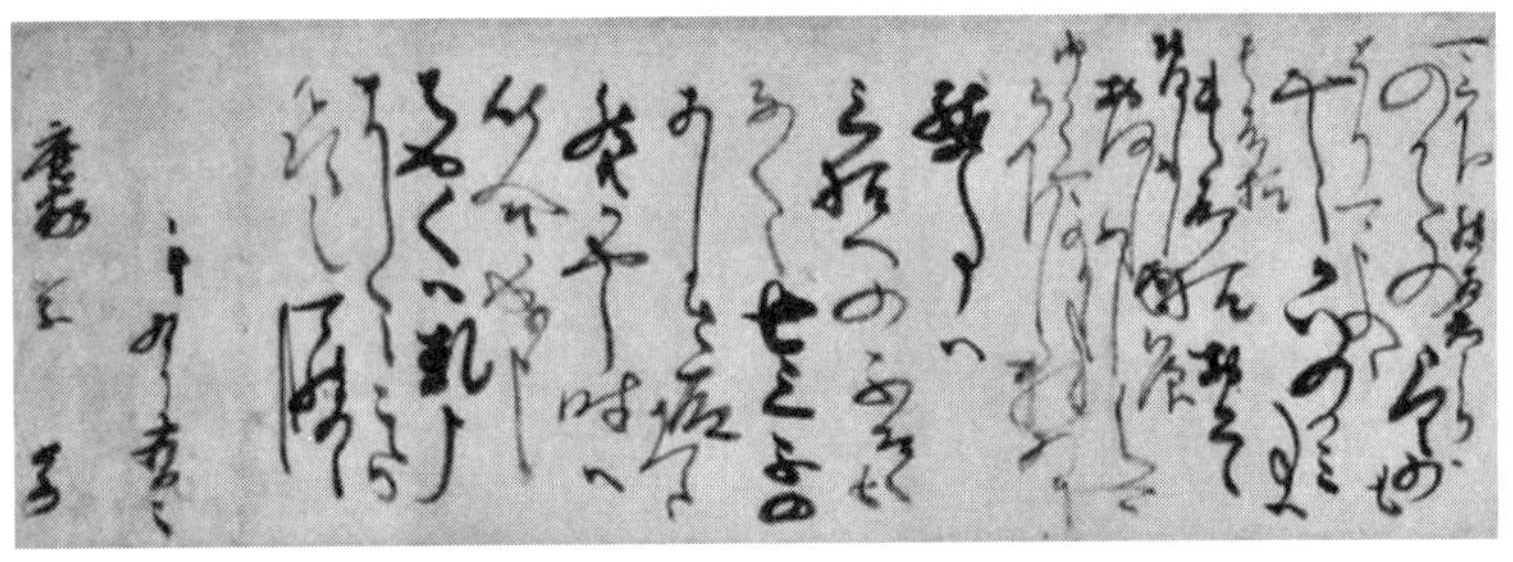

黒田孝高自筆書状（吉川史料館蔵）

追而申候、三原御替
被成候て、可然存候、
左候ハバ、甲州為
一段能御座候、
上様（秀吉）御かくれ被成
候御事ハ、此方へハ
聞、大方候い候て、廿四日、
爰元たしかに
聞申候、去廿日に、大
坂より早舟到
来申候、我等事ハ、
京引入候て、世上
様子見可申候、
奉公、又はゆミや（弓矢）
のかたの望少も
無之候、かいのかみ（甲斐守）事ハ、
貴所様おとと
おぼしめし候て可
被下候、頼存候、
我等事は、
上様へのふそくも
なく候、世上ふの
あしき故にて候、
然共かやう時ハ、
仕合成申候、
はやくハ乱申
まじく候、其御
心得候て可然存候、かしく
（慶長三年）九月十五日
広家□（様）参　如水
（袖書省略）

はじめに

福岡藩黒田家の祖黒田孝高は、通称の「官兵衛」あるいは「黒田如水」として人口に膾炙し、「稀代の軍師」として喧伝されている。卓越した智謀によって豊臣秀吉の天下統一を支えたというのである。数多くの歴史小説などでも、そうした描き方をされているが、このような評価は必ずしも学術的な裏づけをもつものではない。前近代の日本には「軍配者」とよばれ、陰陽道や易学などを駆使して合戦の吉凶を占うような人々は存在したが、そもそも「軍師」という職責は確認されていない。

今日、「軍師」として語られる人物の多くは、江戸期に隆盛した軍学（兵学）の始祖に位置づけられている。実際の戦場体験から会得された戦法や陣方を基に理念的な整理がなされ、体系化されて軍学が成立し、甲州流・越後流・北条流・長沼流などさまざまな流派として伝授されていく。所詮は、日本列島から合戦がなくなったのちの泰平の学問ではあるが、それゆえにこそ一定のリアリティーは必要であり、少なくとも近世初頭の軍事技術には照応する水準にあったとされる。「軍師」はその体現者として、実際の戦という史実と、理念が求めた虚構の間に、位置づけられたのである。いずれにしろ、「軍師」という概念は黒田孝高にとっても後世のものにすぎず、その人物を評するあたって前提におくべきものではない。

さらに、今日の孝高像が創られる上で規定的な役割を果たしたのが、貝原益軒（かいばらえっけん）の編著『黒田家譜』であろう。『大和本草（やまとほんぞう）』や『養生訓（ようじょうくん）』などで知られる貝原益軒（久兵衛篤信、号はほかに「柔斎」「損軒」など）は、福岡黒田家に仕えた儒学者であった。寛文（かんぶん）十一年（一六七一）孝高の曽孫にあたる福岡黒田家の三代光之は、益軒に黒田家の家史編纂を命じた。この益軒が十七年間をかけて完成させたのが『黒田家譜』十六巻である。黒田家の「正史」として「源姓黒田氏系譜」から筆を起こし、孝高と嫡子長政（ながまさ）の生涯を追い「如水遺事」「長政遺事」に至る。黒田家に残る記録や、織田信長（おだのぶなが）・豊臣秀吉・徳川家康（とくがわいえやす）らから、孝高・長政に与えられた書状などをもとに叙述がなされており、今日からみても有用な書物である。とはいえ、孝高の没後七、八十年を経ての著述であり、また、黒田家の「正史」であるがゆえの限界は否定できない。

例えば、孝高や長政がキリスト教に入信していた事実は、『黒田家譜』にいっさい記述されていない。『黒田家譜』がなった十七世紀後半、すでにキリシタン禁教は「国是」（国の政策）であり、家祖・藩祖がそれに関わったという事実は、「正史」として憚られるものであり、あからさまに語ることはできなかった。このことは一例にすぎず、参考資料とすることはある程度許容されるものの、全面的な信を置くべきでない。

ついで、戦国から江戸初期にかけて活躍した人物の逸話・挿話をまとめた、湯浅常山の『常山紀談』について触れたい。著者の常山は湯浅新兵衛元禎と称し、岡山池田家でもろもろの奉行職などをつとめた。その一方で服部南郭や太宰春台に学んだ徂徠学派の儒者としても知られており、国史国文にも通じ、また剣槍の奥義を究めたという。『常山紀談』は元文四年（一七三九）に成立するが、さらに推敲を重ね、最終的には明和七年（一七七〇）に完成する。明治二年（一八六九）に成ったという岡谷繁実著『名将言行録』にも、多大な影響を与えたといわれる。

ここには孝高（岩波文庫本での表記は「孝隆」）やその家臣たちの言行に取材した話題も数多く収められている。黒田家の由緒のほか、豊前国衆一揆における城井谷の戦いや「関ヶ原」における石垣原の戦いなどの戦陣譚などである。常山の立場は史実を重んじつつも、説話的・教訓的な要素を重視するものであった。しかしながら、史実としての信憑性は必ずしも高くない。

明治四十四年に福本日南の『黒田如水』(東亜堂書房)が刊行され、竹中半兵衛と黒田官兵衛を、秀吉を支えた「二兵衛」として称揚する。さらに、その数年ののち大正五年(一九一六)に、子爵金子堅太郎が『黒田如水伝』(博文館)を著す。この書物によって今日に至る「黒田官兵衛」あるいは「黒田如水」像が定立されたといってよい。『黒田如水伝』は黒田家伝世の文書類などを駆使した周到な伝記ではあるが、典拠不明な記述が散見されることも否定できない。

また、今日に至る孝高像の形成を考えるとき、文学作品の果たした役割はきわめて大きい。孝高に取材した文学作品を挙げれば枚挙に暇ないが、その主なものを挙げれば吉川英治『黒田如水』、司馬遼太郎『播磨灘物語』などとなろうか。文学作品の詳細については、姫路文学館特別展の図録『黒田官兵衛の魅力』などに譲るが、こうした作品もその多くが「史実」の確定を金子堅太郎の『黒田如水伝』によっているように見受けられる。「黒田官兵衛」ないし「黒田如水」のイメージは、史実とは別次元の場で増幅され、再生産されたわけであるが、加えて主君としての理想像が孝高に投影されていたことも忘れてはならない。『黒田家譜』への言及と重複する部分もあるが、孝高を領民思いの名君とし、かつては倹約家・節倹家として強調する言説がみられた。「黒田如水教諭」などによる語りだが、こうした資料も孝高同時代のものではなく、その虚構性は否定できない。

本書の目的は、虚実交々に語られてきた黒田孝高の生涯を、当時の一次史料から追い、それをもとに人物像を再構築することにある。とはいえ、一次史料の伝存状況に限りがあることは否めない。こうした事実の背景には、若年のころから孝高に仕えた一門や家臣の家が、比較的早期に途絶えてしまうという事情がある。例えば、「黒田家の三老」などと称される栗山利安（四郎右衛門尉、備後）・井上之房（九郎右衛門尉、周防）・母里友信（太兵衛尉、但馬）の家や後藤基信（又兵衛尉）さらに弟たちの家は、いずれも孝高の子長政ないし孫忠之の時代までに黒田家から退去するなり、知行を没収されるなどして断絶しており、これらについては家文書を充分に活用することができない。

こうした欠を幾分かでも補うため、本書では幕末から明治にかけて活躍した長野誠の遺業に大きく依拠した。「芳斎」の号で知られる長野誠は、文化五年（一八〇八）に福岡城下に生まれた。実家は黒田家中の月形家だが、同じく福岡黒田家に仕える長野家の養子となる。幕末の福岡黒田家で、学問所本役や軍事御用御右筆格などをつとめ、維新後に家督を譲ったあとも、香椎宮権宮司などに任じられている。この間、前当主の長溥（福岡黒田家十一代）

から依頼をうけて、黒田家の家史編纂に従い、明治二十四年八月に享年八十四で没する。長野誠の著作は多岐に及ぶが、ここでは家史編纂の成果である『福岡啓藩志』および『修史余録別集』などに徴し（いずれも福岡県立図書館所蔵）、これらに収録された文書（写）を積極的に活用していくこととする。なお、史料の引用にあたっては、読者の便を考えて、適宜読み下しにしている。

目次

口絵

黒田孝高画像
黒田孝高自筆書状

挿図

挿　表

第一　播磨・黒田家

一　孝高の出自と戦国時代の播磨

黒田家の出自

黒田孝高は播磨の土豪を出自とする。この黒田家が始祖を近江の出身として、宇多源氏を称するのは、江戸幕府の命により編纂された「寛永諸家系図伝」がきっかけである。豊臣期以前についての詳細は不明だが、筑前国上座郡（現・福岡県朝倉市）の円清寺に残る慶長九年（一六〇四）の孝高像賛には「居士姓橘氏俗諱孝高」とあり、橘姓の使用が確認される。ところが、元和四年（一六一八）四月に黒田孝高の長子長政が日光東照社に寄進した石鳥居には「黒田筑前守藤原長政」の銘があり、この段階では藤原姓を称しているようである。

佐々木源氏出身説

「寛永諸家系図伝」ののち、黒田家は宇多源氏佐々木氏の流れを謳い、佐々木源左秀義から六代目の左衛門尉宗満（初名宗清）を始祖と位置づけている。黒田家に仕えた貝原益軒編纂の『黒田家譜』などによると、宗満は近江国伊香郡黒田村に住し、「黒田」の苗字を用い始めたという。この宗満からさらに六代ののち高政（たかまさ）に至り、黒田氏は近江を退き、備前国邑久郡（びぜんのくにおおくぐん）福岡に移ったとする。高政の次男重隆（しげたか）が備前から播磨に出て、龍野（たつの）城主だった赤松政秀（あかまつまさひで）の被官となり、ついで御着城（ごちゃくじょう）の小寺氏（こでらし）に従うこととなる。なお、苗字の地を近江国伊香郡黒田村ではなく、近江国坂田郡（さかたぐん）黒田郷とするものがある。

播磨赤松氏出身説

これに対して、播磨国出自説も存在する。兵庫県西脇市の荘厳寺に伝わる「黒田家略系図」などは、黒田氏を播磨国守護赤松氏の一流とし、播磨国多可郡（たかぐん）黒田庄（現・兵庫県西脇市黒田庄町）を本拠とする。赤松の支流となれば姓は源氏であるが、宇多源氏ではなく、村上（むらかみ）源氏となる。ちなみに、江戸期の播磨国ではこの多可郡黒田庄が黒田家発祥の地であるという説が広く支持されていたようである。

残念ながら、いずれの説も同時代史料で確認できるものでなく、現状では真偽の判定も困難である。もとより、地域の土豪が自らの血統を貴種に結び付けるための創作である可能性が高い。とはいえ、こうしたことは、ひとり黒田家に特徴的なことではなく、下剋上の風潮に逐（お）われた戦国期にはきわめて一般的な事象であった。

正確な出自は不明

正確な出自も明らかではない播磨黒田家の動向が確実となるのは、孝高の祖父重隆あるいは父職隆（もとたか）の時代からとなる。重隆（下野守）は播磨の姫路を本拠として、同じく播磨御着城の小寺氏に仕えていた。小寺氏は播磨国の守護をつとめた赤松氏の庶流とされる。

戦国期の播磨国

孝高の生涯を追うにあたって、まず生国播磨の戦国期の状況についてみておきたい。播磨赤穂郡の赤松を本拠とする南北朝期の武将赤松則村（円心）が、足利尊氏によって播磨国守護に任じられ、赤松家発展の基礎を固める。これを嗣いだ子の則祐や孫の義則が、国衆の被官化を通じて地域支配を進めた。

赤松氏・山名氏の抗争

しかしながら、嘉吉元年（一四四一）、赤松満祐が将軍足利義教を自邸に招いて謀殺し（嘉吉の乱）、これを契機に赤松家は没落を余儀なくされる。赤松の領国は、乱の鎮圧に功のあった山名一族に与えられ、播磨の守護には山名持豊（宗全）が就くこととなる。のちに、満祐の弟義雅の孫にあたる政則に赤松家の再興が許されるものの、播磨の守護を回復したわけではなかった。応仁・文明の乱で、政則は細川勝元に与し、これによってようやく播磨および備前・美作の守護に任ぜられることとなる。だが、地域支配をめぐる赤松政則と山名政豊（持豊の後継）との抗争はその後も続き、さらにこの過程で赤松家重臣の浦上則宗が政則を追放するという事件が起きる。浦上則宗が山名政豊との戦いに苦戦するなか、政則が播磨に復帰し、やがて山名勢の放逐に成功する。

在地勢力の割拠

政則が飾西郡の置塩城を本拠としたため、政則の子孫は「置塩屋形」と称されることとなる。政則は細川勝元の女を迎え（洞松院）、その後ろ盾を得て領国支配の安定化を試みる。政則を継いだのは庶家から入った養嗣子の義村であったが、浦上則宗や村宗

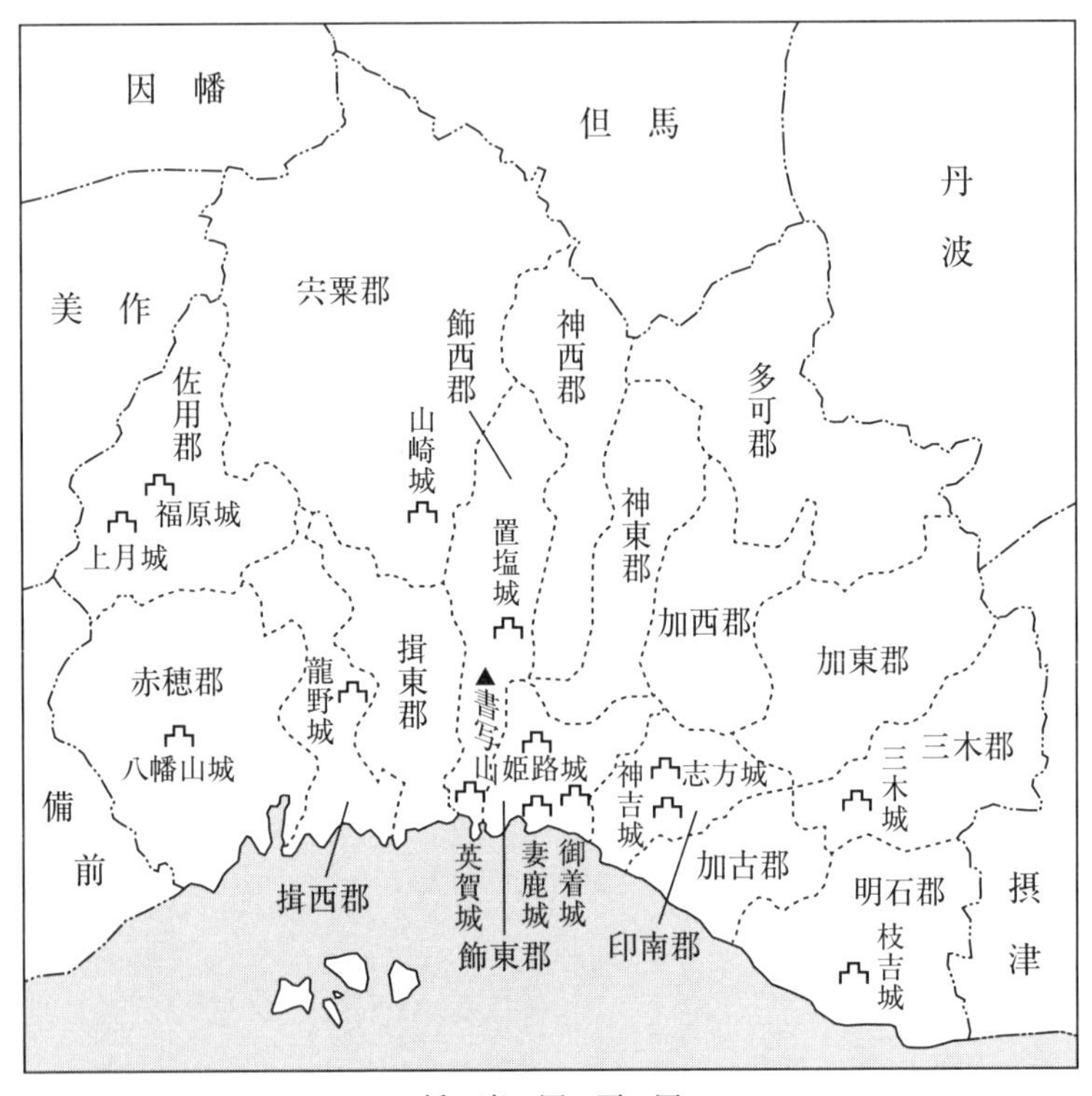
因幡
但馬
丹波
美作
宍粟郡
飾西郡
神西郡
多可郡
佐用郡
山崎城
神東郡
福原城
上月城
置塩城
加西郡
加東郡
赤穂郡
龍野城
揖東郡
書写山
三木郡
三木城
八幡山城
姫路城
神吉城
志方城
備前
英賀城
妻鹿城
御着城
加古郡
明石郡
摂津
揖西郡
飾東郡
印南郡
枝吉城

播磨国要図

播磨国有力国衆略系図

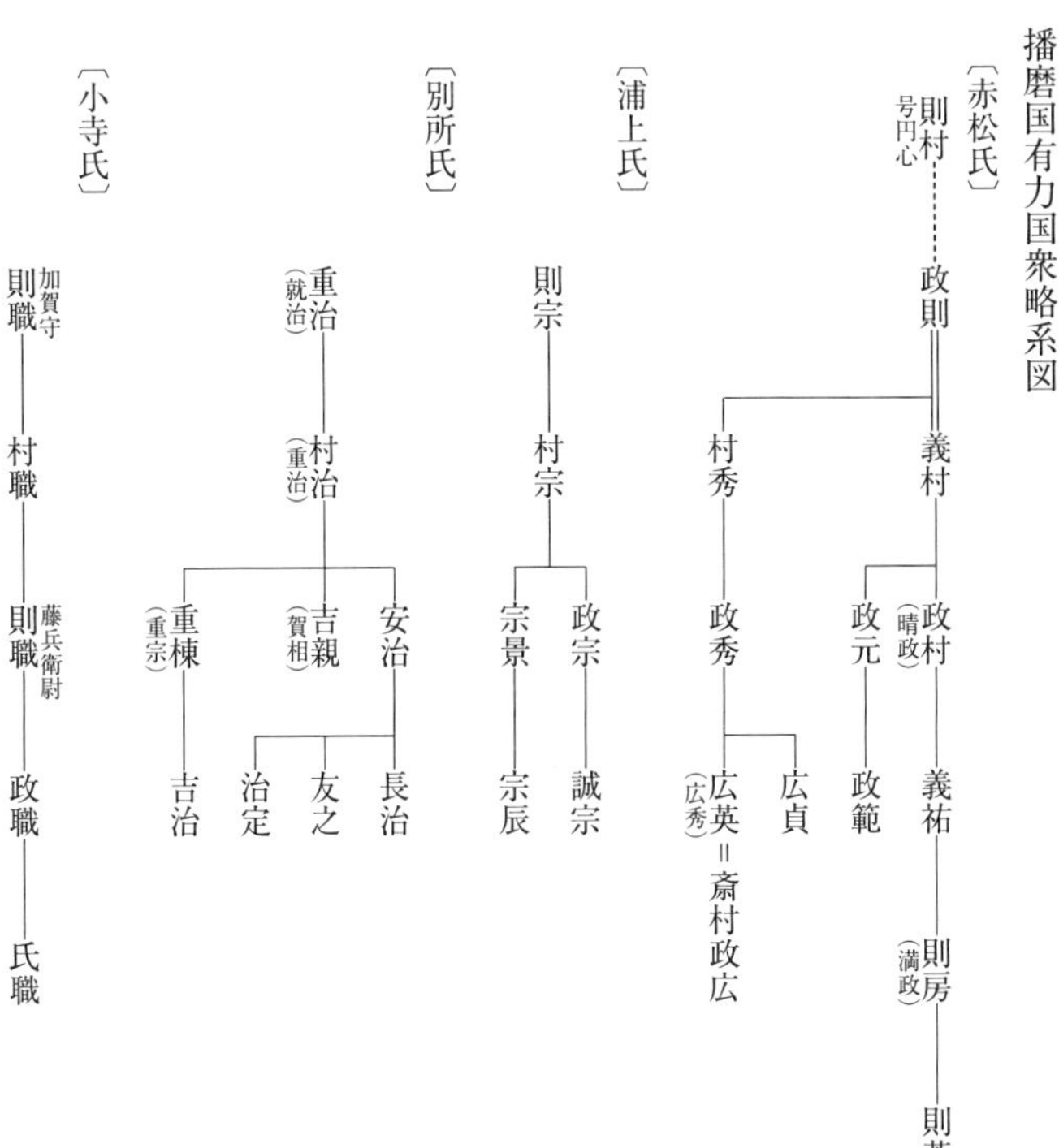
〔赤松氏〕
則村 号円心
政則
義村
村秀
政村（晴政）
政元
義祐
政範
則房（満政）
則英
政秀
広貞
広英（広秀）＝斎村政広
〔浦上氏〕
則宗
村宗
政宗
宗景
誠宗
宗辰
〔別所氏〕
重治（就治）
村治（重治）
安治
吉親（賀相）
重棟（重宗）
長治
友之
治定
吉治
〔小寺氏〕
加賀守 則職
村職
藤兵衛尉 則職
政職
氏職

（則宗の甥で後継）との対立に中央の政局や近隣諸国の勢力が影響を与え、播磨国内が安定することはなかった。大永元年（一五二一）に義村は浦上村宗の謀略によって殺害されるが、享禄四年（一五三一）には合戦の最中に村宗も赤松政村（義村の嫡子、初名「政祐」、のち将軍義晴の偏諱をうけ「晴政」）の裏切りにあって討ち死にする。

このの ち、赤松政村が置塩城に復帰し播磨守護に任じられるが、諸勢力が播磨国内に割拠するという状況は解消されなかった。東部は三木郡（本来の郡名は美嚢郡）三木城による別所氏の支配下にあったが、西部は置塩城の政村のほか、揖保郡の室山城には浦上村宗の子政宗がおり、その弟宗景が備前天神山城に拠りつつ西播磨にも影響力を及ぼしていた。このほかにも、揖保郡龍野城に守護代をつとめた庶流の赤松家、飾東郡の御着城には播磨黒田家の主家となる小寺家などがあって対峙していた。

二　孝高の祖父重隆

赤松被官小寺氏

文明年間から享禄年間（一四六九～一五三二）にかけて、播磨国の守護赤松政則やその養嗣子義村のもとで活躍した「小寺」苗字の人物としては則職（加賀守）・祐職（勘解由左衛門尉）・村職（藤兵衛尉）といった名が確認できる。

享禄三年（一五三〇）七月、小寺村職は浦上村宗と播磨庄山城で戦い、敗死する。その後、義村の子赤松政村（晴政）期には、則職（藤兵衛尉）が現れる。既述の加賀守則職とは別人とみなされるが、村職との関係も不詳である。本多博之氏は、村職の死後、おそらく一族のなかから小寺本宗家を継ぐ者が出て、小寺家当主の名である「藤兵衛尉」を称し、改めて則職を名乗ったのではないかと推察している。

天文年間（一五三二〜五五）になると、出雲の月山（富田）城に拠る尼子経久が美作への侵攻を開始する。赤松政村は美作の守護でもあったが、これは形式的なものにすぎず、経久は容易に美作を制圧した。経久を継いだ晴久（経久の嫡孫、初名は詮久）の代になると、尼子勢の播磨侵攻が本格化する。国衆の多くが尼子方に付き、立場が危うくなった政村は細川晴元の勢力を頼って淡路から阿波に逃れる。

祖父黒田重隆

こうしたなか、小寺則職（藤兵衛尉）の家臣として、孝高の祖父重隆が一次史料に登場する。「芥田文書」の天文十一年（一五四二）七月三十日付曼荼羅院充て文書は、剃髪して入道宗卜と号していた黒田重隆が山脇職吉（和泉守）と連署して発給したものである。ここで重隆は中嶋村の下地（土地）支配に言及し、麦地子（賦課された地代を麦で納める）のことを令している。重隆は永禄七年（一五六四）二月六日に没し、職隆が開基となり黒田家菩提所とした姫路の心光寺に葬られる。享年は五十七と伝えられる。

重隆には長子職隆のほかに高友・友氏・重孝の四人の男子が確認される。職隆・高友の生年はそれぞれ大永四年（一五二四）・五年とされ、友氏と重孝とはともに天文七年の生まれとされている。職隆の生母は重隆の正室妻鹿氏と知られるが、ほかは生母も不詳である。

孝高の叔父たち

孝高の父の職隆について論じるに先立って、職隆の弟たちについて述べておく。高友は永禄年間（一五五八〜一五七〇）には僧籍に入っていたようで、天台宗の名刹として知られる姫路の増位山随願寺の塔頭地蔵院に住した。休夢斎善慶法印と号し、また安芸法印とも称されている。高友も小寺の苗字を冒したようで、一般には「小寺休夢」として知られる。秀吉の側近に仕え、歌人・茶人としても重用された。高友の子は「黒田宇兵衛」を称し、黒田孝高・長政に仕えるが、朝鮮半島で討ち死にする。宇兵衛の子、十左衛門は幼少であったため肥塚理左衛門に預けられ、のち肥塚家の養子となって家を継ぐ。

友氏は通称を勘七・勘右衛門とし、井手左近将監の女を娶って、その養子となり苗字は井手を称す。永禄十二年（一五六九）九月十五日、龍野の赤松政秀との合戦で、討ち死にする。享年は三十二と伝わる。友氏の子友正も黒田孝高・長政に仕え、「真斎」と号している。末子の重孝は惣八郎を称し、のちに松井宗元の養子となって松井家を継ぐ。

三　孝高の父職隆

赤松氏の没落

大内義隆との対抗上、尼子勢が播磨から撤退せざるを得なくなると、天文十年（一五四一）八月にようやく赤松政村が播磨に復帰する。しかしながら、畿内では政村が頼りとする細川晴元の権力基盤が弱体化し、晴元の重臣三好長慶が次第に台頭する。天文十八年の摂津江口の戦いに勝利することで、三好長慶がその覇権を確立する。

赤松政村は三好長慶に対し、播磨国内への派兵を要請し、天文二十三年九月および翌弘治元年（一五五五）二月には別所氏の三木城などを攻めさせている。この結果、別所氏や明石氏も政村との和睦に応じることとなるが、永禄元年（一五五八）八月には赤松政村が嫡男義祐によって、守護所置塩城を逐われてしまう。

さらに、実父を放逐した義祐自身も、嫡男則房（満房）との抗争を繰り広げるなどして赤松家内部の紛争が相次ぎ、「置塩屋形」赤松氏は著しく弱体化していく。こうしたなか、則職を継いだ政職（藤兵衛尉）率いる小寺家は、浦上・別所といった諸勢力と競いつつ、自立化を強めていく。

父黒田職隆

孝高の父職隆は小寺政職に仕えて大きな信任をうけ、飾東郡の姫路城を預かる。残念ながら、この前段階における城の規模などは判然としない。職隆は父重隆と諮(はか)り、主君小寺政職の許しを得て、御着の出城となる姫路城の大改修を行なっている（『姫路市史一四　別編　姫路城』）。これが永禄四年のこととされ、職隆が姫路を預かったのは、このしばらく前のことと推察される。職隆は当初、実名(じつみょう)を「満隆(みつたか)」と称していたようだが、小寺家当主歴代の通字(つうじ)である「職」を与えられ、「職隆」に改めたとされる。

播磨の「鶴林寺文書」には「刀田山行事坊」に充てた十一月二日付の黒田職隆（兵庫助）の書状が残っている。刀田山鶴林寺は天台宗の名刹で、播磨でも有数の大寺院であり、寺坊も三十数ヵ所に及んでいた。この文書に先立って、鶴林寺は小寺政職に対し「五ヵ条の儀」と称される申し出を行なったようだが、この文書で職隆は政職には特に異論はないと、主君の意向を告げている。また、寺内南大門のことについて、これまで通りなので心配する必要はないとし、さらに「免許出入の儀」は代官衆とよく話し合うよう伝えている。単発の年未詳文書であり、詳しい事実関係は判然としないが、職隆は小寺政職の意向を踏まえつつ、鶴林寺のような大寺院との交渉を許されている。僅少な事例だが、職隆が小寺家において枢要な立場にあったことがうかがえる。

また、「芥田文書」には、職隆の作成・発給に係る永禄元年十二月二十八日付の「芥田五郎衛門前算用状(さんようじょう)」や元亀(げんき)三年（一五七二）十二月二十五日付の「芥田善五郎前出入算用事」などが残っている。新田義貞の流れを汲むとされる芥田家は鋳物師として知られるが、小寺家のもとで本拠地たる野里地方の代官（「野里村政所」）に任じられていたようであり、上記の史料は代官支配の収支に関わるものであろう。

職隆、主君小寺政職の信任を得る

職隆はさらに主家の苗字である「小寺」をも許されることとなる。その時期ははっきりしないものの、永禄十年には「小寺」を名乗っており、これと前後して職隆は通称も兵庫助から美濃守に改めたようである。以下、御着城の小寺本家と区別するため、こちらを「姫路小寺」家と称する。職隆は「小寺美濃守」の名で、実弟である随願寺地蔵院の休夢斎善慶とともに、小寺家の所領支配に関わっていく。

職隆は播磨国の枝吉城主明石正風（備前守、宗和と号す）の女を正室として迎える。当時、明石氏は小寺氏と連携関係にあり、職隆の婚姻はこの関係を強める目的を有していた。その意味で「政略結婚」と考えて大過ない。

第二　小寺家の家臣として

一　孝高の登場

黒田孝高の誕生

黒田（小寺）職隆と正室明石氏との間に、天文十五年（一五四六）、嫡子として誕生したのが幼名萬吉、のちの官兵衛尉孝高である。十一月二十九日に姫路城内で生まれたとされる。しかしながら、生母明石氏は永禄二年（一五五九）に没する。孝高の実母はその院殿号によって「心光夫人」などと尊称されることとなる。ちなみに、明石正風の嫡男で、孝高の伯父にあたる左近正安（号は「仙栄」）は、のちに豊臣秀次に仕えるが、秀次滅亡に際して家はいったん断絶、正安の孫の代に至って福岡黒田家に仕える。また、孝高母の末弟の明石与一兵衛安正の家も、黒田家に仕えている。

正室櫛橋氏を迎える

孝高元服の時期は定かではないが、初陣については『黒田家譜』が永禄五年とする。播磨国内での戦さとするものの、詳細は定かでない。永禄七年に三好長慶が没すると、翌年に長慶の被官であった松永久通（弾正久秀の子）と三好三人衆（長慶の旧臣三好長逸・三好政康・岩成友通）が将軍足利義輝を暗殺する。その後、松永久秀と三好三人衆とが対立すると、両派は畿内近国の各地で戦闘を繰り返すこととなる。播磨はおおむね三人衆方が優勢であったとされるが、成人した孝高はこのころに正室を迎えている。正確な時期は不明であるが、長子松寿丸（のちの長政）が永禄十一年十二月に誕生していることから、婚儀が行なわれたのも永禄年間（一五五八〜七〇）中盤ころのことであろう。ちなみに、長野誠編輯の『福岡啓藩志』は、この婚儀を永禄十年のこととしている。孝高の正室となったのは、播磨国印南郡志方城主の櫛橋伊定（豊後守）の女とされる。名は「光」と伝えられ、「幸圓」の雅号も用いている。孝高の没後には剃髪して「照福院」と号する。

孝高の史料上の初出

孝高の存在が史料上で確認されるのも、この永禄年間のこととなる。後年の編纂史料にはなるが、『播磨古事』（福岡市博物館所蔵「井手道子氏寄贈資料」）に、永禄八年十二月二十四日付で小寺政職が「官兵衛尉」に充てた書状の写しが収録されている。書状の内容は、小寺家中の八代弥三郎と神谷村与三郎の養子縁組を許可するというものであるが、この充所「官兵衛尉」がのちの黒田孝高を指すと推定される。

この『播磨古事』は、福岡黒田家の命をうけ、天明四年（一七八四）に播磨国内で黒田家の故事を調査した山口武庯が文化七年（一八〇五）に作成した「播磨国飾東郡妻鹿村御塔之記」を基に、やはり黒田家中の荒巻行信が黒田家関係資料を増補して、文政十二年

（一八二九）にまとめ上げたものである。

また、管見の限り、孝高の発給史料として最初のものとなるのが、永禄十年の年紀をもつ下地の売券である。この史料で孝高は姫路の称名寺に対し、一反（一段）の土地を売却したようである。なお、ここで孝高は「小寺官兵衛尉祐隆」と署名しており、父職隆と同じく主家の苗字を許されたこと、また、当時の名乗りが「祐隆」であったことがわかる。ところで、詳細な事情は定かではないが、称名寺へ売却されたこの土地の代価はしばらく未払いであった。この間、代価は称名寺側の借銭として処理され、永禄十三年になってようやく支払われることとなる。そのときの借銭請取状が残されているが、称名寺充て請取状の日付は永禄十三年三月十二日であり、花押形は先の売券とほぼ一致するものの、孝高はここに「小官考隆」と署名している。「小官」は小寺官兵衛尉の意であるが、「考隆」は「孝隆」の書き（写し）誤りであろう。

職隆の嫡子として誕生した萬吉は元服ののち、官兵衛尉を称して「祐隆」を名乗った。主家から「小寺」の苗字を許され、実名はついで「孝隆」と改められ、さらに「孝高」と名乗ることとなる。「隆」は祖父重隆・父職隆とつながってきた、いわば黒田家当主の通字である。これを「高」に替えるには、それなりの理由があったようにも考えられるが、残念ながら詳細は不明である。

二　織田と毛利のはざまで

孝高改名の時期

「孝高」を名乗り始める時期を明確にすることはできないものの、次のような起請文の写しが残っている。当主勝助を失った四宮家の重立った家来が、幼少の子息孫次郎に対し逆意がない旨を孝高（ここでは「小寺官兵衛尉孝隆」）に対して誓約したことをうけ、孝高が次のような起請文として認めたのである。

四勝息孫次郎殿儀に付き、各御誓紙進らせ候、忝く拝見申し候、近頃御頼もしく存じ候、拙者事先々の如く、聊か以て疎略有るべからず候、□四人衆如何□□候とも、四勝勝の如く、見放し申す儀在るべからず候、然る上は大事・小事互いに申し談ずべく候、若し此の旨偽り申すに於いては、日本国中大小神祇、別して氏神八幡大菩薩御罰を罷り蒙るべく候□、仍って起請件の如し、

小寺官兵衛尉

元亀三年九月十六日　孝隆　御書判

御血判の由

紙□□□

難波弥左衛門尉殿（以下、充所三名略）

（福岡県立図書館所蔵・『修史余録別集十』四宮萬七所持分）

孝高は、四宮勝助（四勝）の遺児孫次郎を決して見放さない旨を誓約しているが、ここから少なくとも、元亀三年九月ころまでは「孝隆」を称していたことがわかる。ちなみに、四宮勝助はもともと赤松家の家人であったが、次第に御着小寺家に接近していったようであり、ここに登場する孫次郎は長じて孝高に臣従している。孫次郎は九州平定後の豊前国衆一揆に際し、豊前城井谷で討ち死にするが、次弟市兵衛の家はその後も黒田家中として存続することとなる。

孝高の弟妹たち

さて、職隆と正室明石氏との間には孝高の次弟として天文二十三年（一五五四）に小一郎利高（のち兵庫助）が生まれた。さらに異母弟として甚吉利則（のち修理亮、実名は「長基」とも、母は神吉氏）が永禄四年（一五六一）に、惣吉直之（のち惣右衛門、図書、母は母里氏）が同七年に誕生する。利高と利則ははじめ羽柴秀吉に仕えていたが、九州平定戦の前後には孝高に転仕する。直之については当初から孝高に仕えていたとも、秀吉・秀長を経て孝高に付いたともいわれている。

妹は三人が確認されている。ひとりは播磨国英賀の三木惣兵衛清閑の妻となる人物で、のちに「妙春」と号した。寛永三年（一六二六）二月に亡くなるが、戒名は不明である。二人目は尾上安右衛門尉に嫁し、安右衛門尉が豊前城井谷で討ち死にしたのち、麻生氏に再嫁した女性で、「妙圓」の法号で知られている。元和四年（一六一八）に没し、「昌林院殿」と称される。この二人の実母は孝高や利高と同じく職隆の正室明石氏である。一番下の妹は、直之と同じく母里氏を実母にもつ。秀吉の家人一柳直末（市助、伊豆守）に嫁する。直末が伊豆の山中城攻めで討ち死にしたのち、京都の伊藤是庵に再嫁している。「春勢」と号し、元和三年に没すると「慶寿院殿」の院号を与えられた。

織田信長、将軍義昭を放逐

孝高の動向が史料上で確認され始めるころ、永禄十一年（一五六八）九月に織田信長が足利義昭を擁立して上洛を果たす。同じ年の十月十八日、義昭は征夷大将軍に任官する。こうした状況をうけ、それまで三好三人衆に与していた別所氏ら東播磨の国衆は、一転義昭に恭順し、信長へ与同する。しかしながら、将軍として独自の政治的立場を強めようとする義昭は、次第に信長と対立するようになり、両者の関係は次第に緊張していく。その後、曲折はあるものの、元亀四年（一五七三、七月二十八日「天正」に改元）三月、義昭は武田信玄・朝倉義景・浅井長政らに御内書を発し、連携して信長に反旗を翻す。結果、義昭は軍事的敗北を喫し、七月には信長によって京を追放される。河内若江城に逃れた義昭は、ここから毛利輝元に対して支援を求めていく。毛利家では信長と義昭の間を仲介し、義昭が再び京に戻れるように努めたが果たせず、義昭は堺を経て紀州の由良にある名刹鷲峯山興国寺(こうこくじ)に入る。

摂津・播磨・備前の状況

播磨の東隣に位置する摂津(せっつ)では、池田勝正(いけだかつまさ)の家臣であった荒木村重(あらきむらしげ)が台頭する。主家池田家が義昭方に属すなか、村重は信長に与してその信頼を勝ち取る。信長へ臣従した村重は、本願寺領を除く摂津一国の支配を委(ゆだ)ねられ、播磨への影響力も強めていく。

一方、播磨の西隣、備前(びぜん)では浦上宗景(うらがみむねかげ)が永禄十一年ころに、ほぼ全域を支配下におく。宗景は播磨西部に侵攻するとともに、九州の大友家(おおともけ)と連携して、毛利家に対する圧力を強める。この間、宗景の配下にあった宇喜多直家(うきたなおいえ)が次第に勢力を強め、永禄年間の末には宗景を脅かすまでに成長する。天正元年（一五七三）十二月、宗景は信長から播磨・備前・美作(みまさか)三ヵ国の支配権を認められる。しかしながら、当時の宗景には播磨国内に基盤もなく、小寺政職や別所長治(ながはる)の反発を買うこととなる。翌年三月、宇喜多直家はこれを好機と考え、毛利輝元と結んで宗景から離反する。

畿内をほぼ制圧した信長が勢力を増大させ、山陽道(さんようどう)の東部に位置する播磨や備前も直接・間接にその影響をうけることになる。信長の勢力伸長を嫌う諸勢力は、中国の毛利家と結んでこれに対抗していく。播磨や備前は、織田と毛利という二大勢力が厳しく対峙・対立する場となったのである。

三　家督継承と織田家への接近

家督を継ぐ

このように緊迫した状況のもと、天正三年（一五七五）ころ、五十歳代にさしかかった職隆は剃髪して「宗圓」と号している。これは、おそらく職隆から孝高への家督移譲を意味するのであろう。職隆（宗圓）は姫路の南に位置する妻鹿城（国府山城や功山城などとも）に移った。以後、孝高は御着小寺家の重臣として、また黒田家（姫路小寺家）の総帥として、きわめて難しい舵取りを任されることとなる。

播磨国衆、織田家に服属

天正三年九月、備前では毛利の後ろ盾を得た宇喜多直家が、天神山城の浦上宗景を攻める。天神山城から遁れ落ちた宗景は、播磨に逃れて小寺政職を頼る。信長は荒木村重を播磨に遣わし、播磨国内の諸勢力から人質を取り固めるよう命じた。毛利・宇喜多勢の東進を阻むための梃子入れである。村重による工作の成果であろうか、『信長公記』天正三年十月二十日の記事として「播州の赤松・小寺・別所、其外国衆参洛候て御礼これあり」という件があり、赤松・小寺・別所といった播磨の有力国衆が、信長の許へ赴いたようである。このうち「別所」は三木城主別所長治と考えられるが、「赤松」と「小寺」については、いくつかの可能性が考えられよう。ちなみに、この年に比定される十一月二十四日付の吉川元春充ての八木豊信書状（『吉川家文書』九三号）には「信長在京に付きて、屋形（赤松）・龍野・御着・宗景（浦上）・三木其のほか、礼として上洛候」とある。ここから、「赤松」については守護家の流れを引く置塩城の則房あるいはその父義祐とともに、庶家にあたる龍野赤松家の広秀も上洛していたことがわかる。また、「小寺」は名代として孝高が挨拶に赴いた可能性も捨てがたいが、「御着」とある以上当主の政職が自身で上洛したとみるべきであろう。

天正四年二月、紀州の由良にいた足利義昭は備後の鞆に移る。鞆の浦は毛利領国の「表玄関」ともいうべき地であるが、義昭はここから毛利輝元に対して幕府の復興を命じる。毛利家が義昭を奉じれば、織田方との対決は不可避となる。五月ころに至って、ついに毛利家は義昭の要請をうけることを決する。輝元は上杉謙信と連携し、摂津石山本願寺への支援を開始する。七月、毛利水軍は木津川口で織田水軍を撃破し、石山本願寺への兵粮補給を果たす。一方、『信長公記』によると、天正四年十一月十二日に再び播磨の国衆が信長の許に伺候したようである。このときは赤松・別所に加え、新たに宇喜多直家に逐われた浦上宗景（遠江守）と浦上小次郎が信長に拝謁している。信長には、浦上家を再興して宇喜多・毛利勢にあたらせようとする意図があった。『信長公記』の記事に小寺の名はないが、政職・孝高主従も引き続き織田方に属していたとみてよい。

英賀の戦い

天正五年になると、毛利輝元は本願寺の一揆と呼応し、義昭を奉じて上洛することを決する。吉川元春は山陰路を、輝元と小早川隆景（こばやかわたかかげ）は山陽路を東進する。輝元は三月中旬に吉田郡山城（よしだこおりやまじょう）を発し、四月下旬に宇喜多直家（なおいえ）とともに播磨の室津（むろのつ）に着陣する。さらに小早川隆景が姫路・御着を落とすため英賀（あが）に出兵するが、五月十四日、小寺政職はこれを撃退する。信長が荒木村重に充てた五月十六日付の黒印状（こくいんじょう）に「官兵衛尉別して入情の旨、然るべく候」とみえ、孝高もこの合戦で大きな軍功を果たした。

羽柴秀吉、中国方面に派遣される

信長は中国地方での攻勢を期して、部将羽柴秀吉（筑前守（ちくぜん））の派遣を決定し、天正五年九月、次のような朱印状（しゅいんじょう）を発する。

備前面に至り、進発すべく候、それに就き、羽柴筑前守を差し越し候、動ならびに人質などの事、筑前守申し次第、別して馳走専一に候、由断あるべからず候なり、

九月六日　（織田信長朱印）

小寺官兵衛尉とのへ

（福岡市博物館編『黒田家文書』第一巻三八号）

同様のものは美作国の江見為久にも充てられたことが確認され、このときの信長朱印状が広範囲に発せられたことがわかる。播磨下向をひかえた秀吉は、重臣桑原貞也（くわばらさだなり）（次右衛門尉）を遣わし、神文のある「条々」を孝高に与えている。この段階で、御着の小寺

氏以外にも三木城の別所氏なども織田方へ帰属しており、同様の起請文はほかの国衆にも発せられた可能性は高いが、残念ながらほかの事例は確認されていない。

秀吉の与力となる

一、佐用郡の内七条殿分領、同じく淡川の事、
一、貴所御身上、疎略あるべからざるの事、
　付けたり、如何様の儀候とも、直談を以て相澄ますべき事、
一、人質の事、
　付けたり、人質在所の事、
一、その城の事、
　付けたり、御内存承り、余儀無く候、御隔心無き通り、満足せしめ候、面を以て申すべく候事、
一、あがの事、御才覚尤もに候、尚桑原に申し含め候事、
　右、何れも聊かも相違あるべからず候、若し偽り候はば、日本国中大小神祇、別して愛宕・八幡御罰蒙るべく候、来たる廿日時分に罷り下るべく候、直談以って御存分の如く、誓詞互いに取り替え、入魂別あるべからず候、尚桑原申すべく候なり、仍って件の如し、
　天正五年十月十五日　　羽筑　秀吉（花押）

小官兵　御宿所

（福岡市博物館編『黒田家文書』第一巻一一九号）

第一条は、佐用郡内の七条家旧領および三木郡（本来の郡名は美嚢郡）淡川という地名が記載されているのみである。それぞれ播磨の西端と東端に位置する。詳細は不明であるが、あるいは今後の知行給付の対象となる領域を、相互に確認する意味があったのかもしれない。第二条では孝高の身上を保証し、何事であっても直談（直接話し合う）で決するという。第三条で人質に言及する。人質の要求は九月六日付の信長朱印状にもみえるが、ここでは孝高の嫡男松寿丸（のちの長政）を指すとみて大過なかろう。永禄十一年（一五六八）生まれの松寿丸は、この年十歳になっている。孝高はこの松寿丸を人質として織田家に差し出している。第四条の「その城」は姫路城であろう。孝高は播磨に入った秀吉を姫路城に招き入れ、本丸をその本営として提供したという（『黒田家譜』）。これは孝高からの申し入れによるものであり、秀吉は満足してこれをうけたのである。摂津の荒木村重が仲介をつとめていた段階で、織田方の播磨国衆の中心は三木城の別所氏であった可能性が高い。ただし若年の当主重治のもと、家中は一枚岩ではなく、親信長で固まっていたわけではない。こうしたなか、秀吉が姫路を根拠とすることで、御着小寺家および黒田家（姫路小寺家）の地位は一挙に高まったとみてよい。最後の英賀（兵庫県姫路市）に関する箇条は、先の合戦における軍功を賞したとも考えられるが、あるいは英賀の支配について孝高の意向を承諾したという意味かもしれない。

上月城攻略

当初、秀吉の播磨下向は十月二十日ころに予定されていたが、信貴山攻めに加わった関係から、しばらく遅れることとなる。秀吉に課された任務は毛利勢を押し返し、中国地方を平定することにある。秀吉は、実弟の秀長とその属将たちに但馬攻略を任せ、自らは播磨国内の制圧に傾注する。この段階で東播磨の大半は織田方へ帰属を表明していたため、秀吉はさっそく西播磨佐用郡の上月城を攻めている。上月城に拠って西播磨に広く勢力をはっていたのは、赤松義村の孫にあたる政範（政元の子）であった。天正五年十月十五日付の孝高充て「条々」にみえる「七条殿」であり、上月城は七条城ともよばれている。

竹中半兵衛

ここで、孝高（小寺官兵衛）は竹中重治（半兵衛）とともに上月城の出城のひとつ福原城に出張り、その城下を焼き払っている。十二月五日付の秀吉書状（下村玄蕃助充て）には「播州佐用郡内に敵城三つ候、その内福原城より出る人数相防ぎ候、しかれば竹中半兵衛・小寺官兵衛両人、先へ遣わし候ところ、城下に於いて一戦に及び、数多討ち取り候」とある。同内容の書状として小川五右衛門尉充てのものも知られるが、「二兵衛」とも俗称される官兵衛孝高と竹中半兵衛重治の協働をうかがう、数少ない一次史料である。この前哨戦が十一月二十七日にあり、秀吉は翌二十八日から上月城を囲む。その後、上月の救援に出張ってきた宇喜多勢を備前国境に追い詰め、十二月三日には城方を殲滅し、上月城は陥落する。ここで軍功を遂げた孝高には、信長から次のような感状(かんじょう)が与えられた。

秀吉から信長感状を受け取る

去る月廿六日(廿八カ)、佐用面(おもて)に於いて動の趣、具に聞こしめし候、尤も以て神妙に候、弥戦功に励むべき事、専一に候、猶羽柴筑前守申すべく候なり、

十二月五日　(織田信長朱印)

小寺官兵衛尉とのへ

(福岡市博物館編『黒田家文書』第一巻三九号)

この信長朱印状には側近堀秀政(ほりひでまさ)(久太郎)の添え状が伴っており(『黒田家文書』第一巻一五二号)、ここから、この信長朱印状が秀吉に託され、そこから孝高に手交された経緯も明らかとなる。

松寿丸・別所重宗女の婚儀流れる

さて、秀吉は攻略した上月城に、尼子勝久(あまこかつひさ)とその家臣山中幸盛(やまなかゆきもり)(鹿介(しかのすけ))を入れ、いったん陣を退く。秀吉は播磨のさらなる安定化を期し、三木城の別所家と御着の小寺家との婚姻を企てている。十二月十日付で秀吉は、孝高(小寺官兵衛尉)と別所重棟(しげむね)(孫右衛門尉、実名は「重宗」また「長棟」とも)の両名に充てて、次のような内容の書状を発する。

御両人御あいだの事、我ら申さだめ候上、これいごはきやうたの御かくごなされ、まこゑ（孫右衛）むすめを一人、くわんひやうへ（官兵衛）かたへつかわされ、まつちよ（松千代）に御しあわせあるべく候、さように候わば、御両人のぎ、我ら、八まん・あたこみはなし申すまじく候、

（福岡市博物館編『黒田家文書』第一巻一二〇号）

別所重棟は当主重治の叔父にあたる人物で、別所一門のなかでは親織田派の中心人物である。秀吉はこの重棟の女を、孝高の子に嫁がせようとした。ここにみえる「まつちよ（松千代）」とは、「松寿丸」（のちの長政）のことであろう。あるいは、重棟の息女も人質として、秀吉の庇護下にあったのかもしれない。別所家側は御着小寺家の家臣にすぎない黒田家（姫路小寺家）との縁組みについて、家格違いとして不満を抱いたともいう。いずれにせよ、この書状は自筆で書かれており、秀吉の強い意志を感じることができる。しかしながら、この縁組みは実現することはなかった。

四　別所長治の謀反

いったんは平定されたかにみえた播磨を再び動乱が襲う。天正六年（一五七八）三月はじ

めころ三木城の別所長治が信長に謀反する。これをうけて秀吉は播磨へ戻り、書写山に陣を置く。孝高もさっそく三木城へ向かった。別所一門は必ずしも一枚岩ではなかったが、たびたび信長に伺候し、織田方の播磨攻めにおいても先導的役割を果たしてきた。別所重棟は、長治謀反ののちも織田方に与していたが、黒田家（姫路小寺家）との縁組みが破綻するのもこうした事情によるのであろう。さらに、これに連動して櫛橋家や神吉家などが反信長陣営に転じた。孝高の異母弟利則の母は神吉家の出であり、また孝高の正室は志方城主の櫛橋家から迎えていた。播磨の動乱は、孝高の身辺にも深刻な影響を与えるものであった。別所長治らの謀反は蜂須賀正勝（小六、彦右衛門尉）によって信長に報じられ、注進を得た信長は諸将に充てて朱印状を発している（福岡市博物館編『黒田家文書』第一巻四〇号）。

別所・毛利との戦い

具体的なことはわからないが、別所長治は秀吉に対する不満（「存分」）から謀反に至ったようである。信長はいち早く征討に向かった孝高の忠義心を「神妙」と評価し、別所長治の成敗を誓っている。

一方、別所長治を支援するため、毛利勢が乗り出してくる。四月になると、毛利勢とこれに連携する紀州雑賀衆が加古川の河口に上陸し、別所重棟の拠る阿閉（加古郡）の砦を攻めている。孝高はさっそくに重棟の救援を命じられる。孝高は後巻に攻めて毛利勢を追い崩している。秀吉からの注進を得た信長は、秀吉に充てた返書のなかで「小寺官兵衛尉にも粉骨の段」と、孝高の軍功をたたえている。

上月城陥落

しかしながら、毛利方の反攻はこれにとどまるものではない。四月中旬になると吉川元春・小早川隆景らに率いられた毛利の大軍が、上月城の尼子勝久・山中幸盛らを攻める。攻勢を強める毛利勢に対抗するため、織田軍の主力が摂津・播磨方面に展開する。秀吉も荒木村重らとともに上月城の救援に向かい、高倉山に陣を据える。毛利の大軍に包囲される上月城を前に、有効な手立てを講じることのできない秀吉は、六月になると、いったん戦陣を離れ、親しく信長の指示を仰ぐこととなる。

信長の命はひとまず上月城を諦め、三木城攻めに専念すべしというものであった。六月二十六日やむなく秀吉は高倉山の陣を退き、但馬を経て書写山に移動する。孤立無援となった上月城では尼子勝久が自刃し、七月三日に城は陥落する。捕らえられた山中幸盛も護送の途中で殺害されてしまう。こうしたなか、孝高は密かに毛利方の宇喜多家との交渉を始めたようである。

宇喜多家老富川秀安と談合

御存分の通り、一々冨平右御物語承り届け候、祝着せしめ候、向後不日何様にも隔心無く、諸事申し談ずべく候、恐々謹言、

羽柴筑前守

六月廿三日　　　　秀吉（花押）

小寺官兵衛尉殿　御宿所

（福岡市博物館編『黒田家文書』第一巻四三号）

この文書に登場する「冨平右」はこれまで「富田一白」と考えられ、この文書も秀吉と孝高の接点が明確になるものとして天正五年に比定されてきた。富田一白は若年より信長に従い、その馬廻りをつとめた。「本能寺の変」後の早い時期に秀吉に仕え、のちに従五位下・左近将監に叙任される。それはともかくとして、信長の直臣たる富田一白が、この段階の秀吉に属して活動するとは考えにくい。この「冨平右」は、おそらく宇喜多家中の「富川秀安」ではなかろうか。宇喜多直家の臣、富川秀安は名を平助ついで平右衛門尉と称し、のちに肥後守を名乗る。実名もこのころは「正利」あるいは「通安」であった可能性が高いが、ひとまず「秀安」としておく。ちなみに苗字は、子の達安（逵安）の代に、「戸川」と改められる。

富川秀安は岡家利・長船貞親とともに、宇喜多直家の「三家老」と称される重臣であった。「冨平右」が「富田一白」ではなく、「富川秀安」であるとすると、この文書はしばらくあとのものとなる。しかしながら、秀吉は天正六年末に名を「筑前守」から「藤吉郎」にいったん戻しており（播磨良紀「羽柴秀吉文書の年次比定について」『織豊期研究』第一六号・二〇一四年)、これを勘案すると、この文書は天正六年のものと考えざるを得ない。富川秀安は、「三家老」のなかでもひときわ直家の信任が篤かったといわれており、このころ孝高はこの人物と接触していることとなる。「御物語」とある以上、書信のやりとりではなく、直接に面会した可能性が高かろう。やりとりの詳細は、つぶさに秀吉にも伝えられており、これを喜んだ秀吉は今後とも親密に談合すべしとしている。宇喜多直家は天正七年まで表向き毛利方として活動するが、毛利の上月城包囲戦にも「病と号して」出陣しておらず、密かに織田方への接近を進めていたのである。

秀吉に篤く信頼される

ここに至る一連の働きは充分に秀吉を満足させるものであり、孝高は秀吉の篤い信頼を得ることとなった。その証ともいうべきものが次の秀吉自筆書状である。

> なお〳〵その方と我ら間がらのぎは、よそより人とさげすみもあるまじく候間、なに事をそれへまかせ申し候いても、よそよりのひたちあるまじくと、人もはやみおよび候と存じ候、我らにくみ申す者は、その方までにくみ申す事あるべく候、その心え候いて、ようじんとあるべく候、さい〳〵はねんごろにはもされず候間、ついでをもて、ねごろに申し入れ候、この文みえもすまじく候間、さげすみにて御よみあるべく候、以上、
>
> 内々の御状うけ給わり候、いまにはじめざると申しながら、御懇のだん、ぜひにお

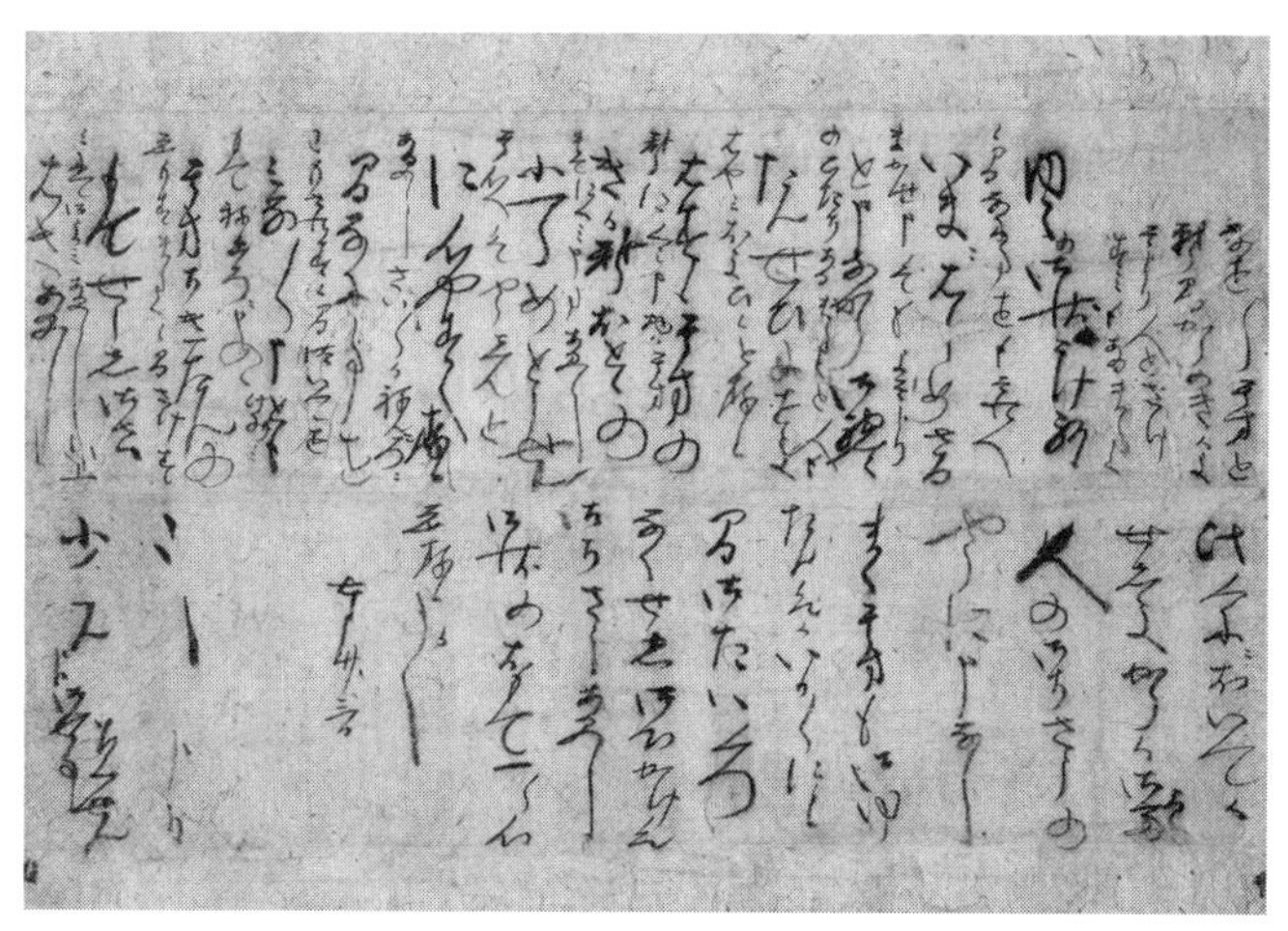

羽柴秀吉自筆書状
（福岡市博物館蔵，画像提供：福岡市博物館／DNPartcom）

よばず候、その方のぎは、我らおとの小一郎めどうぜんに心やすく存じ候間、なに事をみな〳〵申すとも、その方じきだんのもて、しようじ御さばきあるべく候、このくににおいては、せじょがらは取り分け御両人の御ちそうのように申しなし候まま、その方も御ゆだん候いては、いかが候間、御たいくつなく、せし御心がけ候いて、御ちそうあるべく候、御状のおもて一々心え存じ候、かしく、

七月廿三日　　ちくぜんより

小かん
まいる御返事

（福岡市博物館編『黒田家文書』第一巻一二一号）

この秀吉自筆書状の内容をまとめると、「内々の御手紙お受けした、いまに始まったことではないが、ご懇情には改めて礼の言葉もない、その方のことは弟の小一郎（秀長）同然に心やすく思っている、互いの周囲にはいろいろな考え方があるが、これからは何事も直接会って決断していきたい、この国（播磨）においては、何事であれ成否はとりわけ御両人の御働き次第であると申しあげているので、その方が油断するようなことはあってはならない、緩怠なくご尽力されたい」といったところであろう。残念ながら、御両人のもう一人が誰であるのか判然としない。孝高の父職隆（宗圓）とも考えられるが、先に婚姻を進められた別所重棟である可能性も高い。いずれにせよ、孝高ら「御両人」から発せられた「内々の御状」をうけて、この秀吉の返書が出されたと考えたい。

この文書も天正五年に比定されてきたが、先にみた六月二十三日付秀吉書状との関連を考えると、再考の余地が出てくる。信長が秀吉の播磨派遣を決定するのは、天正五年九月のことであり、実際に秀吉が播磨に入るのは同年十月の末となる。こうした経緯を考えると、天正五年に比定するのも無理がある。後述するように、天正七年七月の孝高は有岡城（ありおかじょう）に捕らわれており、救出後は黒田の苗字に復する。また、「ちくせん（筑前）」を名乗っていることから、この秀吉自筆書状が七年以降に下る可能性は低く、天正六年のものと考えておきたい。

神吉・志方城攻略

天正六年六月、高倉山の陣を退いた秀吉は書写山に移動し、信長に背いた別所長治方を攻め、神吉城や志方城を攻略する。正室の実家である櫛橋家の志方城攻めに加わる孝高の心境も、複雑であったに違いない。秀吉の自筆書状はこうしたなか、自らに忠誠を誓う孝高を慮(おみんばか)ったものとみられる。とはいえ、秀吉はのちに中川清秀(瀬兵衛尉)に対しても「向後、兄弟の契約申し定め候」との文書を神文付きで送っており(天正七年六月五日付、大阪城天守閣所蔵文書)、ことさらに孝高を特別視することには慎重でありたい。また、秀吉は十月二日付で小寺政職(藤兵衛尉)に対して、播磨国神東郡(じんとうぐん)内で一二五〇石の知行を充行なっている。この領知は「別所知行分事」とあることから、本来は三木城の別所長治の支配下にあったものであるが、このころにはすでに秀吉の支配下にあったのであろう。

五　摂津有岡城での幽囚

荒木村重の謀反

三木城攻めが長期化するなか、別所長治に続いて、摂津有岡城の荒木村重・村次父子が信長に叛旗を翻す。信長によって摂津国の「一職支配(いっしきしはい)」を許された村重は、一時期信長と播磨国衆との仲介をつとめており、その後も秀吉の上月城救援戦に参加し、神吉城攻めにも従っている。ところが、天正六年（一五七八）十月下旬、にわかに荒木村重謀反の風聞が拡がる。

信長は松井友閑・明智光秀・万見重元らを有岡城に派遣し、その真意をただす。友閑は信長の重臣であり、当代一流の茶人として、村重とも交流をもつ。また、光秀の女は村重の嫡子村次に嫁いでおり、「仙千代」として知られる万見重元は信長にとって側近中の側近である。村重を説諭する上で、これ以上ない陣容といえよう。村重は叛意を否定し信長への忠節を誓うものの、安土への出仕と母親を人質とすることは拒んだ。十一月三日、信長は再び松井友閑・明智光秀らを有岡城に遣わす。ここには秀吉も加わっていたが、すでに村重の叛意は固まっていた。村重は足利義昭・毛利輝元、さらに本願寺と通謀して、信長からの離反を明確にする。

村重説得に赴く

信長の重臣や側近が説得できないなか、村重を翻意させるべく、孝高が摂津有岡城へ赴いた。御着小寺家の家臣にすぎない孝高に、どれほどの交渉材料があったのか不明である。さらに、播磨の国衆が相次いで信長に叛旗を翻すなか、独断で有岡城へ向かえば、孝高自身にも謀叛の疑いがかかることは避けられない。

この点に関して、孝高の家臣栗山利安（四郎右衛門尉、備後、卜庵と号す）が残した覚書には「美濃守（職隆）様と荒木と無二の御知音ゆへ、信長様へ忠節を致し、然るべき由仰せられ候て、如水様を異見に遣わされ候へば、如水様を荒木取り籠め置き候て、返し申さす候」とある。ここから、孝高の父職隆と荒木村重が「無二の知音」とされる程に親密な関係であったことがわかる。孝高は、職隆の意をうけて、村重の説得に向かったようである。さらに、秀吉の諒解も前提されたと考えるのが自然であろう。

有岡城に幽閉される

しかしながら、織田方へ帰参する意思のない村重は、孝高を有岡城内に留め置くこととなる。栗山利安の覚書が伝えるとおりである。敵方の使者をただちに殺害することもなく城内に拘留した村重の真意もつかめないが、さきざきの交渉に資することなどを想定した身柄の拘束といったところであろう。

獄窓藤花の瑞祥

有岡城に捕らえられた孝高がいかなる状態に置かれたのか、具体的に知るすべはない。よく知られたエピソードとして「獄窓藤花の瑞祥（ごくそうとうかのずいしょう）」がある。坐臥進退も自由にならない孝高が、藤（ふじ）の嫩蔓（どんまん）が獄舎の柵を伝い攀（よじ）て新芽を吹き出し、やがて紫の花を咲かせるさまをみて、生きる望みをつないだというものである。

このエピソードは明治（めいじ）四十四年（一九一一）に刊行された福本日南（ふくもとにちなん）の『黒田如水』（東亜堂書房）にもみえず、最初に紹介したのは大正（たいしょう）五年（一九一六）に刊行された金子堅郎（かねこけんろう）著『黒田如水伝』（博文館）といわれている。金子はこの話を「筑前古老の話」として紹介しているが、実は話の出所もはっきりとはしない。このエピソードに因って、孝高はのちに

「藤巴（ふじともえ）」を家紋としたという。しかしながら、福岡黒田家の紋は「石餅（こくもち）」を基本としており、「藤巴」は替紋（かえもん）として用いられたようである。これらの家紋については不明なことも多いが、比較的信憑性のある史料には、次のようにある。

一、小寺の家・黒田の家の紋の儀、爰元にても吟味仕り候、其元にて知れ候様子御座候はば、仰せ下さるべく候、藤巴は櫛橋の家の紋にて御座候を、道卜の御時御機（気）に入り候て、照福院殿御紋を御用い成られ候、惣じては藤巴の内に三つなりの橘に候を、道卜橘を御退け、藤巴ばかりを御用い成らるる由、承り及び候事、

（卯月十二日付黒田忠之充て黒田長興書状・福岡市博物館所蔵「黒田家々系申立書」）

この史料は、秋月黒田家の初代長興（ながおき）が、実兄の福岡黒田家二代の忠之に充てて、黒田家の由緒に関わるもろもろについて確認したものである。両名とも孝高にとっては孫にあたり、ここにみえる「道卜」は黒田長政の号である。長興は、長政が母（孝高正室、照福院）の実家櫛橋家の紋を気に入り、これを「藤巴」に改変し、家紋として用い始めたのだとしている。忠之も長興も長政の子であり、さほど時間が経っているわけでもないので、首肯しうる内容と考えられる。ただし、孝高の正室は、いったん小寺家の養女となって孝高に嫁したとされており、「藤巴」紋のもとになったのは、小寺家の紋であった可能性も高い。いずれにしろ、孝高の代の黒田家で「藤巴」を家紋に用いられていた

可能性はきわめて低い。したがって「獄窓藤花の瑞祥」についても、これをにわかに「史実」とみなすことはできない。

孝高幽閉中の家臣団

とはいえ、孝高が有岡城で捕らわれの身になったこと自体は、まぎれない事実である。当主不在という事態をうけ、黒田家（姫路小寺家）家中の面々が数種類の起請文を認めている。これらは当時の黒田家（姫路小寺家）における家臣団編成を考える上でも重要となるので、細かくみていくこととする。まず最初に検討するのは、次のような起請文である。

家臣団の秀吉充て起請文

紀（起）請文の事

一、今度、官兵不慮に上辺御逗留、各難儀是に過ぎず候、然る時は、当城誰々御無覚悟候共、此の衆の儀は、無二に御本丸馳走申すべく候、若し此の旨偽り申すにおいては、大日本国中大小神祇、八幡大菩薩・愛宕山（あたごやま）、殊には御氏神の御罰を罷り蒙るべき者なり、仍って紀請文件のごとし、

天正六年

十一月五日　　母里与三兵衛尉（花押）

（以下、署判者十一名略）

御本丸　まいる

（福岡市博物館編『黒田家文書』第一巻一八八号）

署判者は母里与三兵衛尉正勝のほか都合十二名となるが、詳細は表1に譲る。黒田家には、ほぼ同内容で「天正六年十一月吉日」の日付をもつ起請文が伝えられている。こちらは左の署判者から一名を除き、新たに十二名が加わって、二十三名の署判が確認される。これについても表1に署判者をまとめている。

同種の起請文が二通存在することについて、金子堅太郎は『黒田如水伝』のなかで、

表1　天正六年十一月の起請文連署者

十一月五日付 紀請文連署者	十一月吉日付 紀請文連署者	備考
母里与三兵衛尉	母里与三兵衛尉正勝	
衣笠久右衛門尉景延	衣笠久右衛門尉	
喜多村甚左衛門尉	喜多村甚左衛門尉	実名は「賀重」
藤岡甚兵衛尉	藤岡甚兵衛尉	
小川与三左衛門尉	小川与三左衛門尉	実名は「氏豊」
上原右助	上原右助	
宮田治兵衛尉	宮田治兵衛尉信元	
栗山善助	栗山善助泰重	実名はのち「利安」
後藤右衛門尉	後藤右衛門尉	
母里多兵衛尉友信	母里多兵衛尉友信	
喜多村六兵衛尉勝吉		

長田三助助次	長田三助助次	
	金川六右衛門尉	
	中村喜右衛門尉正友	
	尾江宗節	
	篠原治部左衛門尉	
	母里九右衛門尉	
	宮井弥介	
	尾江右京亮	実名は「可親」
	三郎右衛門（花押なし）	苗字の記載はなし
	中村与一兵衛尉	
	三兵衛尉	苗字の記載はなし
	志方佐助	
	鳩岡二郎兵衛	

いったん起請文が作成されたものの、新たに署判に加わりたいと申し出てきた者たちがあったので、普通の奉書紙に同一の誓文を認め、母里正勝（与三兵衛尉）以下も改めて署判した、と述べている。こうした解釈が正鵠を得たものか否かにわかには判断できないが、確かに「十一月五日」付の十二名連署の起請文は牛王宝印の紙背に記されている一方で、「十一月吉日」付の方は牛王宝印を料紙とはしていない。

なお、表1にみえる面々では、母里与三兵衛尉正勝（のち「浄甫」と号す）・衣笠久右衛門尉景延（名はのち因幡守に称する）・母里多兵衛尉友信・栗山善助泰重らはこの後も長く黒田家に仕えていくこととなる。「母里多兵衛」は曽我大隅守一信の子で、母里家を継いだ。名はのちに太兵衛ついで但馬守と改め、実名は友信と称す。野村太郎兵衛祐勝はその異母弟にあたる。また、「栗山善助」「栗山善助泰重」がのちの栗山利安であり、先に紹介した覚書の記主である。この覚書のなかで、利安は職隆の命に従って有岡城内に三度忍び込み、孝高の様子を見舞ったと述べている。

馬廻衆の正室櫛橋氏充て起請文

ところで、充所は双方ともに「御本丸」とするが、これが誰を指すかについては議論が分かれており、孝高の父職隆と解釈する立場と、正室の櫛橋氏とする見解がある。しかしながら、既述のように、姫路城本丸を秀吉に提供したという経緯を踏まえると、婉曲的に秀吉を指すと考えるべきであろう。

さて、黒田家にはこれら「御本丸」に充てられた起請文とは別に、二種類の起請文が残っている。まず、「御上様」を充所とするものからみていこう。

天罰起請文の事

一、今度孝隆様、摂州遺恨有るに拠り、有岡に　御逗留なされ候、然る処、此の面々ども矢十方を以て、如何様の儀有ると雖も、松寿様長浜に御座候上は、粗略を存ぜず、勿論に御奉公仕るべく候、

一、唯今の所、松寿様御若年の事に候間、濃州様・休夢様・兵庫殿万事御心中次第

に仕るべく候、

一、我等(われら)式と申しながら、御城御遣用心の儀、疎意あるべからず候事、

右の旨、背くに於いては、大日本国中大小神祇、八幡大菩薩・春日大明神(かすがだいみょうじん)・愛宕山大地蔵権現、別しては氏神の御罰を罷り蒙るべき者なり、仍って起請の状、件の如し、

天正六年十一月吉日　久野四兵衛尉（花押）

（以下、署判者六名略）

御上様　参

（福岡市博物館編『黒田家文書』第一巻一八九号）

こちらの署判者は久野四兵衛尉重勝のほか、井上弥太郎之房・吉田七郎兵衛尉・桐山孫兵衛尉信行・大野権右衛門尉・首藤太郎兵衛尉・尾江与七らの面々である。今般、摂州（荒木摂津守村重）の遺恨により、孝隆（孝高）が有岡城へ留め置かれることとなったが、松寿（のちの長政）が長浜にいる以上、御家のことを粗略には存ぜず、今後も奉公につとめることを誓約している。

ただし、松寿はいまだ若年であり、実質は美濃守職隆（孝高の実父）・休夢（孝高の叔父）・兵庫助利隆（孝高次弟）に万事従うという。したがって、ここでの充所「御上様」は、孝

高の正室櫛橋氏を指すと考えてよかろう。ここに書判を加えた面々のうち、久野四兵衛尉重勝は小姓として孝高に仕えていた。重勝の父重誠は播磨の金釣瓶城主であったが、のちに黒田家（播磨小寺家）を頼って臣従したという経緯をもつ。重勝はこののちに孝高の名代をつとめるまでに台頭する。井上弥太郎之房（名は九郎右衛門尉、周防を称し、晩年は道柏と号した）は、孝高の父職隆の小姓をつとめていたが、その才を認められ、孝高に附せられた。また、桐山孫兵衛尉信行（名はのちに大炊介、丹波）も長く黒田家にあって、孝高・長政に仕えることとなる。

小寺家与力の馬廻衆充て起請文

最後の一通は、「御本丸」充ての起請文に連署者の一人として登場する小川与三左衛門尉に充てたものである

条々

一、何となるとも、上様（かみさま）次第に候、

一、小美様・休夢様御意に背くまじく候、

一、馬の衆同前に相定め候、付いて何事も仰せ付けらるべく候、若し、此の内曲事（くせごと）候はば、此の衆より堅く成敗を加うべく候、

右条々、相違に於いては、愛宕山・八幡大菩薩・摩利支尊天・春日大明神、其の外日本大小神祇、別して氏神の御罰を蒙り、永く弓矢の道を捨つべく候、仍って状、

件の如し、

天正六年十一月七日　小河源二郎　俊（血判・花押）

（以下、署判者十一名略）

小川与三左衛門尉殿参

（福岡市博物館編『黒田家文書』第一巻一九〇号）

この起請文に名を連ねるのは小河源二郎のほか、宮内味介久重・東山助二郎・津田藤五郎・宮崎与太郎重吉・河原理兵衛・鳩岡与次吉次・桂藤三郎文長・山元弥介・倉与四郎長禁・本所新六通次・栗山与三二郎らである。彼らが血判を据えているのは、黒田家（姫路小寺家）の家臣ではなく、御着の小寺政職からつけられた与力であったからとされる。血判は誓約の実正性をよりいっそう高める必要によるのであろう。

誓約の内容は、何事も「上様」次第であり、小寺美濃守職隆（孝高の実父）・休夢（孝高の叔父）に従うとしており、趣旨としては「御上様」充ての起請文と共通する。ついで、諸事「馬の衆」同然なので、何事であれ命じられたとおりにすると誓っている。「馬の衆」とは、いわゆる馬廻衆をいうが、これが具体的に何を指すかが問題となる。充所が小川与三左衛門尉となっていることから、これを含む「御本丸」充て起請文を認めた面々とも考えられるが、誓約内容の親和性を考えると、むしろ「御上様」充ての起請文

黒田家中、松寿丸を当主と決す

を認めた久野四兵衛尉重勝以下と考える方がよい。

この段階で、久野四兵衛尉重勝・井上弥太郎之房・吉田七郎兵衛尉・桐山孫兵衛尉信行・大野権右衛門尉・首藤太郎兵衛尉・尾江与七といった面々は「馬廻衆」として、黒田家（姫路小寺家）家の直接的な指揮下にあったと考えられる。その一方で、母里与三兵衛尉正勝ら「御本丸」充ての起請文を指し出した面々も、もとより黒田家（姫路小寺家）の家臣ではあるが、この時期はおそらく「御本丸」、すなわち秀吉に与力として付けられていたのであろう。このような属性の違いが、異なった性格の起請文提出につながったのである。さて、この起請文も日付は「十一月七日」となっており、ほかの「十一月吉日」付もこれに前後した時期のものと推察される。孝高拘束の報せは、おそらく重なる時期に有岡城で村重と面談した秀吉から、直接に姫路へもたらされたのであろう。これが間髪を入れない起請文の提出につながったのである。いずれにしろ、黒田家（姫路小寺家）としては継続して織田家、具体的には羽柴秀吉に属することを明確にしたのであり、さらにいえば孝高を捨てて松寿丸（松千代とも、のちの長政）を取るという決断を下したのである。『黒田家譜』所収の十一月十一日付の秀吉文書（写）によれば、この決定は早速竹中重治（半兵衛）を通じて信長に伝えられたようである。秀吉は信長の諒承を前提に、職隆や休夢に対しいっそうの忠節を求めることとなる。

ちなみに、これらの起請文に名を連ねながら、その後の動静が判明しない者はかなりの数に及ぶ。おそらくは、何らかの理由で、孝高のもとを去ったのであろう。いずれにしろ、充所もはっきりしないこうした起請文の存在を根拠に、黒田家(姫路小寺家)家中の連帯を、単純な「美談」として語ることには慎重でありたい。

六 摂津・播磨の状況

第二次木津川口の戦い

播磨三木城の別所長治、摂津有岡城の荒木村重・村次父子が相次いで叛旗を翻すという事態を前に、信長は石山本願寺への補給路を断つため、九鬼嘉隆(くきよしたか)が率いる水軍を大坂湾に進める。天正六年(一五七八)十一月六日、織田水軍が摂津木津川(きづがわ)の河口で毛利水軍を撃破し、これによって大坂湾の制海権が織田方へ移る。

信長、摂津諸将を切り崩す

これをうけ十一月九日、信長自身が摂津に出陣し、荒木方諸将の切り崩しを始める。高山右近(たかやまうこん)の高槻城(たかつきじょう)を開城させ、茨木城(いばらきじょう)の中川清秀(なかがわきよひで)(瀬兵衛尉)を降した信長は、尼崎城(あまがさきじょう)・花隈城(はなくまじょう)などの荒木方の拠点を分断し、孤立化させた有岡城に対し、十二月八日に総攻撃をかける。しかしながら、要害有岡城は容易には落ちず、逆に万見重元を失うなど織田方は甚大な損害を蒙ることとなる。

小寺政職、毛利方に離反

総攻撃の失敗により、有岡城攻めも石山本願寺攻めや播磨三木城攻めと連動して進むことになり、戦局は持久戦の様相を呈することとなる。この間、孝高の主君小寺政職も別所長治や荒木村重と結んで毛利家と通じ、織田方から離脱してしまう。その一方で、小寺家の家老をつとめる黒田家（姫路小寺家）家は、引き続き織田方に与しており、変則的な状況のなかで、天正七年を迎えることとなる。

荒木村重、尼崎へ逐電

戦況に大きな変化もないなか、天正七年の九月には村重が尼崎城へ移る。大坂湾に面する尼崎に拠点を移すことで、戦線を立て直す意図があったともいわれる。しかしながら、このころから徐々に戦況が動き出し、十月のはじめには備前の宇喜多直家が公然と毛利家から離反し、織田方に与することとなる。宇喜多家への調略は、孝高が有岡城に捕らえられる以前から進められていたが、ここに来てようやく実を結んだのである。

有岡落城

一方、村重を欠く有岡城では次第に士気が低下し、滝川一益（たきがわかずます）による城内の調略が進む。城内からの手引きによって、十月十五日、ついに滝川勢が惣構（そうがま）えのなかに攻め込んだ。有岡城落城が眼前に迫るなか、十月二十八日付で秀吉は小寺休夢に充てて自筆の書状を発している。このころ小寺休夢は御着・志方の反織田方と対峙していた。志方城は天正六年八月にいったん落城していたが、このころは再び別所方の拠点となっているようである。三木城攻めの状況をしらせるため、秀吉は高砂城主の梶原景秀を休夢の許に遣わしている。ここで秀吉は有岡城に留め置かれていた御着小寺家の人質（官兵衛儀）は、城内で亡くなった者の遺体も含め、秀吉が引き受けるとする。また、「くわんひやうきも我ら（秀吉）したい（次第）と御申しの間、御心やす（安）く候べく候」と孝高についても対応は秀吉に委ねられているので、安心するよう述べている。

すなわち、織田方を裏切った御着小寺家の人質は処罰などもなく、秀吉の保護下に入るようである。通説のように、御着の小寺家と姫路の黒田家（姫路小寺家）とが敵対関係にあったとすると、いささか理解しがたい構図であり、この時期の小寺家中を単純な内部対立というかたちで理解すべきではないことを示唆している。

有岡城から救出される

十一月十九日に有岡城は開城し、孝高も兵燹（へいせん）のなかようやく救出される。このときの様子について、先にも触れた栗山利安の覚書は「荒木摂津守、如水様を土産に致し候て、信長様へ降参仕り候」と記している。有岡開城となっても、村重自身は尼崎城で抵抗を続けているので、「荒木摂津守」とあるのは記主の錯覚であろう。いずれにしろ、城方としては織田方に孝高の身柄を引き渡し、降参を願い出たとしている。「土産」とある以上、孝高が極端に劣悪な状況下で幽閉されていたとも考えにくい。ちなみに、村重の家臣加藤重徳（又左衛門）が、幽閉中の孝高をよく面倒みたようであり、これを深く恩義に感じた孝高は、重徳の子玉松（のちの黒田一成）を松寿丸（のちの長政）の弟分としてもらいうけて養育することとなる。

孝高の救出物語

ところが、後年の『故郷物語』（表記は『古郷物語』とも、作者・成立年不明、『黒田故郷物語』ともいう）になると、幽閉の期間も「三年」と史実よりかなり長くなっており、孝高の救出についても随分と違った様子で描かれるようになっている。すなわち、落城の混乱で籠舎の番衆も居なくなったところに、寄せ手が救出に向かい、籠舎を打ち破って孝高を助け出したとする。さらに、そのときの孝高の様子は「三年居僂み、殊に膝に唐瘡出で、片足僂みければ、立つ事叶い難かりけるを、無理に引き立てて、この頃籠に入りたると見え、達者なる囚人を雇い追わせける」と、歩行困難となった孝高を助け出すという話になっている。貝原益軒の『黒田家譜』も、救出に向かったのを栗山利安と特定し、歩行の叶わぬ孝高を強盛なる者に負わせて助け出したと、大筋は『故郷物語』を踏襲した記述をしている。『黒田家譜』が採用したことで、この救出劇が「通説」となってしまい、長野誠の『福岡啓藩志』なども、孝高救出の顛末については同様の記述を行なっている。

後遺症を負ったのは事実か

ところで、孝高はこの幽閉によって、脚などに障がいを負うこととなったという。しかし、これを一次史料で確認することはできない。岡谷繁実の『名将言行録』が伝える挿話として、秀吉が近臣に「我死せば、誰か我に代わり、天下を有つべきや」と問うて、近臣たちの答えを排して「黒田なり」と述べたという。このとき、秀吉は孝高を指して「跛足」あるいは「瘡天窓」などと称しており、このあたりから一般に広まっていったのであろうか。

有岡城を脱した孝高は、その後、有馬(ありま)での湯治(とうじ)を許されたようであるが、詳細は定かではない。まもなく、孝高の主君小寺政職も、御着城(ごちゃくじょう)を捨てて出奔する。

三木の干殺し

有岡落城に先立って、秀吉は播磨三木城の通路を閉鎖し、毛利方からの補給路を断つ作戦に出る。「三木の干殺し(ひごろし)」などと俗称される兵粮攻めの開始である。年が明けた天正八年正月六日、秀吉は総攻撃を命じるが、城方に戦う力は残っておらず、すでに勝敗は決していたといってよい。その後、秀吉は志方城・御着城を落とし、別所長治の弟友之が拠る鷹尾城(たかおじょう)を降している。十七日に至って城主別所長治が城兵の助命を条件に自刃して果てた。長治の弟友之と叔父吉親（賀相）も、ともに自害している。また、羽柴秀長が出石郡(いずしぐん)の有子山城(ありこやまじょう)に拠る山名祐豊(すけとよ)を降すことで、但馬も平定された。播磨・但馬・摂津がようやく安定するという事態をうけ、信長は閏三月に、石山本願寺との間に勅命による和睦を成立させる。

第三　羽柴秀吉への臣従

一　黒田苗字に復す

御着小寺家の没落

荒木村重に同調して毛利方についた小寺政職は、天正七年（一五七九）十二月に御着城から出奔しており、黒田孝高の主家たる御着の小寺家は没落する。主家没落によって、黒田孝高は直接、織田家に属することとなる。こののち、職隆（宗圓）・孝高ともに「小寺」の苗字を廃して「黒田」苗字に復したと考えられる。ただし、職隆の弟にあたる休夢は、そのまま「小寺」を名乗り続け、孝高も播磨国内に充てては、しばらく「小寺」苗字での文書発給を継続しているようである。事実関係は微妙であるが、播磨国内では依然「小寺」という苗字にそれなりの重みがあったということであろう。

秀吉、播磨を制圧

三木城を陥落させた羽柴秀吉は、近江の長浜にいったん戻るが、毛利勢の美作侵攻をうけて再び播磨に入る。美作・備中などを転戦した秀吉は、天正八年四月末から播磨宍粟郡の長水城の宇野氏を攻め降し、ようやく播磨全域を制圧した。秀吉は「卯月二十六日付」で、置塩（おきしお）や御着など播磨国内八ヵ所の城を破却すべく令している（依藤保「羽柴秀吉播磨九城城割り覚」『播磨小野史談』第六号・一九八六年、ただし年紀比定は改めている）。この間、叔父の小寺休夢は秀吉に近侍していたようだが、孝高の動向は定かではない。その後、さらに因幡（いなば）・伯耆（ほうき）を攻めた秀吉は、おそらく織田信長（おだのぶなが）に播磨制圧を告げるために上洛し、六月十五日に出京して播磨へ下る。こののち、孝高は七月二十四日付の秀吉書状をうける。

姫路城大改修

昨晩三木まで下着候、一両日にて、其の地へ相越すべく候、普請等則ち申し付くべく候条、内々其の用意あるべく候、各へも其の分申さるべく候、恐々謹言、

藤吉郎
秀吉（花押）

七月廿四日

黒官兵
これを進らせ候

（福岡市博物館編『黒田家文書』第一巻一二四号）

文書の充所（あてどころ）には「黒官兵」とある。いうまでもなく「黒」は「黒田」の片苗字（かたみょうじ）であり、孝高は公にも「黒田」苗字の使用を認められたことがわかる。ここで、秀吉は数日中に姫路（ひめじ）に到着するとの予定を告げ、姫路では「普請等」を命じるので、その準備を進

めるように促している。当時の姫路城は、御着城の出城であり、規模も限られていた。そのため、ほどなく秀吉は姫路城の大改修を開始する。秀吉の文書にみえる「普請等」とは、これを指すのであろう。

豊臣（羽柴）秀吉画像（逸翁美術館蔵）

秀吉麾下諸将の領知配当

秀吉は当初、拠点を三木城に置く予定であったという。しかしながら、三木は播磨国内でも東に偏りすぎていたため、引き続き姫路が秀吉の拠点に選ばれたという。秀吉はしばらく姫路にとどまり、麾下の諸将に対する領知配当を進める。但馬平定に功のあった羽柴秀長を引き続き竹田城（但馬国朝来郡）に置き、豊岡城（但馬国城崎郡）には宮部継潤を入れた。また、播磨では蜂須賀正勝を龍野城（揖東郡）に、前野長泰を三木城（三木郡）に入れた。また、

秀吉の附属となる

次に紹介するように、孝高も秀吉に附属され、知行として揖東郡の福井庄や岩見庄が与えられることとなる。

揖東郡福井庄内六千弐百石、岩見庄弐千七百石、伊勢村上下千百石、都合壱万石、

小帳を相副え、これを進らせ置き候、相違無く御知行あるべく候、御忠節次第いよいよ申し談ずべく候、恐々謹言、

天正八

九月朔日　　　　羽藤
　　　　　　　　秀吉（花押）

黒田官兵衛尉殿

（福岡市博物館編『黒田家文書』第一巻四七号）

姫路城を秀吉に引き渡した孝高は、父職隆の拠る妻鹿城（国府山城や功山城などとも）に移る。妻鹿城は飾東郡に位置しており、このときに秀吉から与えられた領知の内にはない。おそらく妻鹿城は、黒田家の本領・本貫地の内に位置するのであろう。黒田家は本領を安堵され、その上で揖東郡の福井庄や岩見庄などを、新たな知行地としてを充行われたと考えたい。孝高の本来の立場は秀吉に付せられた与力であったが、秀吉支配地域の「分国」化、すなわち領国化に伴って、次第に秀吉の家臣化が進んでいるようである。とはいえ、この段階では知行を「進らせ置き」と、敬意を伴った表現を取っており、過渡的な状況が看取される。

毛利攻めへの準備

こうした領知充行に前後して、秀吉は播磨・但馬両国での検地を命じた。さらに、秀吉は信長の中国出馬を乞う。信長から翌九年に中国へ出勢するとの約束をとりつけ、秀

吉は姫路に戻る。信長の下向に先駆けて、秀吉は毛利領へ攻め込む心算であり、孝高も十一月二十一日付の書状で「武者道具」の準備を命じられている（福岡市博物館編『黒田家文書』第一巻二二三号）。また、秀吉はそれを約して、伯耆国河村郡の南条元続（勘兵衛）に充てて誓紙を発したようである。南条氏は長く毛利氏の山陰支配の一翼を担ってきたが、天正七年ころには毛利方から離反し、織田方についていた。いうまでもなく、孝高も対毛利戦に向けた準備に従ったと考えられる。

二　秀吉のもとで

姫路城落成

予定される信長の中国出勢を前に、秀吉は姫路城の普請・作事を急がせている。天正九年（一五八一）の二月十三日付の亀井茲矩充ての秀吉書状によると、姫路城の一部は信長の「御座所」を想定して建築された可能性が高い。さらに、三月五日付の長谷川秀一充て秀吉書状からは、姫路城の普請・作事が九年三月に一応の完了をみたことがうかがえる。これによって、姫路城本丸には三層四階の天守が出現したといわれている（『姫路市史一四　別編　姫路城』）。

領知を充行われる

天正九年三月十八日付で孝高には改めて、次のような領知充行状と目録が与えられる。

摂東郡内を以て壱万石の事、所付目録相副えこれを進らせ候、全く領知あるべく候、猶追って申し談ずべく候、

天正九

三月十八日　藤吉郎

秀吉（花押）

黒田官兵衛尉殿

目録　摂東郡

一、千弐百五拾四石八斗　越部　上庄

一、九百弐拾石　伊勢上下

一、弐千九百拾三石　岩見庄

一、四千九百七石　福井庄内

合、壱万石

天正九　藤吉郎

三月十八日　秀吉（花押）

黒田官兵衛尉殿

（福岡市博物館編『黒田家文書』第一巻四八号・四九号）

福井庄内、岩見庄および伊勢村については、先にみた天正八年九月朔日付の充行状に共通する。しかしながら、それぞれの石高は岩見庄で若干の増加をみるものの、福井庄内と伊勢村上下では、かなりの目減りが生じている。こうした異同は天正八年検地の結果であろう。それはともかく、越部上庄の一二五四石余によって、こうした目減り分を補填した。信長のもと毛利攻めに動員される諸将には「知行役ほど、人をも相抱えらるべく候」と厳格な軍役動員が要求されており、その前提として秀吉は麾下の諸将に対し適正な知行給付を実施する必要があったのである。

羽柴家中の地位

同じ日付で、浅野長吉（弥兵衛尉）も一〇〇〇石の加増を得て、知行高を五六〇〇石としている。この段階における孝高の地位が、秀長に代表される一門衆や蜂須賀正勝らの古参衆には及ばないものの、それに次ぐ高いものであったことがわかる。新参としてはかなり優遇されていたとみてよい。

鳥取の渇え殺し

天正九年に予定されていた信長の中国出勢は見送られたが、秀吉は六月になって但馬から因幡に入り鳥取城（とっとりじょう）を囲む。鳥取城は前年天正八年六月の段階で、城主山名豊国（やまなとよくに）が秀吉に降って織田方に属することとなった。しかしながら、それを嫌った重臣らが豊国を追放し、新たな城主を吉川一族のなかに求めた。こうした要請をうけ、この年三月に石（いわ）

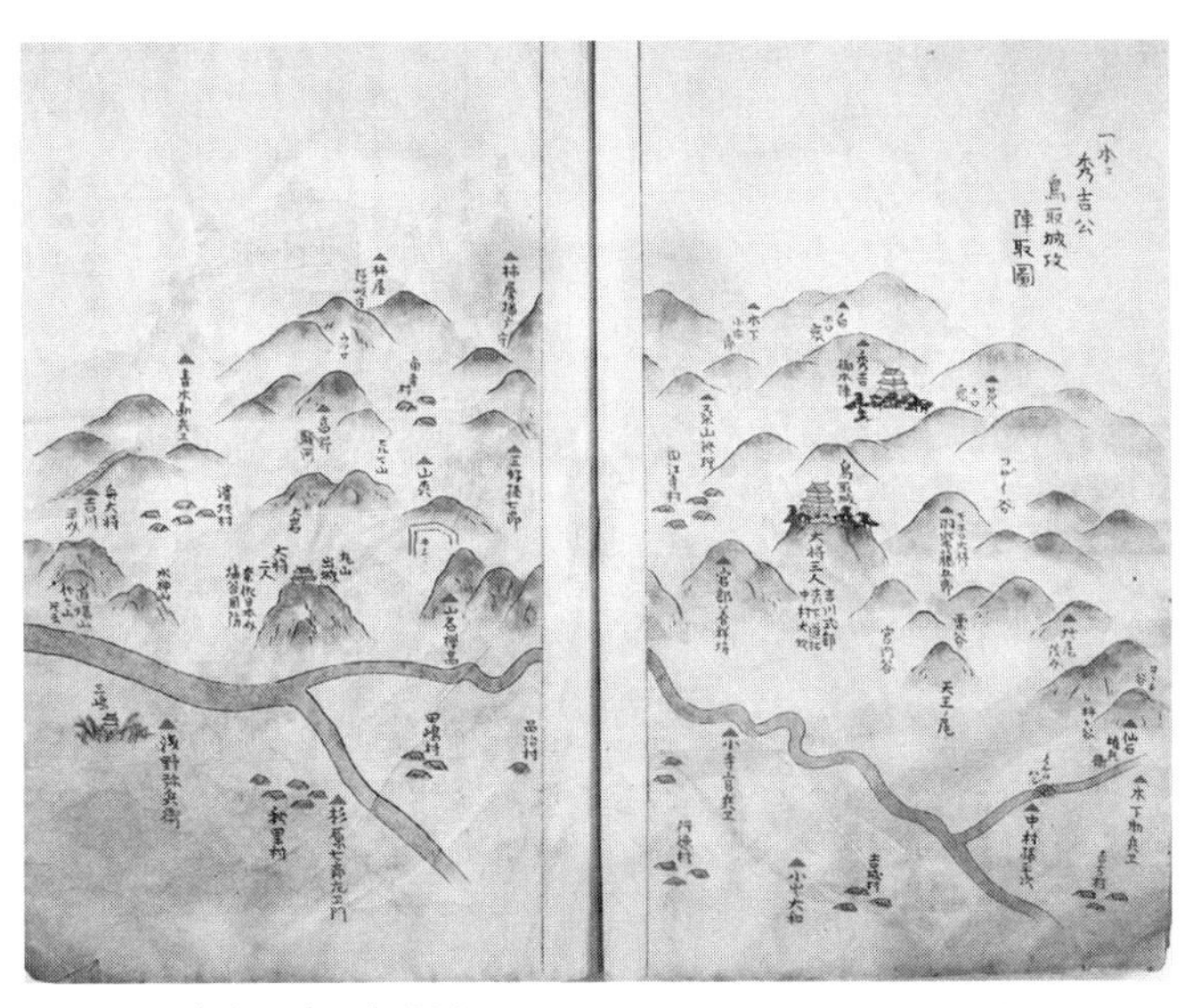

鳥取城攻め布陣図（『因幡民談記』より，鳥取県立博物館蔵）

見国福光城主であった石見吉川家の経家が鳥取城に入る。

孝高も秀吉勢の一員として鳥取城を囲んでいる。吉川経家とともに鳥取城に籠もった山縣長茂の「覚書」によると（『石見吉川家文書』一五一号）、城の東北に位置する高山に秀吉が本陣を据え、城の南方には堀尾吉晴・一柳直末が陣を構え、城の東を流れる袋川の対岸に浅野長吉・中村一氏・黒田孝高・蜂須賀正勝が陣を置いた。また、城の北には宮部継潤・垣屋豊続、さらにその背後に羽柴秀長が陣を敷いた。さらに、海上も荒木重堅らが率いる秀吉軍の船団が封鎖し、鳥取城を兵粮攻めにする。籠城は三ヵ月以上に及んで、吉川経家は降伏を決意する。経家は自身の切腹と引き替えに城兵を助けることを申し出で、十月二十五日に鳥取城は開城する。

淡路攻め

鳥取城を落とした秀吉は十一月八日に姫路に戻り、ついで恒興の子池田元助とともに淡路攻めに従う。十一月十六日から十七日にかけて先発の軍勢が渡海し、秀吉自身は十八日に淡路に向かう。秀吉は洲本に侵攻し、二十一日には姫路に帰還する。詳細は定かではないが、孝高もこれに従って淡路攻めに関与したと考えられる。その後、秀吉は姫路と安土あるいは堺などの間を忙しく行き来するが、孝高はこの間も姫路に拠って秀吉の留守を預かっている。

高畠和泉守調略

この間、孝高は、毛利方であった備前児島の高畠和泉守を調略しているようである。天正十年に入るとこの調略が成功し、孝高は人質を宇喜多側に引き渡したことを秀吉に告げた。宇喜多直家は天正七年に毛利家から離反して織田方に転じていたが、備前児島は前年に毛利方に奪取されていた。この児島の丸山城に拠る高畠和泉守が、織田方に転じたのである。孝高は、動静を注視して、報告を怠らないように命じられ、秀吉は、児島方面の状況が安定すれば軍勢を出して、自らも出陣する心積もりを述べている（『黒田家文書』第一巻四六号）。

吉備津神社との交渉

秀吉は二月前半には安土から帰る心積もりであった。姫路に戻った期日は明らかではないものの、二月の下旬には備中への侵攻が具体化されるようである。すなわち二月下旬に、先陣となる孝高と蜂須賀正勝が、備中の東端に位置する吉備津神社に対して、神社境内と門前町の宮内を対象とする禁制について交渉を始めている。また、美作の苫田郡高野に本拠をもつ牧佐介も孝高に対し秀吉の禁制発給を求めている（「牧家文書」七号・『岡山県古文書集』第三輯）。

美宗勝・村上水軍の調略

さらに、孝高はこのころ、蜂須賀正勝とともに乃美宗勝（兵部丞）・盛勝（少輔四郎）父子の調略を進めていた。乃美父子は小早川隆景の重臣で船手の総帥をつとめていた。毛利攻めにあたって、瀬戸内の制海権が重要と考えられたためであろう。秀吉方の調略は村上水軍にも向けられた。村上武吉・元吉父子が率いる能島村上や因島村上に対する勧降には失敗するものの、来島の村上通昌（のちの来島通総）が秀吉の誘いに応じることとなる。調略が成功したのは来島のみであったが、村上水軍の結束に楔を打ち込んだことは大きな成果であった（国文学研究資料館所蔵「藩中古文書」八・村上小四郎蔵文書）。

先勢を任された孝高と蜂須賀正勝は、三月二十六日に備前の片上で陣立てを行なうこととなっており、孝高は既述の牧佐介に対し、この片上に参陣して制札（禁制）を請け取るように命じている（「牧家文書」八号）。

備前侵攻

四月四日には秀吉の本隊が備前岡山に入り、さらに備中へ侵攻する。四月七日に先勢の孝高と蜂須賀正勝は、備中吉備津神社の門前に陣を張る。吉備津神社が求めていた門前町の宮内を対象とする禁制は三月二十五日までに神社に届けられていたが（藤井学・山崎浩之編『改訂増補　備中吉備津神社文書　中世篇』一六八号・一七三号）、実際に禁制の対象範囲がわからないので、孝高と正勝は神社側に案内者を派遣するように命じている（同一七四号）。

これに先立って、毛利方は備前・備中間の国境を固めるため、北から宮路山・冠山・高松・加茂・日幡・庭瀬・松島の、いわゆる「境目七城」に兵員と兵粮・兵站を入れて、防備を固めた。この「境目七城」のうちで中心となるのが高松城である。

備中高松城水攻め

秀吉の軍勢は四月二十五日に備中冠山城を落とし、五月のはじめまでには宮路山城・日幡城なども陥落する。さらに、加茂城では秀吉の調略に応じる守将も出ている。しかしながら、秀吉勢は加茂城自体を陥落することはできなかったため、五月八日からは毛利方の清水宗治が守る備中高松城を包囲することとなる。徒な兵力の消耗を避けたためである。

高松城は三方を山に囲まれ、南西に向かって開かれた谷の口付近に位置する。南には沼地が拡がり、足守川が南東に流れるという天然の要害であった。秀吉は城をめぐる環境から、足守川を堰き止めて城を水攻めにすることを決する。もとより、孝高も高松城の包囲戦に参加し、秀吉が本陣を据えた石井山の麓に布陣する。ちなみに、『黒田家譜』などによると、高松城の水攻めを孝高の献策とするが、そうした事実を一次史料で確認することはできない。参考までに、秀吉の御伽衆大村由己が著した『天正記』の「惟任退治記」には、「秀吉工夫をなして、水責めの行をなす」とあり、高松城水攻めは秀吉自らの創意であったとしている。

三　本能寺の変

明智光秀、信長父子を討つ

天正十年（一五八二）三月に武田勝頼を滅ぼした織田信長は、四月二十一日に安土へ凱旋する。五月二十九日に安土を発した信長は、その日のうちに上洛する。信長はしばらく京に滞在し、毛利攻めを進める秀吉を支援するため、西下することになっていた。これより先、信長の嫡子信忠は、徳川家康を案内して五月二十一日に安土から入京し、二条の妙覚寺に寄宿している。

六月二日未明に明智光秀が京都本能寺を急襲して、信長を攻め滅ぼす（本能寺の変）。急を聞いた信忠は妙覚寺を出て二条城に入り防戦するが、衆寡敵せず自刃して果てる。その後、光秀は近江坂本城に入って、兵を大津・坂本・瀬田などに配置する。

清水宗治の自刃

京都の変報は六月三日の夜半に秀吉の許に届いた。これをうけて秀吉は、毛利家の使僧安国寺恵瓊を自らの本陣に招き、講和について談合を行なう。秀吉は、信長・信忠の急死を秘匿したまま、信長が姫路に入れば、もはや講和の時宜を失うであろうと迫った。恵瓊はただちに備中高松城に向かい清水宗治を説得、宗治は自らの自刃と引き替えに城兵一同の助命することを条件に降伏を受け入れた。宗治は蜂須賀正勝・杉原家次に充てて書状を発し、開城する旨を告げている。明四日に宗治は自刃して果て、同日付で秀吉は毛利輝元・吉川元春・小早川隆景に充てて起請文を認め、毛利一門の立場を信長に弁明すると約束し、決して疎略に扱わないことを誓っている。

姫路城に引き返す

秀吉は、足守川を堰き止める堤防を崩し、高松城をめぐる水を放流する。杉原家次が上使として高松城に派遣され、城兵を退却させたのち、城内へ自軍の兵を入れた。こうして背後を固めた秀吉は、五日に兵を引き、宇喜多の軍勢も備前へ帰陣する。

のちに秀吉が出羽の下国(安東)愛季に充てた書状には「同(六月)七日ニ播州姫路の城へ打ち入り、同九日より京都へ切り上り」とある。畿内へ攻め上るための準備を姫路で行なったと考えられる。この点、川角三郎右衛門の見聞をまとめたいわゆる『川角太閤記』によると、姫路城内では籠城も取り沙汰されていたようであるが、秀吉はこれを一蹴し籠城の備えなどをいっさい禁じたという。

明智討伐を進言

『川角太閤記』は、のちの元和年間(一六一五~二四)のものとみなされるが、比較的信のおける史料と目されている。この『川角太閤記』によると、堀秀政や側近の大村由己に続いて、孝高が秀吉の前に進み出で、「御博奕」という表現で秀吉に光秀との決戦を促した、とある。こうして姫路城内にも、光秀討伐の機運が盛り上がる。ところで、この秀吉陣のなかに右筆の数が足りなかったので、孝高が差配して能筆の侍衆を集め、「着到」の作成などの仕事をさせたという。「着到」は戦いに参加する面々の名を書き付けた名簿だが、この話も『川角太閤記』にみえるものであり、姫路での兵員・兵站の補給において、孝高が大きな役割を果たしたことをうかがわせる。

孝高は、蜂須賀正勝らと軍勢の一部を任されて、姫路から出勢することとなる。秀吉の軍勢は明石・兵庫・尼崎を経て、十二日には高槻富田で神戸信孝（信長三男）・丹羽長秀・池田恒興・堀秀政・高山右近・中川清秀らと合流する。反明智勢は三万余に達した。一万余の明智勢は兵力差を考え、京都の南郊に位置する山崎での決戦を期し、勝龍寺に進んだ。反明智勢も翌十三日に山城国山崎へ進撃する。その日のうちに両軍が激突するが、天王山を占拠した反明智勢が勝機をつかむ。

この「山崎の戦い」には孝高も参加しており、『川角太閤記』は、孝高や蜂須賀正勝が秀吉の馬廻りをつとめたとする。秀吉が、信長の三男神戸信孝の側近に充てた披露状（『浅野家文書』一〇号）には、十三日の晩に、山崎に陣取り申し候高山右近・瀬兵衛（中川清秀）・久太郎（堀秀政）手へ明智段々に人数をたて、切り懸かり候処を、道筋は高山右近・瀬兵衛・久太郎切り崩し、南の手は小一郎・池紀者（池田紀伊守恒興）・我等者・加藤作内（加藤光泰）・木村隼人（木村一）・中村孫平次（中村一氏）切り崩し候、山の手は黒田官兵衛・神子田半左衛門、其の外人数を以て、切り崩し候て、則ち勝龍寺を取り巻き申し候事、

とあり、孝高も秀長の下で、勝龍寺城を山手から攻めたことがわかる。

敗れた光秀はいったん勝龍寺に戻り、夜に入って伏見（ふしみ）方面へ遁れる。そののち、光秀は近江坂本に向かう途中で落命したとされ、十七日には首が京都本能寺にさらされた。信長と信忠を失った織田家の今後を議論するため、六月下旬に秀吉・柴田勝家（しばたかついえ）・丹羽長秀・池田恒興ら織田家宿老（しゅくろう）が、尾張（おわり）の清須（きよす）で参会する。一連の談合は「清須会議」として知られる。光秀を滅ぼした殊勲者でもある秀吉は終始主導権を握り、信長の後継者たる三法師（さんぼうし）（のちの秀信）を宿老が連繫して支える体制が確認された。「清須会議」に孝高が従っていたかについて、一次史料での確認はかなわないが、『川角太閤記』は孝高が蜂須賀正勝や中村一氏（孫平次）とともに近侍していた様子を伝える。

この場では織田領内における欠国の再編も議論され、信長の次男信雄には尾張国の、三男信孝には美濃（みの）国の支配が認められた。信孝は岐阜で三法師を後見することにもなる。

また、信長の実子で秀吉の養子となっていた羽柴秀勝（御次）には、旧明智領である丹波国が与えられた。秀吉は旧領の北近江を柴田勝家に譲って、山城と河内を領する。丹羽長秀は従前の若狭に加え、近江の高島・志賀の二郡を得、池田恒興は摂津国内で大坂などの要地を領することとなる。

四　織田家中の争いと毛利家との対峙

毛利家との領界画定交渉

天正十年（一五八二）六月の備中高松における講和で、秀吉は毛利側に血判起請文提出と人質を求めたが、領界画定については棚上げされていた。六月下旬の「清須会議」ののち、山城の山崎城を拠点と定めた秀吉は、山崎と京都の間を頻繁に行き来し、七月下旬には養子秀勝（御次）の領国となった丹波に向かう。その後は播磨に移動して、姫路に入ることになっていた。「清須会議」後の秀吉にとって、毛利家との領界画定は解決すべき喫緊の課題だったからである。

この段階にあっても、孝高が任されていたのは毛利方との交渉であり、孝高は秀吉に先駆けて姫路に戻り毛利方と対峙した。孝高は姫路に安国寺恵瓊を迎えたことを秀吉に報じるが、八月二日付の返書でそのまま恵瓊を姫路に留め置くことを命じられている

（「大阪青山歴史文学博物館所蔵文書」・大阪城天守閣『秀吉家臣団』展図録）。しかしながら、領土割譲を伴う交渉は決して順調には進まなかった。織田家の今後も定かではないなか、毛利家を代表する安国寺恵瓊は、のらりくらりとした態度で秀吉方に臨んだのである。

蜂須賀正勝を補佐

毛利家に圧力をかけて領界画定を有利に進めるためにも、秀吉は織田家中における立場を強める必要があった。背景にあるのは信長三男の信孝の動向である。「清須会議」ののち、信孝は秀吉を背後から脅かすという目論見の下、毛利家に急接近し小早川隆景を仲介として、輝元と誼（よしみ）を通じようとしていた。信孝の態度次第で、毛利との再戦も

蜂須賀正勝画像
（徳島市立徳島城博物館蔵）

不可避と、秀吉は考えたようである。すなわち、織田家内部の主導権争いと、秀吉と毛利家との関係は、表裏一体のものであった。孝高は、蜂須賀正勝とともに、この最重要案件たる対毛利交渉を任されることとなる。秀吉麾下の序列としては正勝が上位にあり、孝高がこれを補佐する立場にあったと考えられる。

阿波・讃岐に出兵

九月に入ると、秀吉は阿波国内の争乱に介入し、さらに仙石秀久には淡路衆を率いさせて阿波の勝瑞城に、また生駒親正（甚介・雅楽頭）・明石則実（与四郎）には篠原自遁の城（木津城か）に、それぞれ入城するように命じている。土佐から攻め込む長宗我部勢と戦う三好一門の十河存保を救援するためである。この戦では孝高も淡路への出兵を命じられた。孝高は阿波への渡り口となる志智城に入り、阿波での戦いを後方で支えることになる。

孝高は九月二十四日までに志智への入城を果たし、阿波の国衆から人質を徴収している。孝高は志智城を拠点に、阿波への兵粮や兵站物資の補給を進める。さらに、讃岐の安富氏からも人質を取るように命じられており、孝高には讃岐国内での軍事活動も求められていたようである。領界画定の交渉相手である毛利家に対し、圧力をかけるためであろう。このときに秀吉から孝高のもとに派遣されたのは小西行長（弥九郎）であり、孝高に行長と相談して軍事行動を進めるように指示している。讃岐の状況は定かではないが、十月になると反秀吉勢力の撤退が確認され、大きな戦闘はなかったように推定される。

秀吉と織田信孝の対立

十月下旬になると、秀吉勢は阿波からの撤退を始める。秀吉の専横にいらだつ信孝との対立が深刻化・顕然化したためであろう。淡路から戻って蜂須賀正勝とともに毛利家との交渉を再開していた孝高にも、近江・美濃方面への出陣が命じられる。十二月九日、秀吉は敵対する柴田勝家の養嗣子勝豊が拠る近江長浜城を落とし、ついで岐阜城に信孝を攻めた。十二月二十日、信孝は抗しきれずに降伏する。

柴田勝家を滅ぼす

翌天正十一年になると、反秀吉の旗を掲げて北伊勢の滝川一益が挙兵し、ついで二月末には越前北之庄から柴田勝家が南下する。伊勢に出陣していた秀吉もこれに応じて近江へ向かい、両軍は北近江の賤ヶ岳付近で対峙する。大村由己が著した『天正記』の「柴田合戦記」によれば、このときの秀吉軍は十三の部隊からなっており、孝高は山内一豊（猪右衛門）・生駒親正（甚介）らのほか、従兄弟にあたる明石則実や実弟利則らとともに五番目の部隊に属して、その主力を構成している。戦線は双方が相手の出方を注視して膠着状態となるが、秀吉が田上山砦に布陣する弟秀長に戦術を示した三月三十日付の書状では、孝高ら（官兵衛くミの衆）に前線の小屋を破壊するように命じている。

こうしたなか、いったんは降伏した岐阜の信孝が再び兵を挙げたため、秀吉はひそかに近江の陣中を抜けて美濃へ向かう。四月二十日、これを知った柴田方の佐久間盛政（さくまもりまさ）が大岩山砦を攻撃する。柴田勢来襲の報に接した秀吉は、美濃大垣（おおがき）から北近江にとって返し、柴田勢のほうは退却を開始するが、秀吉勢はこれを追撃して大打撃を与える（賤ヶ岳の戦い）。柴田方は前田利家（まえだとしいえ）の離脱もあって混乱し、総大将の柴田勝家も退却して、越前に落ちのびた。二十三日には秀吉が北之庄城を包囲する。翌二十四日の総攻撃によって、勝家は自刃して果てた。

織田信孝・滝川一益の没落

信孝も岐阜を開城して降伏し、五月二日には兄信雄によって切腹を命じられる。伊勢長島に拠った滝川一益の抵抗は七月まで続くが、結果的には開城して秀吉に降伏する。信孝・柴田勝家・滝川一益らが没落し、名目的には信雄が織田家家督として擁立されるが、戦後処理はあくまで秀吉の主導によって行なわれており、旧信長家臣団の覇権争いは秀吉勝利というかたちで終結を迎える。

秀吉、毛利家を圧迫

信孝や勝家を滅ぼした秀吉は、対毛利交渉においても強圧的な姿勢を取り始める。交渉の窓口を任された孝高は、五月七日付で恵瓊に充てて自筆の書状を発する（『小早川家文書』四一五号）。ここで孝高は、すでに北陸が平定されたことを告げ、毛利家に秀吉と和睦する意思があるなら、すみやかに来島表の軍勢を撤退させるように促している。既述のように、村上水軍のなかで来島のみが毛利方を離れて秀吉に与しており、毛利水軍と来島村上は交戦状態に入っていた。孝高は、来島からの撤兵に応じなければ、船手衆を差し向けると迫っている。

伯耆・美作・備中割譲案

　孝高を通じて毛利家を威圧する一方で、秀吉は小早川隆景の使者内藤元実（三河守）を陣中にとどめ、柴田攻めの顛末を実見させていた。元実を帰すにあたって秀吉は、小早川隆景充ての書状を託し、そこで毛利方を厳しく威嚇する。

　秀吉の書状と内藤元実の報に接した隆景は、毛利輝元と談じた。その結果、秀吉との争いは避けるべきとの結論を得、秀吉のもとへ恵瓊を遣わす。本能寺の急報を聞いて行なった備中高松における講和の際、秀吉は信長の出馬を既定として、毛利家に対し強圧的に臨んでいた。美作・伯耆・備中・出雲・備後の五ヵ国の割譲を要求したようであるが、講和交渉の遷延をおそれ、あえて起請文には書き込まなかった。内々に出雲・備後の二ヵ国については割譲要求を撤回してもよいと提案したともいう。毛利方からすると、出雲や備後はいっさい侵されていたわけではないので、この両国が外れるのはある意味当然であった。いずれにしろ、こののちの領界画定は美作・伯耆・備中の三国を対象として進められることになる。

　かりに出雲・備後の両国が割譲対象から外れたとしても、それで問題が解決したわけではなかった。この「覚」から一月ほどのち、七月十日付で恵瓊は、堀秀政（羽柴左衛門督）・蜂須賀正勝・孝高に充てて書状を発している。美作・伯耆・備中の三国を割譲することで、領界を画定しようとする提案であった。しかし、ここで問題となるのが、こうした割譲予定地に知行を有する毛利家中への処遇である。備中の西部には穂田元清（穂井田とも、治部大輔、毛利元就の四男）、西伯耆には吉川元長（治部少輔、元春の長男）が知行を有していた。毛利側は上記の三国の割譲に応じる条件として、穂田元清や吉川元長を秀吉の直臣とする取りなしを孝高らに依頼している。換言すると、彼らの当知行がそのまま認められることを求めており、毛利家としては「名」をすてて「実」をとろうとしたともいえよう。しかしながら、秀吉が自らの領国内に、実質的な毛利領を残置させるという案を許容することはなかった。

孝高に知行充行われず

天正十一年八月一日付で、秀吉は多くの家臣に対して知行充行状を発している。確認されるのは、杉原家次（七郎左衛門尉）に近江国内で三万二一〇〇石、浅野長吉（弥兵衛尉）にやはり近江国内で二万三〇〇石といったところをはじめとして、近江・山城・河内・播磨・摂津・丹波などを給知とした充行が行なわれた。この際、福島正則（市松）に五〇〇〇石、加藤清正（虎介）・加藤嘉明（孫六）・糟屋真雄（助右衛門尉）らにそれぞれ三〇〇〇石が充行われており、さきの賤ヶ岳の戦いの論功行賞としての意味ももっている。嫡子長政（吉兵衛尉）にも河内丹北郡内で四五〇石の知行が与えられているが、孝高自身に対する知行充行は確認されていない。ここに至り、知行高の面で孝高が浅野長吉らの後塵を拝した可能性は否定できない。

第四　中国・四国経略

一　毛利家との領界交渉

大坂築城

「清須会議」の結果、大坂を含む摂津の主要部は池田恒興の管下となったが、羽柴秀吉は恒興に大坂の譲り渡しを申し入れ、ここを自らの本拠と定めた。ちなみに池田恒興は美濃の大部分を与えられて、大垣に移っている。これをうけて天正十一年（一五八三）八月ころから秀吉の大坂城普請が開始される。黒田孝高は天正十一年八月二十八日付の「普請石持に付いて掟」に基づいて、石材運搬などを課された。同日付で同じ内容の「掟」は、赤松弥三郎（のちの斎村政弘）や前野長康（将右衛門尉）・一柳直末（市介）らにも与えられており、孝高は彼らと共同して大坂築城に従ったことがわかる。大坂築城とともに、城下町も形成されることとなるが、孝高も城下長柄に区画を与えられ、ここに黒田家の大坂屋敷が営まれることとなる。

秀吉、毛利方の領界画定案を容認

　大坂での新城構築を期して、秀吉が諸将にさまざまな号令を発するようになると、織田家家督たる信雄との関係は、次第に緊張感を帯びていく。秀吉が信雄と対峙する上でも、毛利家との交渉妥結は急務となり、孝高は引き続き、蜂須賀正勝とともに、対毛利家交渉の全般を担うことになった。

美作・伯耆・備中の三国の完全割譲に固執する秀吉に対し、毛利側は妥協案を提示する。領国の割譲を美作一国と伯耆の東三郡および備中の東部（河辺川以東）にとどめる代わりに、毛利家は人質を提出し、秀吉に与同した来島村上家の通昌（実名は「通総」とも）の帰国を認め、さらに羽柴家との縁組みを受け入れるというものであった。既述のように、村上水軍のなかで来島通昌のみが秀吉の誘降に応じていた。天正十年三月ころのことである。その後、同年六月末に通昌は毛利水軍の攻撃をうけ、忽那島で大敗した通昌は秀吉の許に遁れていた。織田信孝・柴田勝家を滅ぼしたのち、秀吉は毛利輝元に対して通昌の本国への帰還を承知するように求めていた。安国寺恵瓊の説諭もあって、輝元は来島通昌の本領帰還を認めると、秀吉に応じたのである。

一連の提案は秀吉の容れるところとなり、毛利家では人質の選定を開始することとなる。衆議の結果、一門吉川元春の三男広家（当時の実名は「経言」）と小早川隆景の養嗣子秀包（毛利元就の九男、当時の実名は「元総」）を秀吉の許に差し向けることとなった。また、羽柴・毛利家の縁組みについては、輝元に実子がいなかったので、家中のしかるべき家から養女を迎え、秀吉の養嗣子秀勝（御次）に嫁がせることが決定する。

境目領主の反発

こうして羽柴家と毛利家との間の交渉は大筋での合意をみる。しかしながら、毛利家中に目を転じると、備前や美作などの割譲予定地に領知を有する毛利家中の不満は収まらない。美作苫田郡の高山城（矢筈山城）に拠った草刈重継（太郎左衛門尉）などは、新たに美作を領することとなった宇喜多勢と軍事衝突まで起こしている。輝元は居城吉田郡山城に吉川元春・小早川隆景らを招いて事態収拾をはかるが、容易に打開策を見い出すことはできなかった。多年にわたり毛利家に尽くしてきた家臣らに退城を求め、領知を割譲するという事態は忍びがたく、さらに対処を誤れば家中における輝元の求心力を一挙に失墜させる危険性もあった。

京にいた恵瓊はこの状況を憤り、国元の佐世元嘉（与三左衛門尉）に充てて書状を発する。この九月十六日付書状には、これ以上時間がかかると、業を煮やした秀吉と合戦ともなろう。そうなれば「十中七、八」は毛利方の負け戦になる、と警鐘を鳴らす。恵瓊自身は決して秀吉方に贔屓するものではないが、兵力・軍事的な経歴・機動力・経済力などあらゆる面で毛利方が劣っているとして輝元の決断を迫った。

一〇〇〇石加増される

結果的に、輝元は備前・美作と伯耆の東三郡および備中の河辺川以東を割譲するという方針を踏まえ、関係する諸将に退城を命ずることとなる。こうして毛利家との交渉も一段落を迎えることとなる。ここに至る功績を賞するためであろうか、孝高は一〇〇〇石の知行を加増される。

播州揖東郡内そふ村六百石ならびに篠村内浅野弥兵衛尉分三百石、久野権右衛門尉分百石、都合千石事、申し付ける上は、永代全く領知さるべきの状、件の如し、

天正十一

拾月二日　秀吉（花押）

黒田官兵衛尉殿

（福岡市博物館編『黒田家文書』第一巻五四号）

ここにみえる「浅野弥兵衛尉」は浅野長吉であり、既述のように天正十一年八月一日に近江国内で二万三〇〇石の知行をうけている。従前、浅野長吉はこの篠村を知行地としてしていたようである。「久野権右衛門尉」については詳細も不明だが、浅野と同様、篠村に旧領があったものと考えたい。孝高は、これら転封となった秀吉家臣団の旧領などを新たに充行われたのである。

毛利家、人質を迎える

毛利家の人質に選定された吉川広家と小早川秀包が大坂へ上ることも正式に決定し、両名は十月末に海路堺に到着する。十一月朔日、吉川広家と小早川秀包は孝高と蜂須賀正勝に迎えられ、大坂城で秀吉に拝謁する。吉川広家はほどなく帰国が許されるが、小

早川秀包はしばらく大坂にとどめられる。秀包は初名を「元総」と称していたが、この間に秀吉から偏諱を与えられ実名を改めている。

境目城接収が難航し叱責を受ける

吉川広家・小早川秀包を大坂に迎えたのち、孝高は正勝とともに備前岡山に下向する。備前・美作・備中東部の城々を請け取り、領界の確定を実効化するためである。ここで輝元・吉川元春・小早川隆景らの使者との間に、城請け渡しの談合がもたれる。しかしながら、この期に至ってなお、毛利方は割譲地域内に位置する城の一部を保有したいと要求する。毛利方が引き渡しを拒んだのは、備前児島郡の常山城、備中賀夜郡の松山城、美作真島郡の高田城のほか、伯耆の三頭城・八橋城などである。こうした事態はすみやかな決着を期待していた秀吉の逆鱗に触れ、孝高らも激しく叱責されることとなる。

> 両度の書状ならびに安国寺返札の旨、委細披見せしめ候、境目城の儀、早々請け取り候かと存じ候処ニ、今に其の儀無き旨、沙汰限りの次第に候、併しながら両人由断曲事に候、急度相済まざるに於いては、時分柄事に候間、両人罷り帰るべく候、安国寺かたへも其の通申し下し候、将亦祝言儀も年内相調い難き旨、申さるる由候、輿まで差し下し候て、互い心安くつゝと申し候の上は、更々手間もいらざることに候、近頃相届かざる仕置きに候、是非に及ばず候、急度相究め申すべく候、恐々謹

言、

十一月廿四日　　　筑前守　秀吉（花押）

蜂須賀彦右衛門尉殿

黒田官兵衛尉殿

（福岡市博物館編『黒田家文書』第一巻一二二号）

孝高と正勝から交渉遷延の知らせをうけた秀吉は、いまだ「境目城（さかいめのしろ）」の「請け取り」を果たしていないことを「沙汰限り」と激怒し、孝高と正勝は「由断曲事」と糾弾され、交渉妥結の見込みがないなら、早々に帰還するように厳命された。秀勝と輝元養女との「祝言」が年内に見込めないことについても、あからさまに不興を述べている。この縁組みが領界画定の前提だったからに他ならない。しかしながら、孝高らに対し早々に帰還せよと命じたのは、相手方を追い詰めるための秀吉一流の恫喝だったのであろう。孝高・正勝の両名は、その後も対毛利交渉を継続する。

備中・美作諸城を請け取る

孝高と蜂須賀正勝は、十一月二十九日付の書状で秀吉に交渉の状況を伝えている。この書状で、恵瓊・林就長（はやしなりなが）以下毛利家の重臣が備中猿懸城（さるがけじょう）まで出張ってくることをうけ、孝高も正勝とともに該地へ出向くことを告げたようである。毛利方は境域の城を四、五ヵ所引き渡すというが、秀吉は毛利方の対応を鈍重と苛立っており、のらりくらりとし

毛利輝元画像（毛利博物館蔵）

て該当の城すべてを一時に渡すようなことはないだろうから、高山城のような重要な城々から接収するよう、指示している。

孝高と正勝は、まず備中の庭瀬・松島・幸山・宮山・妹尾といった城々を接収したのち、十二月中旬には美作に入って高山城など美作国内の城請け取りをもくろむ。孝高は備中の割譲対象地に領知を有する禰屋七郎兵衛に充て書状を発し、「仍って上下御和平の儀ニ付いて、岡山に至り、蜂須加（賀）・我等式罷り下り候、然れば其の国の儀、河切り姿に候、其れに就き、御身上の事具に仰せ蒙り候、尤も存じ候、然れども一先ずの儀は、芸州へ御座なられ候て、然るべく候」と書き送っている（十二月廿日付黒田孝高書状・「黄薇古簡集」巻五・中嶋三季之助所蔵分）。

一方、輝元も高山城（矢筈山城）の草刈重継や祝山城（いおうやまじょう）の黒岩山城守・山口太郎右衛門尉などに退城を命じる。秀吉は美作国内の枡形城（ますがたじょう）や虎倉城（こぐらじょう）の請け取りを諒とし、重ねて孝高・正勝に伊賀家久

（与三郎）の居城も入念に請け取るように命じている。虎倉城が伊賀家久の居城ではないかと考えられるが、『毛利輝元卿伝』はこれを備前の加茂小倉城としている。こうした異同については後考を俟ちたい。毛利家中のなかには、輝元の命を諾として退城するものもあれば、逆にこれに抗う者たちも存在する。

秀吉、強硬な態度を示す

天正十一年末の段階で、孝高と正勝はそうした詳細を秀吉に報じた。これをうけて秀吉は接収に応じない城を包囲して返り鹿垣（竹や木で編んだ垣）をめぐらし、城内から脱出できぬようにして干し殺しにするように命じている。さらに、毛利方が美作の高田城・備中松山城、備前の児島城、伯耆の八橋城などについては、重ねて引き渡しを猶予するよう懇請してきたため、秀吉の激怒するところとなった。

秀吉はこれまでの譲歩を白紙に戻し、当初（備中高松での講和交渉）の五ヵ国（美作・伯耆・備中・出雲・備後）割譲要求に条件を改めると、強硬な態度を示している。孝高と正勝は、長期間にわたり毛利家との交渉を行なってきたと、ねぎらいの言葉をかけられているが、わずか三日後に出された秀吉の書状では一転して、さらに厳しく叱責されることとなる。

度々申し越し候如く、境目城の儀、急度請け取り、隙明け罷り上るべく候、何かと申して延引に於いては、先書申し遣わし候如く、最前彼方より仕出し候誓紙に任せ、国を五ツ此の方へ召し置くべく候間、成り次第ニ仕るべく候、返すがえす両人由断

故、此の如く遅々候や、沙汰限り候、其のため態と飛脚遣わし候、恐々謹言、

正月五日　　筑前守秀吉（花押）

蜂須賀彦右衛門尉殿

黒田官兵衛尉殿

（大日本古文書『小早川家文書』二七六号）

内容は前便のとおりであるが、毛利家側の対応が遅々として、いまだに決着をみないのは孝高と正勝の油断ではないかと、その怠慢を容赦なく責めたてている。ちなみに、ここでみた正月二日付・正月五日付の書状は、ともに『小早川家文書』として伝世している。書状をうけた孝高らから、さほど時を移さないうちに小早川隆景に転送されたのであろう。もとより、さらに拗れていけば当初の五ヵ国割譲案が復活しかねないことを、毛利陣営に知らしめるためである。秀吉は強圧的な態度をちらつかせて、毛利家側との交渉妥結を急がせた。

後顧の憂い

既述のように、天正十一年の冬ころから織田信雄は秀吉を離れ、徳川家康へ接近する。恵瓊は毛利側が執拗に退城を拒み続ければ、秀吉自ら中国に下向し開戦の可能性が高まると危機感を募らせていたが、実際には秀吉も、信雄や家康との衝突に備えざるを得なかった。秀吉は、伯耆方面の検使をつとめる牛田一長（又右衛門尉、蜂須賀家への附家老）に

対し、伯耆三郡の割譲についていっさい妥協しない旨を告げてはいるものの、自らが中国へ向かう余裕はなかった。毛利家側との難しい交渉を任された孝高と正勝は、それゆえに、しばしば秀吉に厳しく叱責されることとなったのである。

二　小牧合戦と紀州平定

織田信雄・徳川家康、秀吉と敵対する

織田信雄の動きを警戒した秀吉は、信雄の老臣たちに調略を行なっていた。天正十二年（一五八四）三月三日、信雄は彼らを謀反（むほん）の廉（かど）で成敗する。秀吉との開戦を決意した信雄は、三月七日に四国の長宗我部元親（ちょうそがべもとちか）に連携を呼びかけた。美濃の池田恒興（勝三郎）や森長可（もりながよし）（勝蔵・武蔵守）には与同を断られたようだが、三月九日に信雄は秀吉方の伊勢亀山城を攻撃し、三月十三日には清須城に徳川家康を迎え入れている。

備中を発向

こうした動きに応じるため、京を出て近江坂本城（さかもとじょう）に入った秀吉は、三月十一日付で蜂須賀正勝・黒田孝高に充てて書状を発する。孝高・正勝の両名は毛利方から接収した城々に充分な兵員と兵粮を入れ、すみやかに東上するように命じられる。これに先立って孝高は、美作における城々の接収を進め、三月十九日には岡山に戻った模様である。ここで小早川隆景から、備前児島の引き渡し準備が整ったという報せをうけており、孝高は児島城の請け取りを済ませたのち、ただちに東上すると述べている（三月廿一日付襧屋七郎兵衛充て黒田孝高書状・「黄薇古簡」巻五・中嶋三季之助所蔵分）。

秀吉は、宇喜多勢（「八郎家中」）の動員は当面無用だが、内々に鉄砲撃ちの者どもを呼び寄せる可能性もあるので、その準備をさせるようにと命じている。三月十三日付の丹羽長秀（惟住越前守）充ての秀吉書状から、宇喜多をはじめとする備前・美作・因幡の軍勢が毛利の押さえとして留め置かれたこと、山陽路から召喚された孝高や正勝らが、中村一氏（孫平次）の拠る和泉の岸和田城の支援にまわったことがわかる。

岸和田城救援に向かう

紀州の根来衆・雑賀衆は、かねてから石山本願寺と結んで織田方と戦ってきたが、信長の没後も和泉方面への勢力拡大をはかる秀吉と対立してきた。信雄・家康が秀吉との間に戦端を開くと、これに呼応して紀州の軍勢が岸和田城の中村一氏を攻めている。三月二十六日付の秀吉書状からは、「一揆三万ばかり」が岸和田城を攻めたが、城方が応戦して「首五千余」を討ち取ったとする。この書状は常陸の佐竹義重に充てたもので、報じられた戦果についてはかなりの誇張があるとみられる。それはともかく、中村一氏らは紀州勢の攻撃を退けており、この戦闘には孝高以下の黒田勢も加わっていたようである。孝高については定かではないが、嫡子長政は和泉国内で大きな軍功を挙げ、三月二十六日付の感状をうけ、新たに秀吉から二〇〇〇石の知行を与えられた（福岡市博物館編『黒田家文書』第一巻五七号）。

小牧・長久手の戦い

尾張方面では、三月二十七日に秀吉の本隊が犬山城に入り、信雄・家康軍が二十九日に小牧に着陣、両陣営が小牧山の周辺で対峙することとなる（小牧の戦い）。家康の背後を突く意図のもと、秀吉の甥秀次が率いる軍勢が長久手方面に進軍するが、徳川勢の攻撃をうけ四月六日に大敗を喫す。この戦で秀吉方の池田恒興や森長可らが討ち死にする（長久手の戦い）。

秀吉は、蜂須賀正勝や前野長泰ら岸和田にいた将兵の移動を命じ、孝高以下の黒田勢もこれに従う。蜂須賀勢一〇〇〇・前野勢一〇〇〇・黒田勢五五〇・明石勢五〇〇・赤松勢五〇〇・生駒勢四〇〇が尾張に移動し、秀吉の軍勢は六万一五〇〇に達する。入れ替わりに、出勢は不要とされていた宇喜多勢が岸和田・大坂に入った。

毛利家との婚儀を急ぐ

こうしたなか、対毛利交渉が再び動き始める。宇喜多勢が本国を離れることで、秀吉としても後方の安定化をはかる必要があったのであろう。孝高・正勝から毛利方に対して、秀勝の正室となる輝元養女をできるだけ早い時期に上洛させるように促し、さらに「分国、向後卜の儀に付て」とある。「卜」は「占」と同じで「しめ」と読む。ここでは「占有」「領有」の意味があると考えられ、今後の領界確定を方向づける何らかの約定が提示されたとみられる。これをうけて、孝高・正勝と安国寺恵瓊・林就長（木工允）との間で、次のような「覚」が取り交わされている。

覚

一、御祝言の儀、七月中ニ国本罷り立たれ候様ニ、申し聞けべく候、
一、分国、向後卜の儀に付て、御一通拝領せしめ忝なく存じ候、御誓紙下され候様、頼み存じ候事、
一、境目の儀、御祝言翌月に引き渡し申すべく候、若し相障る儀候はば、両人として御一通請け取り、返進致すべく候事、

六月八日　安国寺恵瓊（花押）
蜂須賀彦右衛門尉殿　林杢允就長（花押）
黒田官兵衛尉殿

（福岡市博物館編『黒田家文書』第一巻一五五号）

毛利家としては、「御祝言」に向けて七月中に輝元養女を上洛させることを承諾し、領界確定ないしは城々の請け渡しに対する羽柴家の提案を諒としつつ、約定を確実なものとするため、さらに起請文（「御誓紙」）の発給を求めている。秀吉が織田信雄・徳川家康と争う過程で、秀勝も従軍を余儀なくされており、婚儀は延期されていた。戦線が膠着して戦局が動かないのを好機とし、秀吉は毛利家との関係をさらに親密なものとしよ

播磨宍粟郡を領す

うとした。孝高・正勝もそうした意向を踏まえて、毛利家との交渉を継続する。最後の箇条では、婚姻成立の翌月に、境目の城々が秀吉方に引き渡されることとなっている。これで領界の画定となるはずであったが、秀勝と輝元養女の婚儀はさらに延期された。こうした状況のもと、七月十八日付で孝高は新たな知行を充行われた。

扶助として、播刕完(宍)粟郡一職、これを遣わし候、全く領知すべきの状、件の如し、

天正拾弐

七月十八日　　秀吉（花押）

黒田官兵衛尉殿

（福岡市博物館編『黒田家文書』第一巻五八号）

ここで孝高は宍粟郡一郡を充行われている。これまで宍粟郡は神子田正治（みこたまさはる）（半左衛門尉）が支配していたが、小牧・長久手合戦での責任を問われ所領を没収された（『兵庫県史 史料編 近世一』）。孝高の転封はこれをうけてのものとなる。従前の孝高の領知高は一万一〇〇〇石程度であった。このたびの充行では石高の表記がないので領知高は判明しないが、一定の加増があっと考えるべきであろう。宍粟郡（しそうぐん）は播磨国内で最も西に位置しており、因幡や美作にも接する。山陰・山陽の両道を扼（やく）する要地といえよう。これまでの秀吉から与えられた領知は揖東郡に所在していたが、「完粟郡一職」を与えられた孝高

は、自らの居城を同郡内の山崎に移すこととなる。秀吉と毛利家の関係は安定する方向にあったが、決して警戒が緩められたわけではない。孝高が播磨国の西端を与えられたのもこの文脈で考えていく必要があろう。

秀吉、信雄と和睦

織田・徳川方といくつかの小競り合いがあるものの、主力同士の衝突もないまま九月には信雄・家康も清須に帰陣する。この間も孝高以下の黒田勢も在陣を続けていたようだが、十一月十五日に至り秀吉と信雄の間に和睦が成立する。信雄が講和を結んだことで、家康が秀吉と争い続ける名分もなくなってしまう。

秀吉が信雄・家康と争っている背後で、輝元は秀吉との友好関係を維持し、むしろ後援するような立場を取った。毛利家中には、美作久米郡（くめぐん）の岩屋城主中村頼宗（大炊助）など退城を拒む者も出てきたが、いったん態度を固めた毛利輝元は、家中に対しても妥協はなかった。こうした輝元の姿勢を秀吉も好ましく受け止め、羽柴家と毛利家との間は良好なものとなる。

毛利輝元養女一行を迎える

十一月には秀勝との祝言に向けて、輝元養女がようやく上国することとなる。孝高は、蜂須賀正勝および前野長泰（将右衛門尉）とともに一行を迎える任を課される。十一月二十五日付で秀吉は、賄い方を命じた中川秀政（なかがわひでまさ）（藤兵衛尉）に対し、輝元息女が大和郡山に一泊することを告げ、詳細は正勝・孝高が指示すると述べている（『中川家文書』八号）。さらに、秀吉は一生に一度の盛儀であるとして、見苦しくないよう万端抜かりのない馳走を命じている（十二月五日付蜂須賀正勝・黒田孝高・前野長康充て秀吉朱印状・「三好文書」・『豊臣秀吉文書集』一二七四号）。十二月十九日には小早川隆景と吉川元春の長子元長（治部少輔）が堺に上着し、二十一日には大坂へ入っている。もとより婚儀に臨むためであろう。十二月二十六日、大坂城で秀勝と輝元養女の婚儀が挙行され、孝高と蜂須賀正勝もこの祝言に関わる実務を取り仕切っている。

長政、蜂須賀正勝女を正室とする

羽柴・毛利両家の関係は安定化し、領界画定もようやく決着の兆しをみせる。およそ二年半に及ぶ間、秀吉は毛利家との交渉を一貫して孝高と蜂須賀正勝に任せてきたが、この間に孝高の嫡子長政は正勝の女（名は「糸」）を正室に迎え、黒田・蜂須賀両家は姻戚関係で結ばれることとなる。

この婚姻の時期について、『黒田家譜』は天正十二年とするが、蜂須賀家側の史料（徳島城博物館所蔵『公家譜』）は天正八年のこととしている。これまでも述べてきたように、孝高は正勝と連繫して対毛利交渉にあたってきた。両家の婚姻に秀吉の意向がはたらいていたとすれば、両者の関係円滑化を期して天正八年に婚儀が行なわれた可能性が高い。

毛利家の四国攻めに加勢を求める

秀吉は毛利家に対する態度を軟化させ、年が改まると小早川秀包の帰国を許し、毛利側の懇請を聞き入れて備中内郡（松山城を含む東北部地域）と伯耆の八橋城を返還する。備

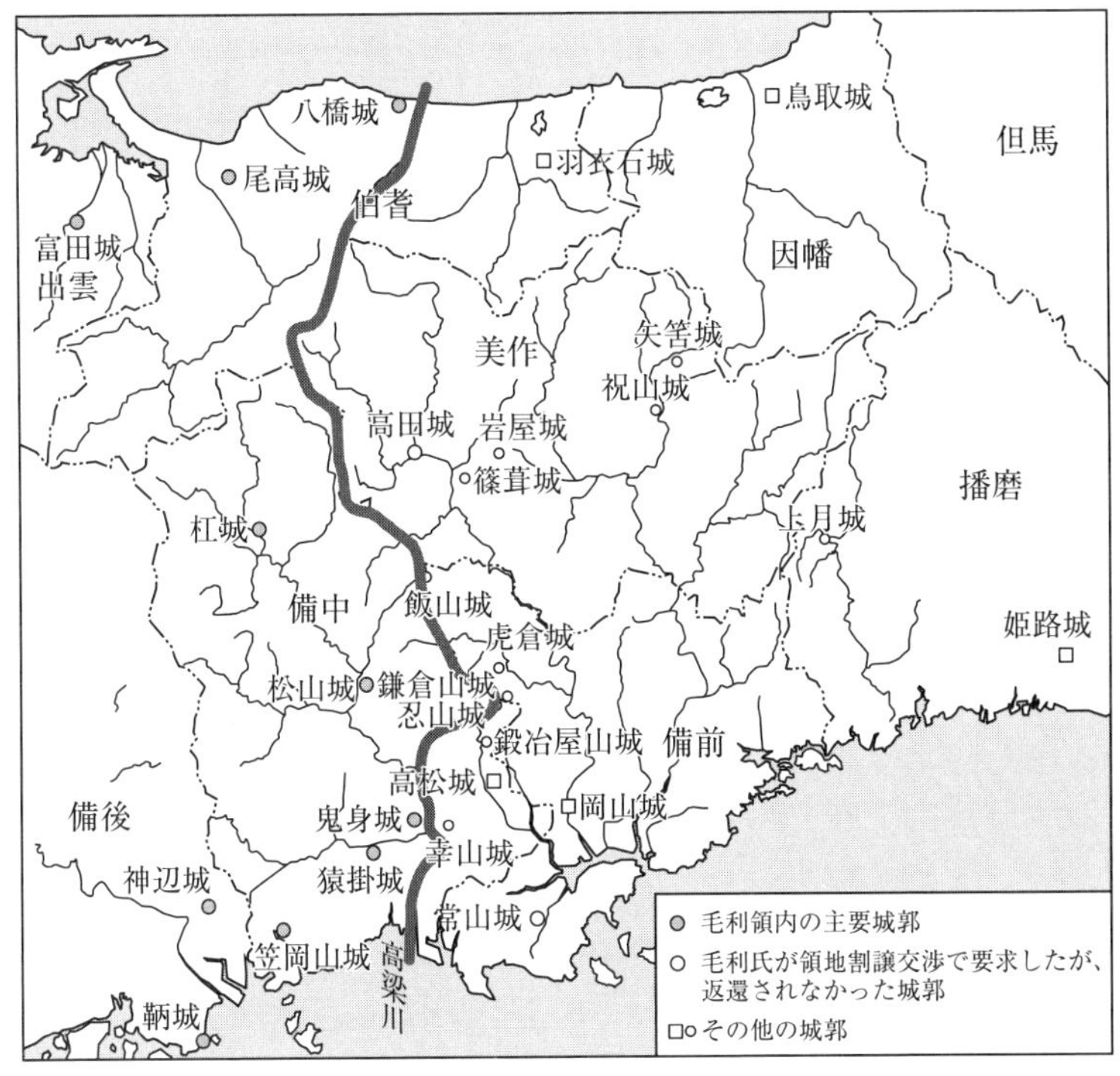

羽柴・毛利領の画定図
（広島城企画展『輝元の分岐点—信長・秀吉との戦いから中国国分へ—』，2013 年をもとに作成）

前児島の引き渡しには応じなかったが、秀吉はようやく毛利家との領界を画定させるに至った。

改年早々に秀吉は紀州および四国攻めを表明しており、毛利方に対する妥協的態度もこれがひとつの理由であったと考えられる。一連の決定は恵瓊・林就長（土佐守）らに伝えられたようだが、孝高・正勝からも小早川隆景の重臣井上春忠（又右衛門尉）を通じて、毛利家側に伝えられている（『小早川家文書』四三一号）。秀吉は三月には紀州雑賀攻めを行なうとして、これに毛利家船手（御警固）の加勢を求めている。この連署状は毛利家の船手を預かる隆景に、その了解を得るという意図によるものであろう。さらに、夏には土佐の長宗我部元親を攻めると告げている。元親は信雄・家康に与同した経緯をもっており、秀吉はいっさいの妥協なく長宗我部氏を攻め滅ぼすと述べており、その結果、欠国となる伊予と土佐を毛利家に与えるとしている。

紀州攻めに参陣

秀吉の要請に従って、毛利家は船手を派遣する。このころには来島村上の通昌（来島通総）が本領の伊予来島に復帰し、再び輝元の麾下に入っている。孝高は、蜂須賀正勝ともども、引き続き毛利方との折衝を命じられる。秀吉は天正十三年三月十日付で「内大臣」に任じられた。秀吉は三月二十一日に大坂を発し、和泉の千石堀城や積善寺城を落とす。秀吉の軍勢を前に、二十三日根来寺はさしたる抵抗もないまま焼亡し、翌二十四日には粉河寺も焼け落ちる。二十五日に秀吉は紀州の雑賀に入り、太田城を囲む。水攻めの結果、四月二十二日に太田城は開城する。落城が迫った四月二十一日の日付で、秀吉は吉川元春に戦況を報じる書状を出している。この文書の書き留めには、「尚、蜂須賀彦右衛門尉・黒田官兵衛尉申せしむべく候」とあり、孝高は正勝とともに、秀吉に従って太田城攻めの陣中にあったことがうかがえる。

三　四国出兵

四国攻めに進発

紀州攻めを終えた秀吉は、天正十三年（一五八五）四月二十六日に大坂へ戻り、さっそく四国攻めの準備にかかる。五月四日付の秀吉朱印状で、孝高は先勢として淡路に上陸するよう命じられたが、五月二十日ころに秀吉は近江坂本で体調を崩し、四国出兵の計画は変更を余儀なくされる。

病の癒えた秀吉は六月十五日に大坂へ戻り、四国攻めの新たな計画に着手する。家康の脅威がいまだ収まらないこの段階にあって、秀吉自身は四国攻めには加わらず、軍勢の指揮は羽柴秀長と秀次、および毛利輝元に任された。秀長と秀次が率いる主力は淡路に集結し、対岸の阿波土佐泊に上陸する。軍勢は秀長と秀次がそれぞれ三万を率いたといわれ、総数は六万に達する大軍であった。孝高は蜂須賀勢・宇喜多勢らとともに讃岐から、毛利輝元らは伊予からと、軍勢は三方向から四国に攻め込む。六月二十四日付の小早川隆景充ての朱印状で、秀吉は伊予への出兵を労い、委細は「尚、蜂須賀彦右衛門尉・黒田官兵衛尉申すべく候なり」と、委細は正勝と孝高から伝えると結んでいる。

羽柴秀次勢に従い諸城を攻略

孝高や正勝らの播磨勢と宇喜多勢は、讃岐の屋島に上陸する。その後、仙石秀久が富岡城を落とすものの、戸波親武（長宗我部右衛門尉）の拠る植田城の攻略がかなわなかった。孝高らは戦略を改め、讃岐の諸城をそのままに、阿波に進んで秀長・秀次らの主力軍に合流する。秀長らは七月五日に東条実光（関兵衛）の木津城を開城させ、そののち一宮城に進む。一宮到着後、七月十六日に秀次は秀長と別れ、吉野川流域を遡る。長宗我部親吉（新右衛門）が守る脇城、および長宗我部掃部頭の拠る岩倉城を攻めるためである。孝高も秀次に従ったようであり、『黒田家譜』は孝高の策謀によって、岩倉城を降したと伝えている。

長宗我部元親の降伏

四国平定戦の間、七月十一日に秀吉は従一位に叙せられ、「関白」任官を果たす。この間、一宮城に続いて脇城や岩倉城も落ち、退去した長宗我部勢は元親が拠点を置く阿波白地城に逃れた。劣勢のなか、長宗我部元親は七月末に降伏を決する。秀長は長宗我部家の降伏を秀吉に報じ、八月初頭までに元親には土佐一国のみを許すという決定が下される。

これに先立って、秀吉は越中の佐々成政を討つため、八月二日に大坂を発する。その途次、おそらく山城の淀あたりから、秀長に充てて戦後の四国について具体的な国割りを指示する。既述のように、土佐一国は長宗我部元親に残されるが、讃岐は仙石秀久(権兵衛尉)、阿波は蜂須賀正勝の子家政(小六、名はのちに彦右衛門尉を称する。阿波守、実名は「一茂」「政家」「可慶」「茂成」などとも称す)に、また、伊予は毛利一門の小早川隆景に与えられることとなる。

四国国割り

孝高・正勝は、秀吉の命に従い、阿波・讃岐・伊予での城請け取りと引き渡しを進める。宇喜多秀家は阿波・讃岐両国の城請け取りが済めば開陣(帰陣)、秀長はさらに伊予の城の請け取りが済めば開陣と命じられている。讃岐の城々は仙石秀久に、阿波の城々は蜂須賀家政に引き渡されるが、これは八月の前半には完了したようである。八月十四日付の小早川隆景充て秀長書状によると(『小早川家文書』二一六号)、孝高は蜂須賀正勝とともに、城請け取りのため伊予国内に派遣される。秀長は伊予からの人質徴集を確認して陣を引くようであるが、秀次は伊予の城々を毛利方に引き渡すまで、阿波の木津に在陣するように命じられていた。この間、孝高は、正勝とともに伊予国内で、城々の接収と毛利方への引き渡しを進めている。

四国諸城の接収・引渡を進める

小早川隆景への伊予諸城引き渡し

一方、佐々成政は八月二十六日、倶利伽羅峠（くりからとうげ）の秀吉本陣で軍門に降り、閏八月一日に秀吉は富山城（とやまじょう）に入り、その後凱旋の途に就く。秀吉は帰路、越前府中で、孝高・蜂須賀正勝からの書状をうけている。この書状は閏八月六日付で四国の状況を報じたもので、孝高・正勝は伊予国内で軍事的に枢要な城々についても、小早川家側に引き渡すべきか否か、秀吉に打診したようである。

小早川隆景画像（米山寺蔵）

この照会に対し、秀吉は伊予国内のいかに重要な城であっても、例外なく小早川家側へ引き渡すように厳命している（『小早川家文書』四七〇号）。もとより伊予一国が小早川隆景に与えられるからに他ならないが、いまだ家康との間に政治的緊張が解けないなか、秀吉としては毛利家に対して相応の配慮を示さざるを得なかったのであろう。また、この秀吉朱印状から、伊予国内の城々請け取りと引き渡しが閏八月上旬に至っても、いまだ完了していなかったことがわかる。

大坂に帰還

奈良興福寺（こうふくじ）『多聞院日記（たもんいんにっき）』の天正十三年八月二十三日条に「四国より諸陣悉く引き了んぬ」とあるが、この段階では伊予国内の戦後処理が完了していないので、この凱旋は讃岐・阿波の城々引き渡しを見届けて戻った秀長勢のことをいうのであろう。残念ながら、具体的な時日は明らかではないが、こののち秀次の軍勢が凱旋し、殿（しんがり）をつとめた孝高・正勝の軍勢は、さらに遅れて大坂に戻ることとなる。

四　孝高の洗礼

受洗しキリシタンになる

天正十三年（一五八五）八月に、孝高の父職隆（もとたか）（宗圓）が没する。孝高は四十歳になっていた。孝高がキリシタンとして洗礼をうけたのは、このころと推定される。日本側の史料では確認できないものの、ルイス・フロイスやグレゴリオ・デ・セスペデスの書簡に従うと、官兵衛尉（かんべえのじょう）孝高の洗礼は天正十三年のこととなる。洗礼名は「ドン・シメオン」とされる。一五八五年八月二十七日付（西暦）のイエズス会総長充てフロイス書簡には次のように記されている。

> 今回洗礼を受けた者の中に、羽柴筑前殿の顧問の一人で、非常に人柄の良い人がいる。そのことでも皆から少なからず尊重され、この人によって、羽柴と山口の国の間の和平が成立した。この人はジュスト右近殿（高山右近）が津の国で持っているのと同様の大きな勢力を播磨の国で持っており、部下をキリシタンにするだけでなく、筑前殿の顧問、および彼を父のように思っている備前の国の大身たちを説き伏せようと決心している。水軍司令官アゴスチイノ（小西行長）が、この人を動かし、網にかけたのであるが、ジュスト右近殿と日野の蒲生殿（蒲生氏郷）が、彼を洗礼に導いた。
>
> （松田毅一監修『十六・七世紀　イエズス会日本報告集』第Ⅲ期第7巻）

孝高のキリシタン人脈

書簡にはその名こそみえないが、播磨国に勢力を有し、秀吉と毛利家（山口の国）との間の和平に尽くした人物とあることから、受洗したと記されている人物が孝高を示していることは間違いない。これによると、小西行長（こにしゆきなが）が受洗のきっかけをつくり、実際に洗礼に導いたのは高山右近（たかやまうこん）と蒲生氏郷（がもううじさと）であったことがわかる。

細かなことは不明だが、四国平定戦で、小西行長も孝高らと行動をともにした可能性が高く、両者のつながりはこのあたりに始まるのであろう。さらに、蒲生氏郷と高山右近はともに千宗易（利休）の高弟として知られており、当時のキリシタン人脈と茶道ネットワークが大きく重なっていたことを示唆している。

一五八六年十月十七日付（西暦）のフロイス書簡には「この人（孝高）は大坂の御殿に居る間、数回副管区長を訪問し、教会のためにできることがあれば、何なりと助力しようと申し出ていた」とあり、洗礼をうけたのちの孝高が、イエズス会のため積極的な助力を行なう意志をもっていた（松田毅一監修『十六・七世紀イエズス会日本報告集』第Ⅲ期第7巻）。

秀吉、九州諸大名の停戦を命ず

天正十三年十月二日、関白秀吉は「叡慮」、すなわち天皇の命令として、九州の諸大名に休戦を命じる。このころ、孝高と正勝は伊予の西園寺公広を通じて、豊後の大友宗麟（別号は「休庵」）に書信を送っている。時期的に考えて、九州停戦令に関連するものとみて大過なかろう。伊予滞在中に誼をもった黒瀬の西園寺公広に書状を託したようであり、大友家からの返書も公広の臣法花津氏を経由する。この返信に際して、宗麟の嫡子大友義統が法花津右衛門佐に充てた副状が残っている（「成松文書」・『大日本史料』第十一編之二十二）。ここで大友義統は秀吉の配慮に謝意を表しており、休戦命令を歓迎していたことがわかる。

秀吉、島津家に最後通告

翌十四年になると、島津義久の使者として鎌田政広（刑部左衛門尉）が大坂へ派遣され、秀吉は政広を四度にわたって引見した。この過程で、秀吉は毛利・大友・島津の各氏を想定した九州の国分案を提示する。先の休戦令の延長線上に位置づけられるもので、秀吉は薩摩（さつま）・大隅（おおすみ）・日向（ひゅうが）の三ヵ国と南肥後（ひご）を島津領、豊後・筑後（ちくご）の二ヵ国と北肥後および豊前（ぶぜん）半国（おそらく南豊前）を大友領とし、さらに筑前を秀吉が直轄し、肥前（ひぜん）を毛利領とする案を提示した。豊前半国（おそらく北豊前）の帰属が不明だが、おそらく毛利領となるのであろう。

いずれにしろ、この国分案が受け入れられない場合、秀吉は九州に軍勢を遣わすと言明しており、具体的準備を進めるよう毛利家に指示を発する。天正十四年四月五日、豊後大友家の前当主宗麟が大坂城に秀吉を訪れ、救援を求めている。大友領国は薩摩・大隅を本拠とする島津勢に追い詰められ、瓦解の危機を迎えつつあったからである。

筑前検使を命じられる

宗麟を引見して五日のち、四月十日付で秀吉は九州、さらに朝鮮渡海までを射程に入れた基本戦略を打ち出し、毛利輝元充ての「覚」というかたちで伝達する。もとより当面の課題は北部九州の計略となるが、孝高はここで恵瓊とともに「筑前検使」を命じられている。すでに孝高は毛利家中に篤い人脈を築いていたが、新たに大友家とも誼を通じていた。こうした背景があっての任命であろう。

黒田の家風、毛利家に認知される

四月下旬には、孝高の毛利領入りが取り沙汰されている。毛利輝元が二宮就辰（にのみやなりとき）に充てた卯月二十三日付の書状には「官兵（孝高）今に罷り着かず候や、尾道へ送り、宿まかない（賄）方肝心候、かろく（軽く）然るべく調え、彼のかふう（家風）にあい候すると存じ候」とある（二宮太郎右衛門辰相家「譜録」二四号・『広島県史　古代中世資料編Ⅴ』）。輝元は、孝高が毛利領に入れば、備後尾道に導くように命じるが、その遇いは軽く済ませるように、と指示する。それが黒田の家風に適うと認識されており、質素を重んじる孝高の姿勢が周知されていたことがわかる。

毛利家と九州渡海の準備を進める

天正十四年（推定）五月二日付で小早川隆景が、下関の警固を担う長井親房（筑後守）と神田元忠（物四郎あるいは宗四郎）に充てて書状を発する（『山口県史　史料編　中世3』遠用物所収文書四六号）。これに先立って隆景は、龍造寺政家（隆信の後継）の使者成富茂安（十右衛門、のち兵庫）と面談し、秀吉に拝謁して帰国する茂安の九州渡海に便宜を与えるよう指示した。同じ文書で、隆景は大友宗麟と島津家中鎌田政広の下国を告げ、さらに「吉田に至り、九州の儀について、黒田官兵衛差し下され候」と述べる。

このころ、隆景書状の充所のひとりである神田元忠は、毛利家の本拠吉田にいたようである。九州の今後について談合をもつため、五月中旬に孝高が吉田郡山城を訪れ、一方の毛利家も下関に在番していた神田元忠を吉田に呼び寄せて、孝高との談合に加えたのである（五月十二日付輝元書状・『山口県史　史料編　中世3』遠用物所収文書四七号）。談合を終えて、下関に戻った元忠は、長井親房ともども輝元・孝高の指示に従って、軍勢の九州渡海を進める準備を始めたものと推察される。

ちなみに、ここまで孝高とともに秀吉を支えてきた蜂須賀正勝は、すでに家督を家政に譲って病床にあったが、五月二十二日に大坂で没する。享年は六十一と伝えられる。

島津家は筑前で大友麾下の立花・高橋両氏の拠点を攻め立てており、その様子は秀吉のもとへ逐一注進されていた。毛利家・大友家と異なり、島津家のみが停戦に応じておらず、秀吉としては信頼に足る人物を現地に派遣し、実態を正確に把握する必要があった。恵瓊の動きは詳(つまび)らかではないものの、孝高は秀吉直臣(じきしん)の宮城宗賦(みやぎそうふ)（右兵衛入道、実名は「堅甫」、苗字は「宮木」とも記す）とともに北部九州へ下向することとなる。蜂須賀正勝はすでに亡く、少なくとも九州平定戦の前哨戦は孝高を軸に進むのである。

第五　九州平定

一　先駆けとしての九州出勢

叙任をうける

島津勢に抗して籠城を続ける筑前の立花宗茂に対し、羽柴秀吉は天正十四年（一五八六）と推定される七月十日付の判物でその労をねぎらっている。この文書の書き留めには「猶、黒田勘解由申すべく候」と、詳細は黒田孝高が伝えるとある。管見の限り、この文書が官途名「勘解由」の初見となる。こののちも親しい関係性の下では引き続き「官兵衛」「官兵衛尉」といった名でよばれているが、天正十四年六月から七月はじめのころに、孝高は従五位下・勘解由次官に叙任されたと考えられる。豊臣姓での叙任と考えられるが、「口宣案」なども残っておらず、詳細は定かではない。

島津家の停戦令不履行を注進

七月十二日付の大友義統充ての秀吉朱印状（写）に「黒田勘解由・宮木入道差し下し候、右両人も関戸を越え渡海せしめ、一左右次第に輝元を始め中国勢、残らず出陣候」とあり、孝高と宮城宗賦には九州への渡海が課されていたようである。秀吉は八月初頭までに、島津側の停戦令不履行を確信するが、この判断は孝高および宮城宗賦からの報告、さらに大友麾下として島津勢との交戦を続ける高橋紹運・立花宗茂らの注進によるものである。これをうけて、秀吉は吉川元春や小早川隆景らに対し、すみやかに関門（長門関戸と豊前門司）の要害を固めるべく命じている。

毛利家と九州派兵を協議

孝高と宮城宗賦はいったん毛利領へ戻り、八月六日には毛利家の本拠たる吉田郡山城に入った。毛利一門と九州派兵について具体的な協議を進めるためであろう。この段階で毛利輝元には上洛が予定されていたが、孝高と宮城宗賦はこれを順延するよう要請したようで、輝元も九州への出陣を優先するとしてこれに応じている。

これに先立って、秀吉は孝高・安国寺恵瓊・宮城宗賦に充てて八月五日付で、「覚」を発している。これは全十三ヵ条に及ぶ詳細なもので、「毛利家文書」にも写しが残っている。「覚」として示された秀吉の素案を毛利一門が是正しつつ、軍議が進められたのであろう。秀吉はさらに念を入れるためか、同じ五日付で孝高と宮城宗賦に充てて朱印状を発するが、孝高らはここで改めて豊後へ至る経路、とりわけ長門の関戸（下関）と豊前の門司の通路を確保することを厳命された（『福岡啓藩志』所収文書）。

関門両城を修復

孝高と宮城宗賦の関戸（下関）到着は八月中に想定されていたが、実際には九月に入ってのこととなる。九月八日付の吉川元長（治部少輔）書状に「黒田事も去る五日下関下向候」とあって（「湯原文左衛門家文書」八五号・『萩藩閥閲録』第三巻）、孝高の下関着陣が九月五日と知れる。

孝高は関門海峡の両端に位置する関戸と門司の両城を頑強に修復し、自らの管轄下に置く。このとき、孝高は秀吉から備前直島の船二艘を預けられているが（『黒田家文書』第一巻六二号）、これは関門海峡の連絡に供するためであろう。孝高は海峡の両岸を固めて輝元ら毛利一門勢の着陣をまつかたわら、重臣久野重勝（四兵衛尉）を先駆けとして豊前・筑前の国衆の許に遣わす。久野重勝には八月十五日付の孝高・恵瓊連署状が託されており、ここで孝高は秀吉の朱印状を手交したいので、しかるべき家臣を中途まで派遣するように指示している（「麻生家蔵文書」・『福岡啓藩志』所収）。

毛利勢の出陣遅れる

当初の計画では八月十日に毛利の先勢が出陣し、輝元も吉川元春や小早川隆景を従えて十六日には吉田を発足することとなっていた。ところが実際には、輝元の出陣が伊予支配の不調により遅延していく（児玉就英（内蔵大夫）充て八月二十二日付小早川隆景書状・「児玉惣兵衛家文書」六一号・『萩藩閥閲録』第三巻）。毛利勢の遅滞に対し孝高は、「以ての外の腹立ち」と激しく立腹する。筑前立花山城の窮状を慮ってのことであろう。九月九日に孝高はいったん下関に戻り、渡船の準備が調い次第「夜を日に継いで」九州に向かうよう、輝元に強く求めた（内藤元実（弥左衛門）充て九月十日付毛利輝元書状・「内藤弥兵衛家文書」一〇号・

『萩藩閥閲録』第三巻)。九月十二日付の二宮就辰(にのみやなりたつ)(太郎右衛門)充ての輝元書状には「明日は未明に罷り立ち候、官兵(孝高)機嫌悪しく候や」とあり、孝高の機嫌を気にしつつ、輝元はようやく九月十三日の未明になって出陣する(二宮太郎右衛門辰相家「譜録」二六号・『広島県史古代中世資料編Ⅴ』)。

検使・目付として活躍する

しかしながら、毛利勢の九州上陸を前に、島津勢は立花山の囲みを解いて退却を始めており、立花山城はようやく危機を脱する。関門の警衛に従いながら、孝高は九州の諸勢力からの情報をとりまとめ、戦況を京ないし大坂の秀吉に注進し続けることとなる。四月十日付の秀吉朱印の「覚」で命じられたとおり、孝高・恵瓊・宮城宗賦らに課せられたのは、実際の戦闘もさることながら、「検使(けんし)」あるいは「目付(めつけ)」としての働きであったことがわかる。孝高が安芸(あき)吉田に入った天正十四年八月以降に、秀吉に充てて発した書状(注進状(ちゅうしんじょう))を列記すると次のようになる。

八月六日付宮城宗賦との連署状　八月十二日(京都)着
八月九日付宮城宗賦・安国寺恵瓊との連署状　八月十四日着
八月二十九日付安国寺恵瓊との連署状　九月四日着
九月十一日付宮城宗賦・安国寺恵瓊との連署状　九月二十五日着
九月二十一日付宮城宗賦・安国寺恵瓊との連署状　十月三日(京都)着

九月二十八日付小早川隆景・安国寺恵瓊との連署状　十月十日着

秀吉が朱印状を返書として発給するにあたり、前提となる往信が明確となる事例のみを取り上げているので、実数はこれを上回る可能性がある。

島津勢の退却を好機ととらえた立花宗茂は追撃して、八月下旬に島津方の糟屋郡高鳥(かすやぐんたかとり)居城(いじょう)を落とす。立花宗茂はその戦果を顕す注進状・頸注文を八月二十四日あるいは二十七日付で孝高・安国寺恵瓊・宮城宗賦に充てて発する。孝高らはこれら注進状・頸注文を秀吉に転送し、これをうけた秀吉が九月十日付で立花宗茂に感状(かんじょう)を発することとなる。立花家の注進状・頸注文を転送するに際し、副えられた孝高・宮城宗賦・安国寺恵瓊の連署状は発給の日付が確定できないため、右の一覧には挙げていない。要は一ヵ月に三通以上というかなりの頻度で、孝高は秀吉へ注進していたのである。また、これも確認される限りであるが、孝高の単独発給はなく、すべて連署のかたちを取っている。恵瓊との連署が基本であるが、九月下旬まではこれに宮城宗賦が加わる。ついで小早川隆景が宮城宗賦に替わることとなる。

北九州の国衆を服属させる

さて、毛利勢主力の九州上陸を前に、孝高は九月二十一日付で隆景・恵瓊と連署状を発し、麻生上総介・家氏（次郎左衛門尉）に書状を発し、秀吉から家督の安堵状(あんどじょう)が降されることを告げる（北九州市立歴史博物館編『筑前麻生文書』）。九月の後半には北部九州の諸勢力

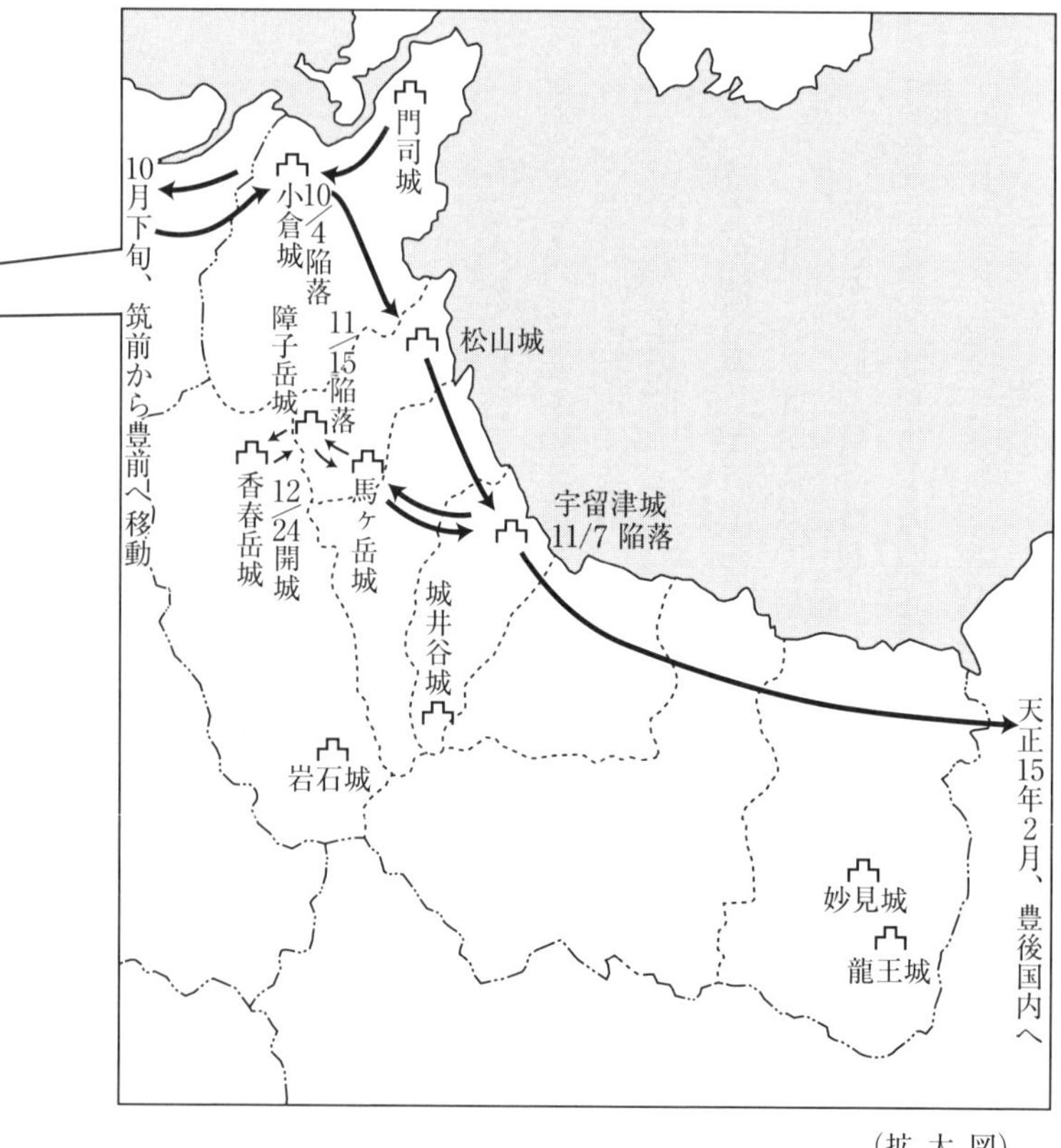
門司城
10月下旬、筑前から豊前へ移動
小倉城
10/4陥落
松山城
障子岳城
11/15陥落
香春岳城
12/24開城
馬ヶ岳城
宇留津城
11/7陥落
城井谷城
岩石城
天正15年2月、豊後国内へ
妙見城
龍王城

（拡 大 図）

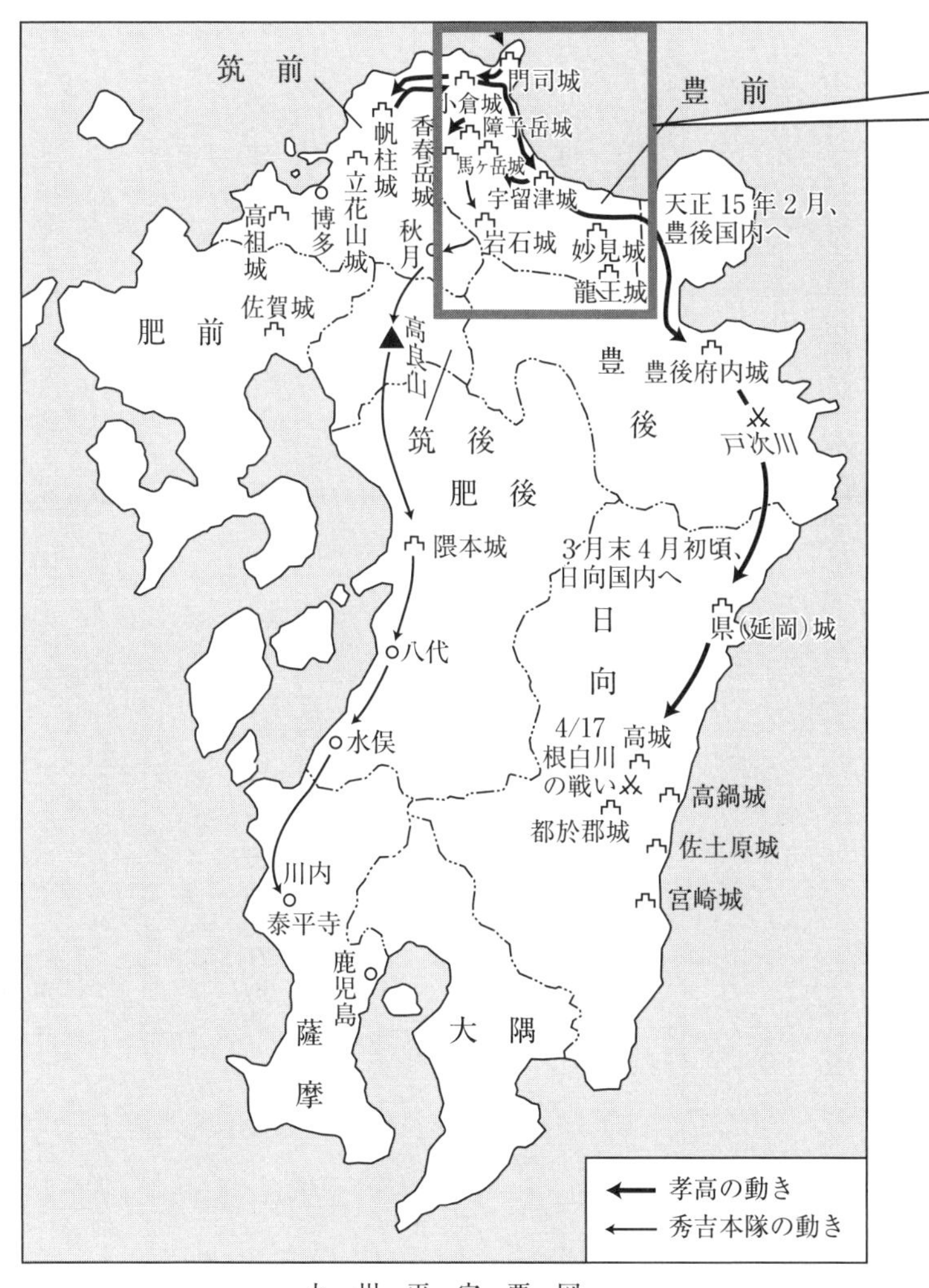
筑　前
豊　前
門司城
小倉城
障子岳城
香春岳城
馬ヶ岳城
宇留津城
帆柱城
立花山城
高祖城
博多
秋月
岩石城
妙見城
龍王城
天正15年2月、
豊後国内へ
佐賀城
肥　前
高良山
豊
後
豊後府内城
戸次川
筑　後
肥　後
隈本城
3月末4月初頃、
日向国内へ
県(延岡)城
日
向
八代
水俣
4/17
根白川
の戦い
高城
高鍋城
都於郡城
佐土原城
宮崎城
川内
泰平寺
鹿児島
薩
摩
大　隅
孝高の動き
秀吉本隊の動き

九州平定要図

が次々に服属を表明し、人質を差し出してくる。これを承認した秀吉は、十月十日付で麻生家氏（次郎左衛門尉）・時枝鎮継（武蔵守）・広津鎮種（治部少輔）らに当知行を保証し、さらに忠勤を尽くすように命じている。この伝達は、秀吉の使者森友重（勘八、のちに民部大輔、実名は「高政」とも）・森重政（兵吉・兵橘、のちに豊後守）兄弟によってなされる。麻生氏は筑前東部の遠賀郡を本拠とするが、時枝・広津氏は豊前の在地勢力となる。これら秀吉朱印状の書き留めには「猶、安国寺・黒田勘解由申すべく候也」とあり、孝高や恵瓊が彼らへの対応を担った。

毛利勢、九州渡海

十月に入ると、ようやく毛利一門の軍勢が九州渡海が始まる。主将輝元の九州上陸は十月三日のことであり、さっそく高橋元種の豊前小倉城を攻め、翌四日には開城させている。高橋元種は秋月種実の次男で、養嗣子として小倉の高橋鑑種の跡を継いでいた。この十月四日付で麻生上総介ほかに充てられた隆景・恵瓊・孝高の連署状に「小倉の儀、黒官（黒田孝高）に付け候て種々懇望候、今日取り巻くべきの処、黒官兵申し分けられ候条、延引無念に候、多分は今夜明け退くかと存じ候」とある（北九州市立歴史博物館編『筑前麻生文書』）。毛利勢との合流後も、孝高による秀吉への注進は続く。八月・九月の例にならい、十月の事例も次に列記する。

十月三日付小早川隆景・安国寺恵瓊との連署状　　十月十日着

十月五日付安国寺恵瓊との連署状　十月十四日着
十月七日付小早川隆景・安国寺恵瓊との連署状　十月十六日着
十月三十日付小早川隆景・安国寺恵瓊との連署状　十一月十三日着

筑前侵攻

このうち、十月五日付の孝高・恵瓊連署状の返書となる十月十四日付の秀吉朱印状には「寔に早々豊前一篇に相済む段、輝元手柄是非に及ばず候、其れに就き筑前面へ相動かるべき由、尤もに候」とあり、孝高らが豊前から筑前へ侵攻することを認めている。一方で、秀吉は讃岐の仙石秀久（権兵衛尉）や土佐の長宗我部元親（宮内少輔）らを大友本国の豊後へ向かわせている。筑前では攻め手の軍勢が秋月方の拠点を落とし、孝高の軍勢も遠賀郡の帆柱山城を開城させている。このころ、孝高は筑前博多の古刹聖福寺から陣中見舞いをうけており、これに対する孝高の返書を次にみておこう。

博多聖福寺の陣中見舞い

尊翰拝読仕り候、島津御退治に就き、此の境に罷り下り候と、聞こし召さるるに付き、御使僧、御巻数・扇子并胡桃贈り賜り、辱く存じ候、其の津再興すべく候条、寺家御建立尤もニ候、如在有るべからず候、恐惶謹言、

十月十三日　黒田官兵衛
孝高（花押）

聖福寺
侍衆尊答
（福岡市博多区・「聖福寺所蔵文書」）

安国山聖福寺は栄西を開山とする我が国最古の禅寺として知られる。室町幕府のもとでは五山十刹制度の十刹に序せられていた。しかしながら、幕府の衰退と博多を襲ったたびたびの戦乱によって、当時は大きく荒廃していた。孝高が筑前国内（「此の境」）に入ったことをうけ、聖福寺は陣中を見舞い、博多津の復興を求めたのである。

豊前へ移動

さらに、筑前西部の怡土郡では高祖城に原田信種が立て籠もっていたため、小早川勢が討伐に向かう。孝高は加勢としてこの軍勢に久野重勝（四兵衛）を加え、重勝は高祖城への一番乗りを果たす（太宰府天満宮『吉田家伝録』）。糟屋郡に位置する立花山城の包囲が解かれたこともあって、孝高や毛利一門の軍勢は筑前東部の制圧を終えると、豊前方面に移動する。孝高は小早川隆景・安国寺恵瓊と連署の十月三十日付注進で、豊後国内で義統に対する謀叛が起きたと報じており、軍勢の移動はあるいはこれと関係するのかもしれない。

二　豊前国内での転戦

当初、毛利勢の本陣は門司城に措定されていたが、輝元は開城させた小倉城に入り、ここを本営とする。孝高らが筑前国内を転戦しているころには、肥前佐賀の龍造寺政家（民部大輔）や平戸の松浦鎮信（肥前守）が正式に秀吉方への帰順を申し入れている。龍造寺家は、すでに前年来秀吉と誼を通じていたものの、秀吉はその去就を慎重にみていた。龍造寺家が旗色を鮮明にして人質を提出するまで、輝元は門司辺りにとどまるように命じられていた。龍造寺政家の帰順を許す秀吉朱印状の末尾は「委細は小早川左衛門佐・安国寺・黒田勘解由申すべく候なり」と結ばれており、ここでも小早川隆景のほか孝高・恵瓊の関与が確認される（十月十七日付龍造寺政家充て秀吉朱印状写・東京大学史料編纂所所蔵謄写本「御代々御感書類」）。

龍造寺政家・松浦鎮信の帰順

秀吉の命に従って、龍造寺政家は実母宗誾尼（龍造寺隆信の正室）を、重臣鍋島直茂（飛驒守、のち加賀守）からは猶子平五郎茂里とその弟茂忠を、人質として指し出した。彼らはしばらく長府の潮音院に滞在する。龍造寺家ではそのまま長府に留め置かれるように、孝高を通じて秀吉に懇願した。しかし、これは認められず、秀吉は人質をすみやかに大坂に送るように命じてきた。秀吉の命を伝えるため、小早川隆景と孝高は龍造寺家中の成富茂安（十右衛門、のち兵庫）を豊前築城郡の宇留津城攻めの陣中に呼び寄せている（鍋島直茂充て十一月六日付小早川隆景・黒田孝高連署状写・「直茂公譜」五・『佐賀県近世史料』第一編第一巻）。

秀吉、中国・四国勢を九州に派兵

孝高らは天正十四年（一五八六）十一月七日に宇留津城（築城郡）を落とす。これを報じる孝高・隆景・恵瓊の連署状は十一月二十日に秀吉の許に届く。この返書のなかで、秀吉はすみやかに九州へ下向する心算であったが、孝高・恵瓊および毛利家中の渡辺長（石見守）らの進言によって年内の出陣をとりやめ、年明けまで延期することを述べている。その一方で、阿波の蜂須賀勢や淡路の脇坂・加藤勢を豊後へ投入すると告げる。

これは、孝高や毛利一門の諸将が北部九州で転戦を重ねている間に、秀吉がようやく徳川家康を臣従させたことをうけてのことである。十月二十七日に家康は大坂城で秀吉への拝謁し、これによって中央政局がようやく安定した。そして、秀吉自身の九州下向が可能となるのみならず、家康への備えとして領国にとどまってきた阿波の蜂須賀家政や淡路の脇坂安治・加藤嘉明、さらに備前・美作の宇喜多勢などの九州への動員が可能となったことを意味する。

豊後方面へ発向

ついで、孝高らは十一月十五日に障子岳城（京都郡・田川郡）を降して、さらに高橋元種の拠る香春岳城（田川郡）を囲む。元種は小倉開城後、本拠を香春岳城に移していた。

ところで、障子岳城陥落から香春岳城包囲を告げる孝高らの注進をうけた十二月朔日付の秀吉の返書に、「次に同十一日、龍造寺色を立て候由、然るべく候」という件がある。既述のように、龍造寺政家の帰順は十月十七日付の朱印状で認められており、ここでの「色を立て候」は単に秀吉方に味方するということではなさそうである。おそらく、秀吉方に立った具体的な軍事活動の開始をいうのであろう。実際、龍造寺勢はこののち筑後方面に向けて軍勢を展開する。また、島津勢の豊後乱入を踏まえ、秀吉は翌日付でも直状を発し、毛利一門の軍勢を豊後に移動させ、四国勢とともに豊後平定に従うことを命じ、香春岳城攻めを後続の宇喜多勢に交替させようとする。これをうけて孝高にも豊後方面への移動が命じられている。

香春岳城を攻略

ところで、障子岳落城と同じ日の十一月十五日に、小倉城で療養中であった吉川元春が没する。以後、吉川勢は元春の長子元長（治部少輔）が率いることとなる。この間も、孝高・隆景・恵瓊らは上方の秀吉に対して、戦況を報じ続けている。確認される限りではあるが、十一月二十一日付で吉川勢の猛攻により香春岳城三の丸が落ちたこと、毛利の諸勢が付城に拠って奮戦を続けること、さらに十二月十一日付の連署状では、香春岳城の水の手を奪取したので、落城も間近であること、などを伝えている。

九州平定戦での任務

城攻めを宇喜多勢に交替するとの命令は十二月二日付の直状にみえるので、これが前線に届いたのかどうか微妙であるが、かりに届いていたとすれば、交替を告げられた面々が外聞にかけて攻勢に転じたのであろう。一連の捷報を得た秀吉は香春岳落城を疑わず、十二月十二日付で諸将に感状を与える。このときに感状を得たのは、麻生家氏（次郎左衛門）ら在地の国衆はもとより、吉川元長（治部少輔）・神田元忠（宗四郎）・有地正信・有福貞茂・井上春忠（又右衛門）といった毛利家中・小早川家中の歴々などである。彼らの軍功は「香春嵩要害、取り詰め、付城など相拵え、在陣の由、黒田勘解由言上候」とあるように、孝高の言上によって秀吉の承認を得るに至っている。

このころの孝高の役割は、「隆景・元春・黒田勘解由ニ相付け候人数、合壱万五千ばかり」と、一定数の軍勢を率いていることから、軍事活動も行なっていたようである。とはいえ、隆景・恵瓊らとともに香春岳城を囲む諸将の動向を細かに秀吉へ伝達している。さらに、孝高の場合は、秀吉感状に単独でその名がみえており、注進を行なう面々のなかでも、中心的な存在であったことがわかる。したがって、引き続き「検使」「目付」を主務として九州の戦陣にあったと考えざるを得ない。こうしたなか、陣中見舞いとして、孝高の嫡子吉兵衛尉長政が豊前へ下される。十一月二十三日以降の派遣なので、おそらくは諸将に与えられる十二月十二日付の秀吉感状を託されたのであろう。

このころ、これまで抗戦を続けてきた秋月種実が、ついに降伏を願い出る。秀吉は秋月種実との交渉を森吉成（壱岐守）を任せようとするが、その矢先、豊臣方の優勢を覆す敗報が届けられ、秀吉の陣営を揺るがすこととなる。

戸次川の戦い

これに先立って、鶴賀城（豊後国大分郡）に籠もる大友家重臣の利光宗魚が、島津家久（義久・義弘の末弟）の攻撃をうけていた。大友義統は仙石秀久や長宗我部元親・信親父子、十河存保らとともに、ここの救援に向かった。双方の軍勢は、天正十四年十二月十一日に、戸次川の両岸で対峙する。秀久は渡河を強行すべく主張し、元親らの反対を押し切って戸次川を渡った。しかしながら、これは島津方の策略であり、秀久以下の軍勢が川を渡りきったところで、島津勢は猛攻をかける。十二日の夕刻のことである。虚をつかれたかたちの仙石秀久は敗走し、長宗我部勢も崩されてしまう。長宗我部信親と十河存保は乱戦のなかで討ち死にし、大友勢・四国勢は大敗を喫した（戸次川の戦い）。

豊前経略に後退

この敗報は十二月二十二日に大坂の秀吉に届く。この大敗によって、戦略の変更を余儀なくされた秀吉は、豊後国内での展開を求めていた阿波の蜂須賀家政や淡路の脇坂安治・加藤嘉明らを、孝高に同陣させる。秀吉が脇坂安治に充てた十二月二十二日の朱印状によれば、阿波・淡路の軍勢は当面、孝高とともに豊前経略を命じられることとなる。

豊前では、孝高率いる黒田勢および吉川・小早川勢が十二月十五日に香春岳城に猛攻撃を加え、抗しきれなくなった城主高橋元種は十二月二十四日に降伏し、戦況は着実に安定化の方向に向かいつつあった。

宇喜多秀家・羽柴秀長の出勢

香春岳城陥落の報せが大坂に届くころ、秀吉は九州へ下る先勢の規模と出陣の日程を決定する。年が明けて天正十五年になると、秀吉本隊の出勢を前に、正月二十五日には先駆けとして宇喜多秀家（うきたひでいえ）（羽柴八郎）が、二月十日には豊臣秀長（とよとみひでなが）が出陣する。

宇喜多秀家の出勢をうけて、孝高はそれまで課せられていた長門関戸・豊前門司両城の管理を免じられることとなり、宇喜多勢の到着をまって両城を引き渡すことを命じられた（『黒田家文書』第一巻七六号）。

博多津復興を目指す

さらに、正月朔日付の「九州に至る御動座の次第」が発令され、秀吉本隊の出陣は三月朔日と正式に決定する。こののち、孝高は安国寺恵瓊とともに筑前博多の復興を命じられている。

筑前国博多津再興の事、聞こし召し候、然れば、帰着の者の家の事、何方にこれ有り候と雖も、彼の津へ引き越すべく候、地下人（じげにん）還住候様に申し付くべく候、

正月廿三日　（秀吉朱印）

安国寺

黒田勘解由とのへ

（東京大学史料編纂所所蔵「富安護安氏所蔵文書」）

先に孝高が博多の古刹聖福寺から陣中見舞いをうけたことを述べたが、博多再興を求める声が、孝高らから秀吉の許に届けられたのであろう。朱印状書き出しの表現から、この決定が上申に拠ったことがうかがえる。博多は長い間、大友氏・筑紫氏・毛利氏・龍造寺氏・島津氏らによる激しい争奪戦にさらされて甚大な戦禍を蒙っていた。旧来の住民は荒廃した博多を逃れ、肥前の唐津（からつ）など周辺各地に疎開していた。秀吉は孝高と恵瓊に命じて、彼ら博多町人の還住（げんじゅう）を勧めている。秀吉は同じ正月二十三日付で、原田信種（弾正少弼）や龍造寺政家（民部少輔）にも直状を発する。政家については筑後平定を言祝（ことほ）ぐものであったが、原田氏は博多の東に位置する怡土郡の高祖城を本拠としており、両者とも博多に対しては大きな影響力を保持していた。原田信種や龍造寺政家に対する直状発給には、博多復興を後背から保証する目的があった。

軍令執達を一手に担う

ところで、恵瓊は改年後ほどなく、九州の戦場を離れて上洛する。戸次川の敗戦による戦局の悪化をうけて、親しく秀吉の対応を仰ぐためであろう。正月二十五日付の秀吉朱印状に「旧冬十二月廿三日の書状并びに安国寺上洛、其の表様体具に聞こし召され候」とあるので（『黒田家文書』第一巻七八号）、このころに恵瓊は着京したのであろう。いずれにしろ、こののちは孝高が単独で秀吉の軍令を執達・実行することとなる。

西肥前諸将の取り次ぎを行なう

秀吉自身の九州出陣が現実的となることで、九州をめぐる局面は大きく変わる。秀吉本軍の下向は九州の諸勢力に告げられていたが、肥前平戸の松浦鎮信に充てた朱印状には「人質、黒田勘解由・小西弥九郎両人かたへ相渡し候由、尤もに候」とある。松浦鎮信への軍令は孝高と小西行長によって通達され、鎮信はさっそくこの両名に対して、人質を差し出している。これまで、松浦氏を含めた西肥前の諸将は、尾藤知宣（左衛門尉）によって秀吉に仲介されていた。ところが、戸次川の敗戦によって没落した仙石秀久の軍勢を尾藤知宣が率いることとなったため、孝高と小西行長（弥九郎）が代わって西肥前諸将の取り次ぎを行なうことになる。

孝高からの書状（正月二十四日付）をうけて、秀吉は二月八日付朱印状を返書として発する。ここには宇喜多秀家・豊臣秀長および自身の出馬期日が記されているが、あわせて豊後の国衆志賀親次（太郎）に充てた秀吉の朱印状が託されていた。志賀親次は、父の親度やほかの南郡衆（大友氏の配下で、豊後南部に本拠をもつ勢力）がこぞって島津方に与するなか、孤高を守り岡城に拠って徹底抗戦を貫いていた。親次は十二月に行なわれた駄原畑・篠原目の合戦における頸注文を孝高に指し出しており、孝高を通じて秀吉は志賀親次の戦果を知ることになる。こうした経緯から、孝高は親次に対する秀吉の感状を仲介したのである。

九州表での下知を任される

このように孝高の存在は、北部九州のかなり広範囲にわたる地域を対象に「検使」「目付」として機能していた。さらに、新たに九州に上陸する淡路の脇坂安治（中務少輔）に対して秀吉は、脇坂勢の豊前表への渡海を尤（もっとも）としつつ、孝高の指示に従って秀吉の出馬を待つように命じている（二月十四日付脇坂安治充て秀吉朱印状・龍野歴史文化資料館編『脇坂家文書集成』四一号）。

秀吉、秋月・島津粉砕を目論む

こうしたなか、孝高は戦況を報じる書状を携行させて、小西行長を秀吉の許に送っている。秀吉に詳細な指示を仰ぐためであろう。出陣を間近に控えた秀吉は、孝高に充てて二月二十二日付の朱印状を発する（『黒田家文書』第一巻八〇号）。

ここで孝高らは、秋月攻めは無用との指示をうける。秀吉には見せしめのため、秋月攻めは自らが行なうことの決意があった。秋月種実はいったんは秀吉への服従を誓っていたが、戸次川の戦いののち再び島津方に転じた。これが秀吉の逆鱗に触れたのである。孝高は、豊臣秀長の着陣を待って毛利勢・宇喜多勢とともに島津勢を「懸け留め」、すなわち退却しないよう釘付けにするように命じられる。もとより、島津勢についても、秀吉自らが率いる軍勢によって粉砕するという戦略意図による。

豊後国内に進む

なお、この朱印状で秀吉は、下城経隆（しもじょうつねたか）（右近大夫）の働きについて触れている。下城氏は豊後に接する肥後阿蘇地方に勢力をもつ国衆であり、孝高が肥後の情勢についても上申していたことがわかる。また、これから推して、孝高が豊前から豊後国内に進んでいることがうかがえる。

筑紫広門の書状を取り次ぐ

二月二十三日付で孝高が秀吉に充てた上申には、筑紫広門および豊後の清田氏から孝高に充てられた書状が添えられていた。肥前基肄郡の勝尾城に拠る筑紫広門（左馬頭）は、長く向背の定まらない人物であったが、天正十四年に女を高橋直次（立花宗茂の実弟）に嫁がせており、これを契機に大友方に与することとなった。この段階では秀吉方に属して戦っており、孝高に秀吉への取りなしを依頼したのである。もとより、これは秀吉の容れるところとなり、三月五日付の広門充ての朱印状が発せられ、孝高はこの送達を託されている。

島津勢釘付けを厳命される

豊後の清田氏は大野郡の野津院に勢力をもっており、豊後南部（いわゆる南郡）の状況を報じたものと推察される。これをうけて、孝高は引き続き島津勢を撤退させないよう「調儀」すべしとの厳命をうける。二月下旬には豊臣秀長も豊前に入るが、孝高が合流するのはしばらく先のこととなる。三月九日から十二日くらいの間で、孝高は毛利一門などとともに豊後府内近辺の島津勢と対峙している。秀吉は三月十五日に安芸に入るが、十八日付の朱印状で、秀吉は前年来の働きを労いつつ、「法度の儀」についての宥免はないと、孝高に迫っている（『黒田家文書』第一巻八二号）。先手の孝高が失態を演じれば、戸次川で大敗を喫した仙石秀久（千石権兵衛）と同様、改易・成敗も止むを得ないとの意であろう。

島津勢撤退を叱責される

さらに、作戦の徹底をはかるため、十九日になって秀吉は孝高のもとに安国寺恵瓊・平塚為広（三郎兵衛）を派遣する。ところが、秀吉が安芸に入ったころ、豊後にいた島津勢も撤退を開始する。この失態によって、島津勢の動きを牽制するように厳命されていた孝高は、秀吉から激しく叱責されることとなる。天正十五年の三月二十一日、孝高・蜂須賀家政に充てて周防(すおう)富田から発せられた秀吉朱印状には、次のようにみえる。

一、敵退かざる様ニ、山取らるべき由、再三申し遣わし候処、はや五里六里まで相陣を構え候ニ依りて、敵敗軍いたし候、付け入りニ仕り、豊後の内にて大将分討ち留めざる事、先衆ぬるき故と思し召され候事、

一、黒田勘解由・蜂須賀阿波守両人者、日頃秀吉付け入り候段存じ候ニ、何たる子細ニ中納言所へ、日向(ひゅうが)の儀節所にて候間、打ち返し秋月を取り巻くべきかと申し候事、分別能わず候事、

（福岡市博物館編『黒田家文書』第一巻八五号）

まず、前の箇条で、豊後から島津勢を逃がしたのは「先勢」の怠慢であると非難する。この「先勢」には、当然ながら孝高も含まれよう。また、あとの箇条にみえる「付け入

る」とは、敵がみせる隙に乗じて攻め込むといった意味をもっており、孝高にしろ家政にしろ、長年秀吉に仕え、秀吉がいかに戦機をつかんで合戦を勝利に導いたか熟知しているはずなのに、何ゆえ秀長に対し、日向は難所なので侵攻を諦めて、秋月を攻めるよう誤った進言を行なったのか、理解不能であるとまで詰(なじ)っている。

南下を命じられる

幾分か怒りが収まったのか、同じ三月二十一日の「亥の下刻」すなわち深夜に至って、秀吉はさらに「追って申し候、日向口へと仰せ遣わされ候へ共、肥後口へ成るとも、日向口へ成るとも、順路よく候ハん方へ乱入すべく候、豊後へ討ち入り候人数を跡へ引き返し候事これ在るまじく候、秋月事ハ馬廻(うままわり)ばかりにて成るとも首を刎ぬべき事、案内候」と書き送る(『黒田家文書』第一巻八六号)。秋月は秀吉が自らの軍勢をもって攻め落とすので、いったん豊後に入った孝高ら軍勢は踵(きびす)を返すことなく、そのまま肥後口なり日向口なりを通って南下すべく命じられた。

秀吉、九州入り

孝高が秀吉とこのようなやりとりを行なっているころ、島津勢の撤兵はほぼ完了しており、三月二十日には島津義久と義弘・家久らが日向の都於郡(とのこおり)で軍議をもつ。島津方は、この都於郡あたりを防衛拠点とし、その前衛に位置する児湯郡(こゆぐん)の高城(たかじょう)で、豊臣勢をくい止めることに決した。三月二十五日に長門関戸に着陣した秀吉は、二十八日に豊前小倉へ入る。秀吉は翌二十九日に馬ヶ岳城(うまがたけじょう)に入り、中一日の滞在を経て、四月朔日には豊前田川郡の岩石城麓に到着し、猛攻の末、数刻のうちにここを陥落させる。

三　日向への侵攻

高城・根白坂の戦い

孝高は、秀吉の朱印状に従って、日向口へ侵攻する。秀吉は改めてこれを諒とし、諸事秀長と相談し、くれぐれも将兵を損なわないように、と指示を下す（三月三十日付秀吉朱印状・『黒田家文書』第一巻八七号）。日向口の軍勢は秀長勢以下、毛利一門勢・宇喜多勢・大友勢・四国勢などからなる。

秀長以下の軍勢は四月六日に日向の耳川（みみかわ）を越え、徐々に高城の包囲を開始する。輝元以下の毛利一門の軍勢と宇喜多勢・大友勢が高城を取り巻き、孝高・宮部継潤（みやべけいじゅん）のほか阿波・讃岐などの軍勢が後詰（ごづ）めを命じられている。はたして、義久・義弘らの島津勢は都於郡を発して高城の救援に向かい、四月十七日に宮部継潤が護る根白坂（ねじろざか）の砦を攻撃する。しかしながら、翌日には孝高や隆景らが加勢して包囲を破り、逆に島津勢を追い散らす。

島津義久降伏

この高城・根白坂の戦いで島津方の敗北は決定的となり、義久は秀長に和睦を申し入れ、伊集院忠棟（いじゅういんただむね）（剃髪後は「幸侃」と号す）・平田増宗ら重臣二名を人質として差し出す。

一方、秀吉は秋月種実を下し、筑後の高良山などを経て、肥後国内を南下し、薩摩川内にまで進んでいた。いったん鹿児島に戻った義久は恭順の意を示すため剃髪し（「龍伯」と号す）、五月八日に秀吉の陣所がある薩摩川内の泰平寺を訪れて降伏を申し出る。こののちも秀吉はしばらく泰平寺にとどまり、五月九日付で旧領のうち薩摩一国を充行った。こののちも秀吉はしばらく泰平寺にとどまり、島津家中に対する戦後処理を進める。

川内に出向

義久の降伏をうけ、秀吉は日向にいた毛利輝元・小早川隆景・吉川元長に軍勢二〇〇〇〜三〇〇〇を率いて川内に出向くよう指示するが、孝高もこれと同道するように命じられている。おそらく、このちの九州仕置きについて直接の指示を下すためであろう。孝高は豊臣秀長の下で、宮部継潤・蜂須賀家政・尾藤知宣らとともに、大隅・日向・豊後など東九州の仕置きを求められており、秀吉の陣所ではその具体策が論じられたと推察される。さらに秀吉は、この場で小早川隆景から申し出のあった吉川家の縁組みを承諾し、詳細は孝高・森吉成と相談するように命じている。九州の陣中で元春が没したのち、吉川家の家督は長子元長が継いでおり、この縁談は元長に関わるものであろう。しかしながら、この元長も六月五日に日向の陣中で没する。

孝高に豊前一国を充行う案浮上

五月十八日に薩摩川内を発った秀吉は、薩摩の平佐・山崎・鶴田を経て、大隅の曽木をめぐる。島津一門の処遇を決した秀吉は島津領を離れ、五月二十七日には肥後の水俣に入る。筑前の博多を目指す帰途、秀吉は肥後の佐敷から家康に充てて書状を発するが、そこに「豊前国、黒田勘解由に下され候事」とみえており、五月末の段階で孝高に豊前国を充行うという案が浮上している（徳川中納言充て五月二十八日付秀吉直状・佐賀県立名護屋城博物館所蔵文書）。

箱崎に入る

秀吉は六月七日に筑前箱崎(はこざき)に凱旋し、滞陣は六月末に及ぶ。秀吉は六月十五日付で朱印状を発し、宗義調(そうよししげ)に対馬(つしま)一国を安堵(あんど)し朝鮮国王を来日させるように要求している。

同じ六月十五日付で秀吉は毛利輝元に朱印状を発し「隙明き次第、早々相越さるべく候、待入り候事」と命じている（「中村家文書」三号・『山口県史　史料編　中世3』）。輝元は六月二十四日に豊前松山に至っており、二十六日には箱崎に入ったとみられる（「長府毛利家文書」・『下関市史　資料編Ⅳ』）。この間の孝高の居所を一次史料で確認することはできないが、毛利勢と同陣していた孝高も、輝元に前後して箱崎に入ったものと考えられる。既述のように、小倉の陣中で吉川元春が没し（天正十四年十一月十五日没）、これについで元長も日向で陣没する（天正十五年六月五日没）。これによって吉川家の家督は、元長の弟広家（初名「経言」）が継ぐ。吉川広家は箱崎で秀吉に拝謁し、家督の継承を認められるが（『吉川家文書』六九〇号）、『陰徳記』によれば孝高がその取りなしをつとめたという。

伴天連追放令

これに先立って秀吉はいわゆる「伴天連追放令(バテレンついほうれい)」を発して、イエズス会の布教活動を掣肘する。これに前後して、秀吉はキリシタンとなっていた大名にも棄教を迫る。これに応じなかった高山右近は、居城の播磨明石城を没収され、追放処分となる。孝高も秀吉の不興をかうものの、棄教を求められることはなかったようである。

吉川広家画像（吉川史料館蔵）

博多再興に関与したか

孝高が箱崎に入った可能性を指摘したが、これに関わって『黒田家譜』は孝高と石田三成が博多の再興をつかさどったとするものの、孝高が関与していたかどうかは判然としない。先に触れた輝元充ての書状で秀吉は「博多町中改め、先々の如く相立つべき旨、

豊臣秀吉知行充行状
（福岡市博物館蔵，画像提供：福岡市博物館／DNPartcom）

仰せ付けられ候事」と述べており、筑前博多は大陸派兵の拠点たるべく再興されることになる。博多再興に関する史料としては、博多町人の神屋宗湛（かみやそうたん）の日記があるが、ここには「（六月）十一日ヨリ、博多町ノサシ図ヲ書付ラレテ、十二日ヨリノ町ワリ也、博多町ワリ奉行衆事、瀧川三郎兵衛トノ　長束大蔵トノ　山崎志摩トノ　小西摂州　此五人ナリ、下奉行三十人有り」と記しており、孝高はもとより黒田家中の関与も確認されない。時日を考えると、孝高が箱崎に着陣したころには、すでに博多復興の事業が開始されていた可能性も高い。次に述べるように、孝高には新たな領知が充行（あておこな）われることから、

豊前国内六郡を充行われる

その領国経営に専念したと考える方が自然であろう。

六月二十五日付で秀吉は、小早川隆景に筑前一国と東肥前・北筑後を与え、立花宗茂・小早川秀包（ひでかね）・高橋直次・筑紫広門らに対して筑後の各郡を充行う。その後、箱崎を発した秀吉は、七月二日には関門海峡を渡って長門の関戸に達する。その翌日の七月三日付で、九州国割りの仕上げとなる豊前国の配当が行なわれる。

今度、御恩地として豊前国に於いて、京都・築城・中津・上毛・下毛・宇佐六郡の事、充て行い訖んぬ、但し宇佐郡（うさぐん）内妙見・龍王両城当知行分は之を相除き、其の外全く領知せしめ、いよいよ奉公・忠勤を抽んずべくの由候なり、

天正十五

七月三日　（秀吉朱印）

黒田勘解由とのへ

（福岡市博物館編『黒田家文書』第一巻一八五号）

ここで正式に孝高に対して豊前が与えられることになる。しかしながら豊前一国の充行ではなく、孝高の領知は国内六郡、すなわち京都・築城・中津・上毛・下毛・宇佐の各郡に限られた。さらに、このうち宇佐郡内の妙見城と龍王城の城廻りについては、黒田領から除外される。この点について秀吉は、京に戻ったのちに、次のような朱印状を

発している。

豊前国宇佐郡内、妙見・龍王両城当知行分、四百八拾九町三段の由、其の方所へ申し越す旨に候、其の帳面に任せ相改め、検地致し、右田畠の員数、彼の両城へ相付け、大友左兵衛督に慥かに相渡すべく候なり、

七月廿七日　（秀吉朱印）

黒田勘解由とのへ

（福岡市博物館購入史料・雑文書二四号・『新修福岡市史　資料編　中世一』）

黒田領から除外された妙見・龍王両城の城廻りの地域は、改めて大友義統に当知行分として与えられたのである。また、時枝鎮継や宝珠山隆倍など秀吉方として戦った国衆が、秀吉から直々に朱印状を与えられ、寄騎（与力）として孝高に付せられている。このほか、城井谷の宇都宮氏や野中・長野・広津・中間・賀来・山田・宮成氏といった豊前国衆も、同様に孝高の寄騎（与力）となるよう命じられたようである。

孝高は、豊前での領知とは別に、九月二十四日付で河内国丹北郡矢田部村で五〇〇〇石の知行を与えられる。これは在坂する孝高妻子の堪忍料である（福岡市博物館編『黒田家文書』第一巻九三号）。

キリシタンゆえに不興を買う

なお、全八郡からなる豊前国のうち、残る規矩（企救）郡と田川（田河）郡は、秀吉家

臣団の古参森吉成（壱岐守、苗字はのちに「毛利」を称す）に与えられた。この間の経緯について、イエズス会のルイス・フロイスは書簡のなかで、次のように述べている。

> 小寺官兵衛殿は、前に述べた通り今はほとんど豊前一国を領する領主であったが、彼も少なからぬ強さと価値を示した。というのは関白殿は彼に転向を迫らなかったが、彼について種々の批判をし、キリシタンになったので、関白殿が胸の中で決めていた国は授けなかったと言った。それにもかかわらず、常に強く信仰固く、もしそのキリシタン信仰に少しでも弱さを示したら、関白殿は以前決めていた所をえたであろう。というのも、関白殿は彼がキリシタンになったことについて非常な悪口（あっこう）を述べ、彼にきつく、きびしく当たっていたが、他方官兵衛殿が今回の戦さで大いに働き、彼のために功績を上げたことを認めていた。今はキリシタンであるため彼を好みはしなかったが、彼に与えていた所領はそのままにしていた。
>
> （松田毅一監修『十六・七世紀　イエズス会日本報告集』第Ⅲ期第7巻）

孝高に豊前国を充行うという案が、五月の末に浮上していたことは既述のとおりである。このほか、孝高に対する筑前充行も取り沙汰されていた。結果的に、秀吉が九州を離れるまで決定が長引く背景を、このイエズス会史料が語っているようにも感じられる。

同じくイエズス会側の史料によるが、九州平定戦の前後には嫡子長政（洗礼名ダミアン）

や孝高の末弟直之（ミゲル）も洗礼をうけたとされる。また孝高は、豊後の大友義統（コンスタンティン）や筑後久留米城主となった小早川秀包（シモン）などにも入信を勧めたとされる。高山右近の追放後、孝高は国内のキリシタン勢力の中心的存在と目されており、こうしたことが秀吉の厳しい不興をかうことになった可能性も高い。

第六　豊前での領国支配と家督移譲

一　領国支配の開始と北部九州の騒乱

馬ヶ岳を居城とする

豊前六郡を与えられた黒田孝高はさっそく新領国に入り、居城を馬ヶ岳城とする。京都郡と仲津郡の境に位置する馬ヶ岳城は、長野氏が本拠としていた。長野氏は九州平定に際して降伏を余儀なくされ、馬ヶ岳城も開城される。豊臣秀吉が天正十五年（一五八七）五月、秀長に充てた朱印状（写）には、

一、豊前国の儀も、入らざる城はわり（割り）、豊後と豊前の間に城一、馬かたけ（岳）と右の堺目の城遠く候はば、其の間小倉合わせて四も五つも置くべく候、

（国立国会図書館所蔵「池田伊予文書」）

という件がある。豊前国内でも不要な城は破却し、新たに豊前と豊後の境界付近に城を築くように命じた。また、この「堺目の城」と「馬かたけ（岳）」には距離があるので、その間にも新たな城を設けるべく指示している。同様の別の史料には「馬ヵ獄・小倉、四

モ五モ置くべく候」といった表現もあり、秀吉には豊前国内に馬ヶ岳城・小倉城のほかに四、五ヵ所の城を維持させようとの意図があった。いずれにしろ、秀吉は九州上陸後、すぐに馬ヶ岳城と小倉城とを実見しており、豊前国内でも別格の城と意識されていたことがわかる。ちなみに、森吉成は規矩（企救）郡の小倉城を居城と定めた。

豊前の領国支配

馬ヶ岳城に入った孝高は、さっそく三ヵ条の「定」を発したと伝えられる（『黒田家譜』）。主人・家長への忠義と孝行を求め、殺人・傷害・強盗には厳科を課し、耕地の隠蔽（「隠田」）や丈量の虚偽（「畝ちがへ」）にも同じく厳罰で臨むとし、その上で不正を注進した者については褒美を与えるとする。孝高は社会秩序の再編を、領国支配の端緒に位置づけたようである。さらに、隠し田畠や畝違いに対する厳罰規定は、検地の実施を想定した事前の警告ともみなされる。

黒田家の下での豊前検地については充分な史料も残ってはいないが、宇佐郡高家村の寛永九年（一六三二）検地帳（写）の奥には次のような覚書がみえる。

宇佐郡中、甲州御知行・竹中伊豆守殿御代官分共、惣高四万七千五百三拾石七斗六升七合弐勺八才、天正拾五年八月十日御検地、

「甲州」、すなわち黒田長政（甲斐守）の知行分と竹中隆重（伊豆守）代官分を合わせた宇佐郡の石高を四万七五三〇石余であったとする。竹中代官分とは既述の妙見・龍王の城

廻り分を引き継いだものであろう。それはともかく、ここで留意すべきは「天正拾五年八月十日御検地」という記述である。この日付は高家村における検地の実施日であろう。さらに、同じく宇佐郡の元重村検地帳を写し取った「横山谷内元重村検地写帳事」という史料にも「天正十五年九月廿七日」という日付が残されている。これらの史料から、入部して間もなくから、孝高の下で領国検地が実施されたことがわかる。この検地が完了することによって、年貢徴収の基準はもとより、家臣への知行充行や家臣の軍役負担も「石高」に拠って実施されることとなる。

肥後国衆一揆を注進

このように領国支配が開始された矢先、肥後国で一揆が勃発したとの報せが孝高の許に届く。九州平定後、肥後国（球磨郡を除く）は佐々成政に与えられたものの、その支配を嫌った国衆が相互に結んで蜂起した。これを知った孝高はさっそく八月二十日、同二十三日付の注進状を発し、秀吉に事態を告げている。実は、肥後の国衆蜂起の報せは、小早川隆景の八月十八日付の注進状でも報じられていた。しかし秀吉は、孝高が発した八月二十日と二十三日付の注進状を確報として、秀吉は九月七日付の朱印状を発し、九州の諸大名に具体的な指示を与える。隆景の注進を疑ったわけではなかろうが、秀吉は孝高からの報せをまって具体的対策を講じる。秀吉が孝高を豊前に置いた意図をうかがうことができよう。

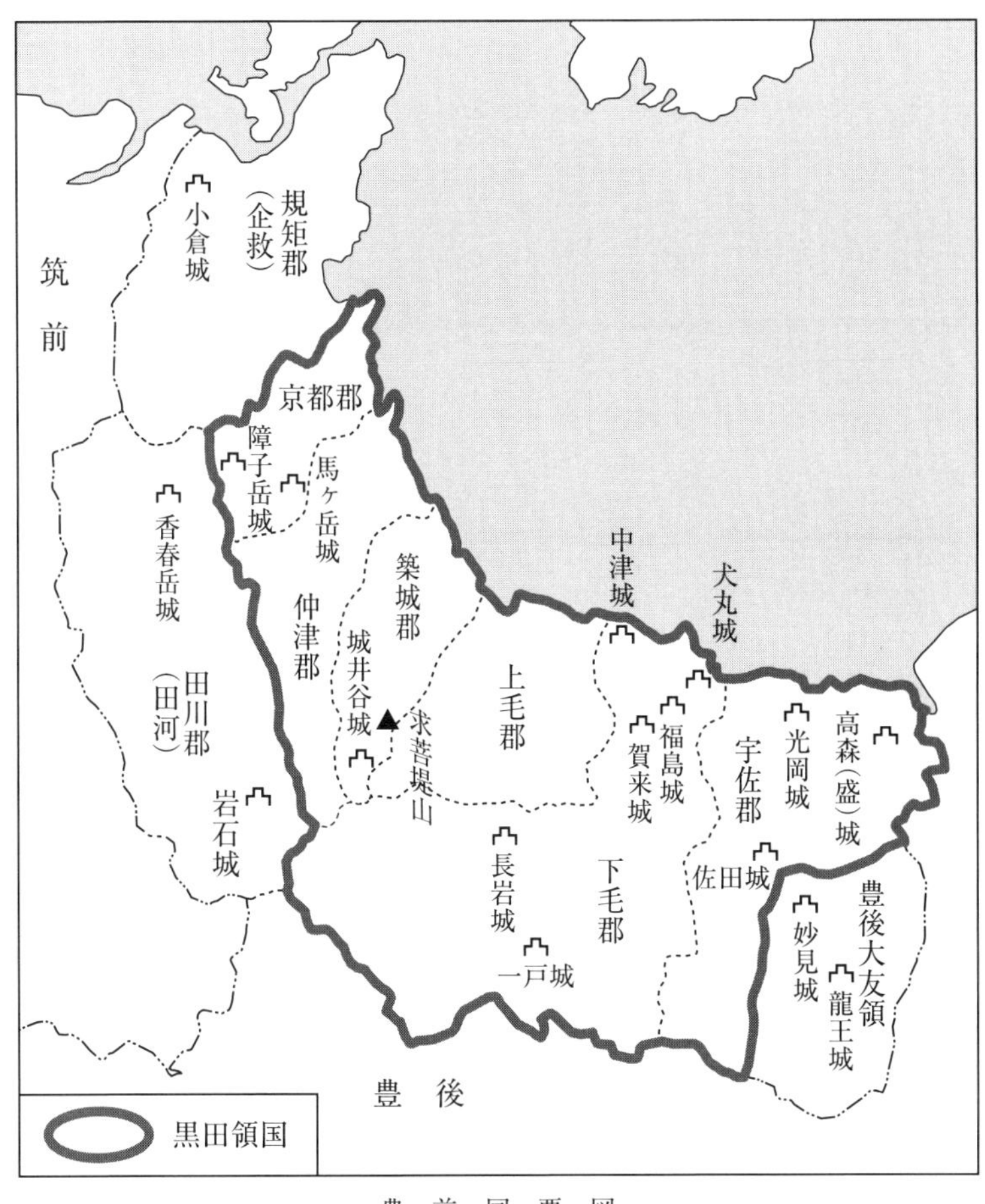
規矩郡（企救）
小倉城
筑前
京都郡
障子岳城
馬ヶ岳城
香春岳城
築城郡
仲津郡
城井谷城
求菩提山
田川郡（田河）
岩石城
上毛郡
中津城
犬丸城
福島城
賀来城
宇佐郡
光岡城
高森（盛）城
長岩城
下毛郡
佐田城
一戸城
豊後大友領
妙見城
龍王城
豊後
黒田領国

豊前国要図

筑後に発向

秀吉は初発の指示で、肥後の北隣りに位置する筑後の諸大名に成政への加勢を命じ、隆景には後詰めとして筑後の久留米城に入るよう指示した。さらに孝高と森吉成は、確実な留主居を置いて、隆景の下知に従うように命じられている。この命をうけて孝高は、嫡子の長政を留主居として居城馬ヶ岳に残し、自身は筑後に発向する。

一揆、諸国に波及

ほどなく肥後一揆の影響は、肥前さらには豊前にも波及する。肥前でも秀吉の命によって、鍋島直茂が龍造寺勢を率いて肥後へ向っていた。九州平定後、肥前諫早は龍造寺家晴（七郎左衛門尉）に与えられたため、従前の領主西郷氏は改易されていた。西郷信尚（弾正）がこの機に乗じて、旧領奪還を目論んで諫早に攻め込んだのである。一方の豊前でも、孝高の留守を突いて、上毛郡の緒方惟種や如法寺親武らが叛旗を翻す。

豊前一揆を鎮圧

蜂起が肥後以外にも波及したとの報をうけ、秀吉はさらに毛利輝元にも出勢を求める。上洛の準備を進めていた輝元は急遽予定を変更し、九月十九日に吉田郡山城を発する。二十八日に下関に到着した輝元は、十月上旬にいったんは久留米に入ったようである。豊前での国衆蜂起を知った孝高や森吉成は、輝元の着陣に前後して領国豊前に戻っている。摩滅して充所が不明となっているが、十月十五日付の孝高書状に「その表、御取り出での由、肝要に存じ候、壱州（森壱岐守吉成）事岩石ニ付城申し付け、今日罷り帰られ候、吉川殿御着次第、岩石城□□申すべきと存じ候」とあり（北九州市・「波多野文書」）、吉川広家率いる吉川勢も豊前に派遣される。

修験道で知られる上毛郡の求菩提山には、このときに出された三ヵ条の禁制が残っている（豊前市・「求菩提山文書」）。この「禁制」の発給者は「黒田官兵衛」すなわち孝高のほか、「福原式部」と「吉川蔵人」の両名である。「福原式部」は輝元の重臣福原元俊、「吉川蔵人」は広家である。ここから、豊前一揆の鎮圧には、黒田勢のほか毛利勢・吉川勢が従ったことがわかる。豊前では、長政が緒方惟種や如法寺親武らを討ち取ったが、その後も築城郡城井谷に拠る宇都宮鎮房（弥三郎、民部少輔、苗字は在地の名を取って「城井」とも称す）や下毛郡長岩城の野仲（苗字は「野中」とも記す）鎮兼などが頑強に抵抗を続けていた。

十二月はじめには、毛利輝元も馬ヶ岳城に入って豊前国内の掃討戦を指揮し、毛利勢・吉川勢が田川郡の岩石城や城井谷などに展開する。十二月中旬には孝高・長政が野仲鎮兼の軍勢が拠る犬丸城を落とし、さらに毛利勢とともに下毛郡の賀来城・福島城を陥落させる。田川郡の岩石城も陥落し、最大の抵抗勢力であった宇都宮鎮房も降伏を申し出ることとなる。ちなみに、孝高とともに戦った吉川広家の事績を綴る「広家年譜之事」には、「隆景肥後表奉り、広家事は豊前表仰せ付けられ、岩石・城井・賀来・福島の一揆等、残り無く討ち果たす」とある（『吉川家文書』九八二号）。

一方、肥後でも、和仁親実・辺春親行らが籠もる玉名郡の田中城が十二月五日に陥落し、さらに二十六日には城村城の隈部親永が降伏する。こうして肥後国衆一揆の組織的な抵抗も終焉を迎える。

北部九州の国衆一揆がようやく収束をみせるころ、孝高は居城を馬ヶ岳から中津（「中津川」とも称する）へ移すことを決する。馬ヶ岳城は確かに要害ではあったが、内陸であるうえに領国の北西に片寄っており、上方との連絡などを考えると決して良好な立地とはいえなかった。これに比して、中津は領国の中央に位置し、水陸交通の要衝という絶好の立地を誇る。築造開始は天正十六年正月とされる。これに関連して、長野誠が『福岡啓藩志』に、中上源八重遠の家に伝わったとする史料を引用している。孝高が築城の手順を長政に伝えたとみなされる興味深い内容なので、次に紹介しておこう。

普請の次第

一番に材木出しの事、
二番に石かけの事、
三番に倉立ての事、
四番に殿主の台つきの事、
五番に小丸の堀、むかいつ□の事、
六番に惣堀の事、

七番に口々の事、

以上

十二月十三日　官兵花押

吉兵衛とのへ

この文書の信憑性はしばらく措くこととするが、改年後から下毛郡内の山国川(やまくにがわ)河畔に位置する「丸山(まるやま)」と呼ばれる丘陵地を削平し、林地を拓いて新たな城郭を築くこととなる。この四番目に殿守（天守・天主）への言及がある。十二月四日付で長政が「天守之番衆(ばんしゅう)」として、天守に詰めるべき家臣の番付を指示した史料がある（福岡市博物館所蔵「井手道子氏資料」）。年未詳ながら、ここにみえる家臣を表2としてまとめているが、ここにみ

表2（年未詳）十二月四日付黒田長政黒印「天守之番衆」

番組	番衆（番ごとに中二日ずつ天守に詰める）
一番	大塚久左衛門尉　松岡少右衛門尉　船曳杢入　広津治部
二番	菅七郎兵衛　（新免）無二　山本兵衛門尉　千代平右衛門尉
三番	飯尾理右衛門尉　北川与右衛門尉　百冨長世　神崎刑部
四番	神吉長右衛門尉　小林新兵衛　原田右衛門尉　岸本五郎兵衛

（出典）福岡市博物館所蔵「井手道子氏資料」をもとに作成。

える家臣の名から推して、天正十七年ころから慶長四年（一五九九）の間に比定され（丸山雍成「福岡城天守閣と下之橋大手門」・『海路』七号・二〇〇九年）、黒田家の中津城に天守が存在したことを示唆している。また、この史料は孝高正室の実弟櫛橋宗雪と孝高の従兄弟にあたる井手真斎（職隆の実弟井手友氏の子）を充所としており、中津城の警衛において孝高の一門や姻戚が重要な役割を担っていたことがわかる。

上洛し一揆の顛末を報告

一揆勢を鎮圧した孝高であったが、その後も領国経営にのみ傾注できたわけではない。孝高と森吉成は慌ただしく上洛して、秀吉に一揆の顛末を報告することとなる。これに先立って、孝高は重臣久野重勝（四兵衛）を小早川隆景の許に派遣し、城井谷表の平定を告げている。これをうけた正月二十六日付の孝高・森吉成充ての隆景書状には「御出船の儀、明日御議定たるべきの由、其の心を得候」とあり（「久野家蔵文書」・『福岡啓藩志』所収）、豊前出立の時日が正月二十七日に予定されていたことがわかる。

大友吉統との境目争論

ところで、このころには「豊後・豊前境目」をめぐって大友吉統との間に争論が生じている。孝高は争点を十一ヵ条の「書き物」にまとめ、大和大納言秀長に訴え出た。黒田・大友双方の申し分を聞いた秀長は、家臣を九州に下す。当初は福智長通（三河守）が現地に派遣される予定であったが、「御普請」前の多忙な時期であったため、代わりに浅野長吉の推挙をうけた伊丹甚大夫（神大夫とも）が下ることとなった。このころ、大和国内では秀長家中による石材の集積が行なわれており（『大和郡山市史』）、この「御普請」とは、秀長の居城である大和郡山城に関わるものと判断される。

伊丹甚大夫には、すでに孝高から提出されていた「書き物」を基に、双方の「境目の者」を呼び出して尋問し、「一夜帰りに御上り候て、官兵と御談合候へかし」とすみやかに帰還するように命じられている（正月十六日付伊丹甚大夫充て豊臣秀長直状および翌十七日付伊丹神大夫充て疋田就長書状・「黄薇古簡集」巻六・伊木長門家臣笹尾喜左衛門所蔵分）。

肥後在陣を労う二月十六日付の秀吉直状では、小早川隆景に対し「黒田勘解由・森壱岐守罷り上り、言上候」と述べており、孝高・吉成の両名が秀吉への拝謁・言上を果たしたことがわかる（『小早川家文書』四九三号）。

先にみた豊前と豊後の国境争論の現地視察を委ねられた伊丹甚大夫にすみやかな帰還が求められていたのは、孝高との間に「御談合」をもつことを想定したものであった。しかしながら、孝高が上方にいる間に伊丹甚大夫が戻ったかどうか、判然とはしない。結局、伊丹甚大夫が九州へ下るのは三月ころのようであり、秀吉に拝謁した孝高と吉成は、肥後仕置きの後方支援を命じられて、再び九州へ戻っている。

肥後検地を行なう

改年直後の段階で、秀吉は主将浅野長吉のほか、蜂須賀家政・生駒親正・福島正則・戸田勝隆らの四国勢および小西行長・加藤清正らの肥後派遣を決していた。孝高と吉成はこの軍勢を支えるため、豊前小倉と肥前千栗間の兵站補給を命じられたのである。ちなみに、千栗から肥後の前線までは、龍造寺政家が輸送路の確保を任されている。こののち、一揆勢鎮圧をうけ、浅野長吉らの責務は肥後における戦後処理へと変更される。具体的には肥後国内の検地実施となるが、孝高と吉成は戸田勝隆とともに、阿蘇郡・益城郡を担当する。肥後検地は五月中旬まで続く。

長政、宇都宮鎮房を滅ぼす

この間に、領国の留守を預かる長政によって、宇都宮鎮房（城井民部少輔）が謀殺され、その一統も殲滅された。四月二十八日付で長政が発した書状（卯月廿八日付某充て黒田吉兵衛長政書状・『福岡啓藩志』所収）から、誅殺の時期が四月の下旬であったとうかがえる。

国境争論の陰に牢人問題あり

また、懸案であった豊後との国境争論にも、このころには一定の進展があったようである。秀長の上使の伊丹甚大夫の下向をうけ、大友吉統（九州平定ののち秀吉の偏諱をうけ、「義統」から改名する）も三月二十六日付の福智長通（三河守）充て書状で、自らに私曲のないことを訴えていた。一方、長政が四月二日付で疋田就長（九兵衛尉）に充てた秀長への披露状は、次のようなものであった。

猶以て、同じく豊後、申し越され候牢人、書き上げの前、形の如く申し付け、差し帰し申し候、相残る者共の儀、実所御座無きに付いて、吉統に対し放し状を仕り候、毛頭疎略に存ぜず候、已上両豊境目并びに野中(野仲カ)十郎其の外諸牢人の儀に付き、御書殊に御上使伊丹神大夫方差し下され、忝く存じ奉り候、然るところ、官兵衛言上致し候十一箇条の旨、大形相済み申し候、其の内、野中一類諸官、豊前国一揆大将福島以下の儀、第一の条に候と雖も、吉統御得心無く候、様子に於いては伊丹甚大夫方申し上げられるべく候の間、委細能わず候、これらの趣、御披露仰する所に候、恐々謹言、

卯月二日　　長政（花押）

疋田九兵衛尉殿

（「黄薇古簡集」巻六・伊木長門家臣笹尾喜左衛門所蔵分）

ここから、国境争論に付随して「牢人(ろうにん)」問題が派生していたことがわかる。「野中十郎」については実名(じつみょう)が明らかではないが、豊前下毛郡の長岩城に拠って孝高らに抗した野仲鎮兼の眷属だろう。また、豊前一揆の大将と目される「福島」は、下毛郡の田丸城（福島城とも）に拠った福島鎮充（佐渡守）である。黒田家としては、これら一揆勢に対する厳罰を求めただろうが、大友吉統はこれに同意していない。おそらく豊前一揆に加わった面々は、もともと豊後大友氏に属していたのであろう。豊前六郡が孝高に与えられたことで、ここに本拠を置いてきた豊前の国衆は、大友家との主従関係を絶たれ、黒田家の附属とされた。「牢人」という表現は、この段階に至って、黒田家とも大友家と

も主従関係を有していないことを強調したものと判断される。

大友家との争論を解決

いくら一揆を主導し、それに荷担したからといって、吉統としては長く大友家に臣従してきた面々を成敗するという措置を受け入れることはできなかったのであろう。袖書(そでがき)きによると、「豊後」すなわち大友家から「書き上げ」をもって、引き渡しを求められた「牢人」の身柄を、大友家に帰している。このほか「書き上げ」に記載のない者たちについても、大友吉統に対する「放し状」を書いたとあり、同様に大友家へ引き渡した。

境界の争いが「牢人」問題を派生させたことから推して、これらの「牢人」たちの支配領域と実際の国郡の境目とのズレが、争論の原因であった可能性も指摘できよう。いずれにせよ、長政の書状に「官兵衛言上致し候十一箇条の旨、大形相済み申し候」とあることから、豊前と豊後の国境争い、ひいては黒田・大友間の領知争いは、このころまでに一定の決着をみたものと考えられる。

二　毛利一門との交誼

毛利一門の上洛を出迎える

豊前馬ヶ岳城で越年した毛利輝元はいったん長府(ちょうふ)に戻り、天正十六年（一五八八）の三月中旬に再び九州に入り、博多(はかた)から隆景らの動きを後援していた。一揆の鎮圧が進むと、閏五月十三日に居城吉田郡山城に凱旋し、順延していた上洛を果たすため、その準備を開始する。七月七日、輝元は諸将を率いて吉田を発し、上洛の途に就く。

肥後検地を終えた孝高はいったん豊前に帰還するようであるが、輝元以下毛利一門の上洛をうけて、その準備にあたるため、ほどなく上坂する。おそらく、森吉成も孝高に前後して上方に向かったのであろう。孝高は秀吉からこの毛利氏上洛の路次における宿所の差配を命じられていたようで、七月十四日には備前牛窓まで家臣久野五兵衛尉を出迎えに遣わす。七月十九日午前、輝元らは海路大坂に到着する。孝高のほか森吉成や森友重（勘八、のちに民部大輔、実名は「高政」とも）・重政兄弟が、ここで毛利一門を出迎える。森友重と重政は九州平定の際、豊前の陣中に秀吉の命を伝達しており、輝元らとも旧知であった。この日の午後、孝高は輝元以下小早川隆景・吉川広家・穂田元清・福原広俊・口羽春良・渡辺広らの一門・重臣を自身の大坂屋敷に招いている。ここで輝元は孝高に金覆輪の太刀一腰・馬一疋・銀子五〇枚を進上し、孝高の室にも銀子三〇枚を進じている。

毛利一門に京を案内する

毛利一門初上洛の顚末を記録した『天正記』（「輝元公上洛日記」とも）には、「戌の刻に、御宿黒官所へ御帰り成され候也」といった記述がみえており、輝元以下がそのまま黒田屋敷（黒官所）にとどまり、ここを大坂での滞在地としたことがわかる。

七月二十二日早朝、輝元以下が川船で大坂を発するが、上洛にあたっての案内をつとめたのも孝高である。その日のうちに、一行は淀に達し、京都に入る。輝元はこの日、医家曲直瀬道三の屋敷に一泊する。道三は正親町天皇の脈をとり、織田信長の診察を行なったという当代の名医であり、かつては出雲富田城の尼子義久を攻める毛利元就を陣中で診療したという経緯をもつ。こうした関係を踏まえつつ、輝元の体調を案じて、道三邸での宿泊となったのであろう。あるいはこれも孝高の配慮かもしれない。翌朝に、輝元は宿所となる妙顕寺に入った。このほか隆景は本法寺、広家は妙蓮寺を宿所とする。七月二十四日、輝元らは聚楽にて秀吉に拝謁し、翌二十五日に輝元は隆景・広家を従えて、豊臣秀長・同秀次・徳川家康・宇喜多秀家・前野長康・冨田一白らへの挨拶回りを行なう。その案内を行なったのは孝高と森吉成である。その日の夕方、輝元らは初めての参内を果たす。

七月二十九日にも、輝元・隆景・広家は改めて諸大名邸の挨拶回りを行なう。織田信雄・豊臣（小吉）秀勝・上杉景勝・前田利家といった面々であるが、ここでも孝高は、曲直瀬道三や津田宗及らとともに案内をつとめている。孝高は八月九日にも、輝元・隆景・広家らを京都の北西に位置する愛宕山に案内している。下山後も一行は洛中の名所を回り、天竜寺に至っている。八月十五日には、東山で月見の宴が催されているが、輝元はここから御幸町にあった孝高の宿所へ立ち寄って、聚楽に向かったとされる。

八月十七日の夕刻には、孝高は吉川広家と連れ立って輝元を宿所の妙顕寺に訪ね、湯漬けを食べて、笛の演奏を楽しんでいる。二十二日には、聚楽へ赴く輝元に、隆景・広家・大谷吉継らとともに、孝高も従っている。この日、聚楽では、小田原北条家の使者北条氏規（美濃守、先代氏政の弟で、当代氏直の叔父）の秀吉への拝謁が行なわれている。対面の座配りを示した史料に、輝元・隆景・広家の名を見い出すことはできるが、孝高や大谷吉継の名はみえないので、孝高が正式の引見の場に臨んだわけではなさそうである。

毛利一門、畿内に遊ぶ

九月三日の早朝、輝元・隆景・広家らは京を発する。一行は翌四日には豊臣秀長の居城がある大和郡山に着く。五日に催された大和郡山城の饗宴には、大谷吉継・安国寺恵瓊・細川幽斎らとともに孝高も連なっており、さらに城中で催された能を楽しんでいる。翌九月六日の午前中に、輝元・隆景・広家らの一行は奈良へ向かい、南都の名所をめぐっている。七日の朝、奈良を経った一行は、その日の午後には大坂に達するが、大坂での宿所はやはり孝高の黒田屋敷であった。当日は孝高主催の宴が催され、大坂に滞在している大勢の大小名が孝高の屋敷に押し寄せたようである。毛利一門の大坂滞在は九月十二日までに及ぶが、引き続き黒田屋敷が輝元の宿所となっている。

小早川隆景は一行から離れて高野山に向かい、輝元は広家らを従えて帰途につき、大坂を出船する。浦伝いに尼崎（あまがさき）から兵庫へ入った一行は、須磨（すま）や一ノ谷の古戦場など名所旧跡を探訪するため、明石（あかし）あたりまでしばらくは陸路を西下するが、これにも孝高は従っている。

森友重、毛利の苗字を与えられる

九月十三日午後に明石に着くが、ここで森友重（勘八）の催す宴席が開かれた。この場で輝元は友重に「毛利」の苗字を与えている。『天正記』（「輝元公上洛日記」とも）は、この件について「此の時、黒田官兵衛尉殿、御取り合わせにて、勘八殿へ毛利の御字を遣わされ候、御礼として勘八殿より御脇差（わきざし）一ツ、殿様（毛利輝元）へ進上候なり」と伝えている。「取り合わせ」とは「口添え」とか、「取りなし」といった意味であろう。輝元は、孝高の「仲介」によって、自らの苗字を森友重に与えたのである（混乱を避けるため、以下では「森」苗字のままで記述する）。大坂から同道してきた孝高の見送りもここまでで、輝元の一行は九月十九日に吉田郡山に無事帰城する。

毛利家との交誼、吉川広家の婚儀

七月十九日の大坂着岸からおよそ二ヵ月の間、孝高は公私にわたって毛利一門の上方における生活・活動を、いわば「裏方」として支え続けた。もとより秀吉の指示・命令があってのことではあるが、孝高の行き届いた配慮も細やかな心配りによって、毛利一門との関係がいっそう強まったであろうことは想像に難くない。戦場で培われた信頼関係が、平時においてさらに深化したともいえよう。

こののちも、孝高と毛利一門の交誼は継続する。吉川広家が無事領国に戻ったという報せは十月初頭に秀吉の許に達する。のちに吉川家の重臣香川正矩（吉川元春・元長・広家の家老をつとめた香川春継の孫）が著した『陰徳記』によれば、秀吉は自らの養女としていた宇喜多秀家の姉を広家に娶せると決し、孝高を「上使」に任じて、その扈従を命じた（「広家年譜之事」・『吉川家文書』九八二号）。当初、婚儀は十月十八日に予定されていたが、これは日が悪いとして輝元の指示で十九日に延期された（二宮太郎右衛門辰相家「譜録」二八号・『広島県史　古代中世資料編Ⅴ』）。婚儀は安芸国山県郡の新庄城（小倉山城）で挙行され、その後も孝高は安芸にとどまる。吉田郡山城では領国支配にも不便が多く、毛利家は領国支配の新たな拠点を模索しており、その候補地の検分を、孝高に依頼したのである。毛利家は孝高の助言を得て、太田川の河口に広島城を営むこととなる（『川角太閤記』）。

天文十五年（一五四六）生まれの孝高は、この年四十二歳であった。年齢的には天文元年生まれの小早川隆景と、天文二十三年生まれの毛利輝元の間に位置づけられる。永禄五年（一五六二）生まれの吉川広家は十六歳も年下となるが、そうした世代差などを超えた誼が、毛利一門と孝高との間に結ばれたようである。特に広家とは親しかったようで、数多くの書状を自筆で発している。また、孝高が広家に贈った芦屋釜は「如水釜」として、後世の吉川家に伝えられている。所伝に拠れば、この釜は孝高が秀吉から拝領したものという。

三　支城配置と知行充行

領内の支城配置

黒田家の本城が中津に移ったのちも、馬ヶ岳城は支城として残される。馬ヶ岳城を預かったのは小河信章（伝右衛門尉）である。さらに重要な支城として、宇佐郡の高森（高盛）城がある。ここは孝高の次弟利高（小一郎、兵庫助）が預かる。高森城は駅館川の下流に位置しており、城の対岸に良港をもつという物流の拠点でもあった。また、中間氏が拠ってきた下毛郡の一ツ戸城も支城として維持された。山国川の上流に位置するこの城は、筑前・筑後方面へつながる要衝である。当主中間統種（六郎右衛門尉）は宇都宮攻めに功があったとして「黒田」の苗字を与えられている。中間統種は与力として孝高に附けられていたようであるが、このころには黒田家の臣下となっていたと考えられる。このほか、佐田城や光岡城なども支城として機能していた可能性がある。

黒田領の石高

黒田氏の入部直後から開始された領国検地は、国衆一揆の間も断続して実施されていた（一三三・一三四頁参照）。しかしながら検地の結果たる黒田領六郡の石高、あるいはこれに小倉森（毛利）領の規矩・田川の二郡を加えた豊前国の石高、いずれも正確な数値は不明である。

のちに起こる「関ヶ原」合戦後のことだが、豊前一国と豊後の一部を領知する細川忠興(ほそかわただおき)が慶長六年（一六〇一）二月、榊原康政(さかきばらやすまさ)に提出した「目録」の冒頭には次のようにある（「松井家先祖由来附」・『八代市史　近世史料編八』）。

豊前国之目録

一、高六万石　　毛利壱岐守分
一、高拾弐万石　　黒田甲斐守分
一、高九千七百七拾五石三斗八升九合　　龍王分
　合、拾八万九千七百七拾五石三斗八升九合

最後の「龍王分」とは、九州平定後大友吉統に許された領知であり、大友氏の改易後もこのようなかたちで存置していた。それはともかくとして、ここに「黒田甲斐守分」すなわち長政分とされる一二万石が豊前黒田領の石高とも考えられる。しかしながら、文禄(ぶんろく)末年の状況を反映するとみなされる「当代記」（『史籍雑纂』第二）所収の「此の頃、諸国知行の高帳の事」という記録には、

十四万石　　豊前国　　八郡

という記載があって、即断を許さない。この豊前一国「十四万石」という数値が、天正

十五年検地の結果を反映しているとすれば、黒田領豊前六郡の石高も一二万石を下回ることとなる。しばらく先のこととなるが、天正二十年（一五九二）に始まる文禄の役における黒田家の軍役高は五〇〇〇であり、例えば一万を課された肥後加藤家の半分となる。このときの加藤清正の知行高が一九万四九一六石であることを勘案すると、黒田家の領知高も肥後加藤家の半分程度であった可能性も高い。蓋然性は払拭できないものの、天正十五年検地を踏まえた黒田家の領知高は一〇万石程度と推定され、その後異動が生じたとしても一二万石を超えるものではなかったと、みるべきであろう。

黒田家の家臣団編成

さて、領国検地の成果を踏まえ、黒田家の家臣団に知行充行状が発給されるのは、天正十六年十一月のこととなる。播磨国で宍粟郡一郡を領していた孝高が、豊前六郡を与えられることとなり、応分の黒田家家臣団編成が求められた。従来の一門や譜代に加えて、新たな家臣たちが孝高に従うこととなる。次に播磨以来の家臣である野口一成（のちに名を「藤九郎」から「左介」に改める）充ての知行充行状をみておこう。

豊前国築城郡宇留津村ならびに上毛郡土屋垣村、都合六百石充行候、末代知行すべき者なり、仍って状件の如し、

天正十六

十一月五日　長政（花押）

野口藤九郎殿

（福岡市博物館編『黒田家文書』第二巻所収「野口家文書」）

このほか、同日付で孝高の四弟直之（惣右衛門尉・図書）に下毛・宇佐郡内の一五ヵ村で四五五六石、野村祐勝（太郎兵衛尉）に下毛・仲津・築城郡内の九ヵ村で二九六六石余、黒田正吉（次郎兵衛）に築城郡高塚村・上毛郡八屋村など七ヵ村で二八四五石、桐山信行（孫兵衛尉）に豊前国内上毛郡内九ヵ村で九六五石、吉田孫三郎に下毛郡内諸田村のうちで一八三石が与えられている。孝高の四弟直之（惣右衛門尉・図書）については、当初から孝高に仕えていたとも、孝高の豊前領有以前は大和郡山の豊臣秀長に仕えていたともいう。

さらに、後年の編纂史料から判明するものとして、高森城を預かる次弟利高が知行高一万石を許されており、知行高としてはこれが家臣団の筆頭となる。三弟利則の知行高は、残念ながら不詳である。久野重勝（四兵衛尉）と栗山利安（四郎右衛門尉）が知行高六〇〇〇石でこれに準じる。また、長野誠は『福岡啓藩志』のなかに「井上之房五千石或いは六千石」という記述を残しており、確認はできないものの、井上之房（九郎右衛門尉）も同等の知行を与えられたものと推察される。ちなみに、『福岡啓藩志』では久野重勝の知行高を五〇〇〇石とし、母里友信（もりとものぶ）（多兵衛尉）の知行高を六〇〇〇石としている。ま

表3　知行高が判明する豊前時代の黒田家家臣

給人名	知行高	知行地	出典	備考
黒田兵庫助利高	一万石		「福岡啓藩志」「御家人先祖由来記」	孝高次弟、高森城預かり
久野四兵衛尉重勝	六〇〇〇石		「増益黒田家臣伝」	「福岡啓藩志」では五〇〇〇石とする
栗山四郎右衛門利安	六〇〇〇石		「福岡啓藩志」	
母里多兵衛尉友信	六〇〇〇石		「福岡啓藩志」	
井上九郎右衛門尉之房	六〇〇〇石		「福岡啓藩志」	五〇〇〇石とする史料もあり
小河伝右衛門尉信章	五〇〇〇石		「福岡啓藩志」「増益黒田家臣伝」	馬ヶ岳城預かり
黒田惣右衛門尉直之	四五五六石	下毛・宇佐両郡の内一五ヵ村	「黒田御用記」	天正十六年十一月五日付長政充行状
野村太郎兵衛尉祐勝	二九六六石余	下毛・仲津・築城郡の内九ヵ村	「野村家文書」	天正十六年十一月五日付・長政充行状
黒田次郎兵衛正吉	二八四五石	築城郡高塚村・上毛郡八屋村等七ヵ村　ただし、自分知行は五〇〇石	「福岡啓藩志」	天正十六年十一月五日付長政充行状　表4参照
黒田三左衛門尉一成	二四八〇石		「黒田御用記」	天正十八年（推定）六月三日付長政印判状に「其方領地分」とあり
桐山孫兵衛尉信行	九六五石	上毛郡の内九ヵ村　ただし、自分知行は五〇〇石	「福岡啓藩志」「桐山家文書」	天正十六年十一月五日付長政充行状

益田与介	六九八石余	上毛郡・下毛郡・宇佐郡内七ヵ村	「修史余録別集十」	文禄四年十二月四日付長政充行状
野口藤九郎（左助）一成	六〇〇石	築城郡宇留津村・上毛郡土屋垣村	野口家文書「先君遺墨」	天正十六年十一月五日付長政充行状、天正十八年一月三日付で三六石加増
林太郎右衛門尉	五〇〇石	下毛郡奥深水村・口深水村	「林銑八郎文書」	天正十六年十一月五日付長政充行状
篠田八兵衛	二五三石五斗	京都郡鋤崎村・くす川村	「諸事書上」	文禄四年十二月四日付長政充行状
鵜足長五郎	二〇〇石		「修史余録別集十」	天正十七年卯月廿九日付長政充行状
吉田孫三郎	一八三石	下毛郡諸田村の内	「修史余録別集十」	天正十六年十一月五日付長政充行状
菅与八郎	一八〇石	上毛郡（下毛郡ヵ）佐知村	「菅亭資料」	天正十六年十一月五日付長政充行状
櫛橋五郎介	一六九石五斗	築城郡高塚村の内	「黒田御用記」	文禄五年十一月十日付長政充行状
篠田三十郎	一五〇石		「諸事書上」	天正十八年二月六日付孝高充行状
久野加右衛門	一〇〇石	京都郡の内二ヵ村	「修史余録別集十」	文禄四年十二月四日付長政充行状
岸弥吉	三三石	仲津郡続命院村の内	青柳種信関係資料「山崎家文書」	天正十六年十一月五日付長政充行状

（注）「出典」欄の「福岡啓藩志」「修史余録別集十」は福岡県立図書館所蔵、「黒田御用記」は九州大学附属図書館所蔵、「諸事書上」は筑紫女学園高校所蔵、「野村家文書」は守友隆「北九州市立自然史・歴史博物館寄託「野村家系譜」の紹介」・『北九州市立自然史・歴史博物館研究報告B類』歴史第一一号、「桐山家文書」は『椎田町史』、野口家文書「先君遺墨」は福岡市博物館編『黒田家文書』第二巻、「菅亭資料」・青柳種信関係資料「山崎家文書」は福岡市博物館所蔵資料、「林銑八郎文書」は福岡市東区林銑十郎氏所蔵文書をもとに作成。

（参考）「御家人先祖由来記」「増益黒田家臣伝」に豊前時代の石高がみえる黒田家家臣

給人名	知行高	出典	備考
黒田宇兵衛	二〇〇〇石	「御家人先祖由来記」	のち肥塚苗字となる
宗我部五右衛門	二〇〇〇石	「増益黒田家臣伝」	苗字ははじめ黒川、伊予の人
郡次左衛門	一五〇〇石	「御家人先祖由来記」	秀次没落後、長政に附属
三宅藤十郎家義	一五〇〇石	「増益黒田家臣伝」	のち若狭の官途名を名乗る
小河三河	一三七〇石	「増益黒田家臣伝」	知行地は中津の城近く八田の郷一円
小林甚右衛門	一〇〇〇石	「御家人先祖由来記」	播州宇野下野守殿家人
毛利又左衛門	一〇〇〇石	「増益黒田家臣伝」	秀次没落後、長政に附属
小河久大夫	八〇〇石	「御家人先祖由来記」	
松下伝右衛門	七〇〇石	「御家人先祖由来記」	秀次没落後、長政に附属
毛屋主水（武蔵）武久	三〇〇石	「御家人先祖由来記」	佐々成政没落後、如水に召し抱え
細江三郎右衛門	三〇〇石	「御家人先祖由来記」	熊谷直之没落後、長政に召し出し
大音彦左衛門重泰	三〇〇石	「増益黒田家臣伝」	播州の者
船橋十大夫	二〇〇石	「御家人先祖由来記」	生国は肥後、播州において召し出し
田代半七	二〇〇石	「御家人先祖由来記」	
松本吉右衛門	二〇〇石	「増益黒田家臣伝」	
庄野半大夫	七〇石	「御家人先祖由来記」	豊前地士

（注）「出典」欄の「御家人先祖由来記」「増益黒田家臣伝」は『新修福岡市史 資料編 近世二』所収のものをもとに作成。

た、馬ヶ岳城を預かる小河信章（伝右衛門尉）には五〇〇〇石の知行が与えられた。一貫した史料によるものでもなく、今後の検討も必要にはなるが、ひとまず現状で確認しうる事例について、豊前時代の家臣団の知行高を表3にまとめておく。

家臣の知行と軍役

さて、これらのうち黒田正吉（次郎兵衛）と桐山信行（孫兵衛尉）については、知行の内訳を指示した軍役の「定」が確認される。桐山信行（孫兵衛尉）充てのものを例示しておく。

五百石　卅人　桐山孫兵衛
六拾五石　四人　志方孫四郎
四百石　四十人　上下捨兵粮共　鉄砲
并せて九百六拾五石　七拾四人
天正十六
十二月廿四日　長政花押
桐山孫兵衛とのへ
（「桐山永田所蔵の賜書」・長野誠『福岡啓藩志』所収史料）

桐山信行（孫兵衛尉）には九六五石の知行が与えられたが、それらのすべてが自分知行となるわけではない。知行を与えられた家臣は、課された軍役に対応するため、相応の家臣（大名からみれば陪臣（ばいしん））を抱え、一定の軍器を備える必要があった。自分知行となるのは五〇〇石のみであり、これを原資に三〇人を軍役として動員する。知行高の残余は彼らに付けられた与力に分配され、彼ら与力たち、ここでは志方孫四郎も各知行高に応じて軍役人数を負担する。

一方、二八四五石の知行が与えられた黒田正吉（次郎兵衛）の場合は、石高が大きな分、与力の数も多くなる。その内容を表4としてまとめているが、黒田正吉も桐山信行と同様に、自分知行となるのは五〇〇石である。知行高が大きい分、配下が複数の組に分かれ、鉄砲組のほかに指物組（さしものぐみ）が付けられている。ちなみに、鉄砲組や指物組が人数のみが記載となっているのは、鉄砲放しや指物持ちとして編成される者たちが士分ではないからであろう。

ところで、なぜ孝高ではなく長政の発給であるのか、その事情は定かではないが、吉川広家婚儀ののちも、孝高は毛利領にとどまっている。徒（いたずら）に知行充行の時期を引き延ばしてしまうと、天正十六年分の所務、すなわち年貢の取り立てなどに支障を来すとの

表4　黒田次郎兵衛尉正吉知行の内訳

給人（与力）名	知行高	軍役数	備考
黒田次郎兵衛	五〇〇石	三〇人	
鉄砲	一〇〇石	一〇人	上下捨兵粮共
中村喜蔵	八三石	五人	

木村作内	九六石	六人	
近藤兵吉	九六石	六人	
湯下多左衛門	九六石	六人	
津田主水	七三石	五人	
赤沼五兵衛	一〇〇石	六人	
宮野猪兵衛	一一六石	六人	
鉄　砲	一〇〇石	一〇人	上下捨兵粮共
春野小七郎	一〇〇石	六人	
吉岡清六	八三石	五人	
富田八郎兵衛	八三石	五人	
村嶋新八	八三石	（五人）	人数の記載なし
三宅弥次郎	五〇石	三人	
小林三十郎	八三石	五人	
三宅勘三郎	一三三石	八人	
同鉄砲	二〇〇石	二〇人	上下捨兵粮共
中村与藤次	一一六石	七人	
指　物	三〇〇石	三〇人	上下捨兵粮共
石川治部	八三石	五人	
岸助兵衛	八三石	五人	
左木与三大夫	八三石	五人	
合　計	二八四五石	二〇〇人	知行高合計の実数は二八四〇石 軍役数の合計は（五人）を加えて一九九人

知行地引き渡しの保証

判断がはたらいたのかもしれない。

さて、これらの知行充行状には黒田家重臣の連署（れんしょ）による村付けが付随していた。同じく野口一成充てのものを例示しておこう。

知行分村付けの事

築城郡の内

一、五百弐拾参石壱斗弐升六合　宇留津村

百七拾石六斗四升　土屋垣村

并（あわ）せて、六百四拾石七斗六升七合

残、四拾石七斗六升七合　御代官

以上

天正拾六年十二月三日

井上九郎右衛門尉　□□（之房）（花押）

久野四兵衛尉　□□（重勝）（花押）

栗山四郎右衛門尉　利安（花押）

野口藤九郎殿

（福岡市博物館編『黒田家文書』第二巻所収「野口家文書」）

宇留津村・土屋垣村それぞれの村高は、天正十五年に実施された検地の結果であろう。野口一成の知行高は四〇〇石なので、超過分は御蔵入分（黒田家の直轄分）となり、これを野口一成が代官として支配することとなる。

この「知行分村付けの事」は知行地の詳細を伝えると同時に、知行地の引き渡しを実質的に保証するものであったとみなされる。連署する井上之房・久野重勝・栗山利安は、この段階における黒田家家臣団のなかでも最上層に位置する者たちであり、実質的な領国支配は彼らによって進められたと考えられる。

四　黒田家の「二頭体制」

孝高・長政の二頭体制

天正十七年（一五八九）五月、孝高は家督を嫡子長政に譲ったとされるものの、これを当時の史料で確認することはできない。家督委譲の具体的時期については、慎重に判断すべきであろう。とはいえ、このころから黒田家は孝高と長政とを戴く、ある種の「二頭体制」に入ったと考えられる。

孝高隠居の理由

既述のように、四国平定ののち蜂須賀家は阿波一国を与えられたが、当主正勝（小六・彦右衛門尉）は秀吉に近侍することを望み、家政（彦右衛門尉・阿波守）に蜂須賀家の家督を譲っている。豊前六郡の拝領を契機とする黒田家の対応は、このときの蜂須賀家に倣ったものとも考えられよう。

また、佐々成政が改易されたのちの肥後国には宇土に小西行長が、隈本に加藤清正が入るが、清正の領知高は一九万四九一六石、行長の領知高は不明ながら、これと同等以上と推察され、いずれも黒田家の領知高を超える。彼ら後進の面々に領知高で後塵を拝するに至ったことも、孝高が家督移譲を決する引き金となった可能性も考えられる。なお、後年の史料からの類推にはなるが、孝高は豊前国内で隠居領一万石を許されたようである。

長政の領国支配と叙任

天正十七年四月二十九日付で、長政は鵜足長五郎に充て、宇佐郡水崎村内で二〇〇石の知行を与えている。さらに、十一月十六日付で梶原八郎大夫に充てて「代官村付けの事」を発し、京都郡内の六ヵ村（二千九石余）の代官支配を命じている。長政が重臣に支えられながら領国支配を進めている様子がうかがえる。この間、天正十七年六月ころに長政は従五位下・甲斐守に叙任されたようである。叙位任官の位記や口宣案も確認できないが、これを機に文書の署名も「吉兵衛尉」から「甲斐守」へ変わる。ちなみに、

『宇佐市史』が引用する天正十七年十二月二十三日付の宇佐宮充て「宇佐郡向野郷社辺り三百石」の神領寄進状（北幸一氏所蔵文書）には「黒田甲斐守　豊臣長政」とあり、豊臣姓による叙任であったと考えられる。なお、福本日南の『黒田如水』は長政叙任の日を「六月十七日」とするものの、その根拠は不明である。

残念ながら、この前後における孝高の動きは定かではない。八月二十三日に秀吉の子鶴松が淀城から大坂城へ移徙し、諸大名から祝儀の品々が贈られている。しばらく先のこととなるが、秀吉が十月下旬に吉川広家や小早川隆景に充てた礼状の書き止めには、

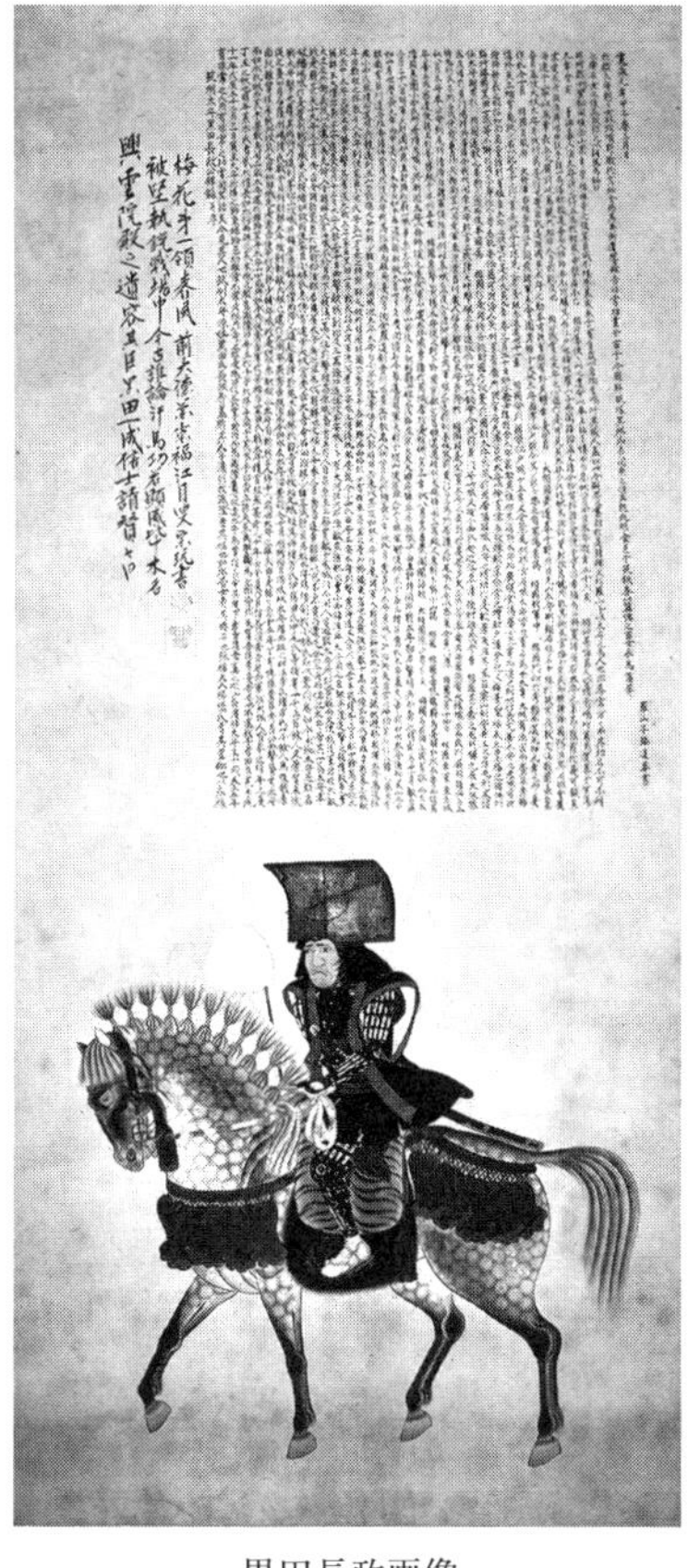

黒田長政画像
（福岡市博物館蔵，画像提供：福岡市博物館／DNPartcom）

「猶、浅野弾正少弼・黒田勘解由・大谷刑部少輔申すべく候なり」などとあり、浅野長吉や大谷吉継らとならんで、孝高の名が登場している。

秀吉、北条氏征伐に決す

既述のように、毛利輝元の一行が初上洛を果たしたころ、小田原北条家は一門の重鎮氏規（美濃守、先代氏政の弟で、当代氏直の叔父）上洛させ、氏規もまた聚楽で秀吉に謁した。家康（家康の長女は北条氏直の正室）の仲介もあって、小田原北条氏も秀吉への服従を決したのである。これをうけて秀吉は、北条氏と真田（さなだ）氏（し）との間で懸案となっていた上野国（こうずけのくに）沼田領について、三分の二を北条領、三分の一を真田領とする裁定を下した。ところが、天正十七年十一月に上野国の領国化を進めていた北条氏邦（うじくに）（先代氏政の弟で氏規の実兄、当代氏直の叔父）の家臣が、真田領の名胡桃城（なぐるみじょう）の奪取に及ぶ。裁定を無視され、面目を潰された秀吉は十一月二十四日付で氏直に対して弾劾状を発し、非義を糾弾して小田原攻めを表明した。

小田原攻めに従う

天正十八年に秀吉の小田原攻めが始まると、孝高もこれに従う。北条攻めを命じられるのは、主に畿内以東の諸大名であった。したがって、黒田家当主の長政は豊前中津に在国する。ちなみに、黒田家重臣の吉田家で享保（きょうほう）期に編まれた『吉田家伝録』には「孝高君、前年（天正十七年）封国を　長政君に譲り、諱を政成に改めらる、政成君小勢を具して、秀吉公に従って小田原に行き玉う、長政君は中津川に居り玉う」とみえる。ここで家督を長政に譲ったのち、孝高は実名を「政成」に改めたとする。一般に「政成」は孝高の次弟利高の嫡男の実名として知られており、孝高が「政成」と名を改めたのか否か確定はできない。これについては後考を俟つこととし、ここでは引き続き「孝高」として記述を続ける。

毛利輝元は京の留守を任され、小早川隆景・吉川広家らには尾張国内での後詰めが命じられることとなる。十二月四日付で秀吉が吉川広家に充てた朱印状には「北条儀誅伐の為、来春関東に至り、御進発ならるる条、其の方事、人数五百召し連れ、二月中旬上洛有り、尾州星崎城請け取り、自身在番ならるべく候、委曲輝元・隆景へ相達し候、猶浅野弾正少弼・黒田勘解由申すべく候なり」とある。同日付で隆景にも尾張国内の清須城（軍勢二〇〇〇）と苅安賀城（軍勢五〇〇）の請け取りが命じられ、こちらの朱印状にも同様に、書き止めに浅野長吉と孝高の名がみえる。孝高は、引き続き秀吉の側近くにあって、毛利一門に対する後詰めの詳細を伝えていたのである。

直臣に知行を充行う

天正十八年三月朔日、秀吉は京を発して関東へ下る。孝高も四〇〇騎ほど（三〇〇人とする陣立書もある）の軍勢を率いてこれに従った。孝高は、長政と別に軍役を課されるわけであり、この動員に関連するかどうか判然とはしないが、これに先立って孝高は次のような知行充行状を発している。

豊前国に於いて、知行百五拾石遣わし候、此の物成九拾石の内、拾石は大豆に候、役七人、拾石は用捨候なり、

天十八

二月六日　　官兵衛

孝　御書判

篠田三十郎とのへ

（筑紫女学園高等学校所蔵『諸事書上』沢木清兵衛所持分）

篠田に与えられた知行が、孝高隠居領から充行われたものか否か判断できないものの、長政とは別に家臣を有していたことはここから確認される。

秀吉に従い小田原へ向かう

秀吉は三月六日に尾張清須城に入り、ここで秀次からの戦況をうける。秀次は駿河神原への着陣と、伊豆方面の戦果を報じるが、この返書の書き留めには「猶、黒田勘解由・長束大蔵大輔申すべき者なり」とあり、孝高が秀吉に近侍していたとみなされる（「士林証文」）。三月末に秀吉は駿河の三枚橋城に到着し、ここを当面の本拠とする。

一柳直末の遺児松寿を養子とする

北条方は小田原の本城に籠城する作戦のもと、伊豆の山中城を領国防衛の拠点としたが、豊臣秀次らはこの山中城をわずか一日で陥落させた。しかしながら、山中城攻めのさなか、一柳直末（市助、伊豆守）が討ち死にする。直末は秀吉古参の家人であり、美濃大垣城ついで軽海西城を与えられ、五万石（六万石とも）を領していた。直末の正

室は孝高の妹であり、孝高は直末の没後に生まれた遺児を自らの養子に迎え、嫡子長政に名乗らせた「松寿」を幼名として与える。

北条氏直を降伏させる

秀吉の軍勢は、一挙に箱根山（はこねやま）を越えて小田原城（おだわらじょう）を包囲する。秀吉は湯本早雲寺（そううんじ）に本陣を構え、さらに小田原城を眼下に見下ろす石垣山（いしがきやま）に本営を築造した。この間、岩槻（いわつき）・鉢形（はちがた）・八王子（はちおうじ）など北条方の主な支城はつぎつぎに陥落し、小田原城のほかに抵抗を続けるのは、伊豆の韮山城（にらやまじょう）と武蔵（むさし）の忍城（おしじょう）のみとなった。

六月二十四日には韮山城の北条氏規が家康に降る。ここに至る間、さまざま人物が小田原城内との調停にあたっていたようだが、秀吉は氏規の投降を好機として、本格的に和議を進めることを決する。城方との交渉役に選ばれたのが、滝川雄利（たきがわかつとし）（羽柴下総守）と孝高であった。

孝高と雄利による交渉は進捗し、開城を決意した北条氏直は七月五日に城を出て、滝川雄利の陣所に赴き降伏する。氏直は孝高らを通じ、自身の切腹をもって、城兵の助命を嘆願したという。秀吉は結果的に、先代の氏政とその弟氏照（うじてる）、および重臣の大道寺政繁（だいどうじまさしげ）と松田憲秀（まつだのりひで）に切腹を命じ、助命された氏直は高野山に追放された。

北条家の什宝を請け取る

秀吉は七月八日付の朱印状で吉川広家へ小田原落城を報じるが、その書き留めには「猶、黒田勘解由申すべく候なり」とあり、ここでも孝高の秀吉への近侍が想定される

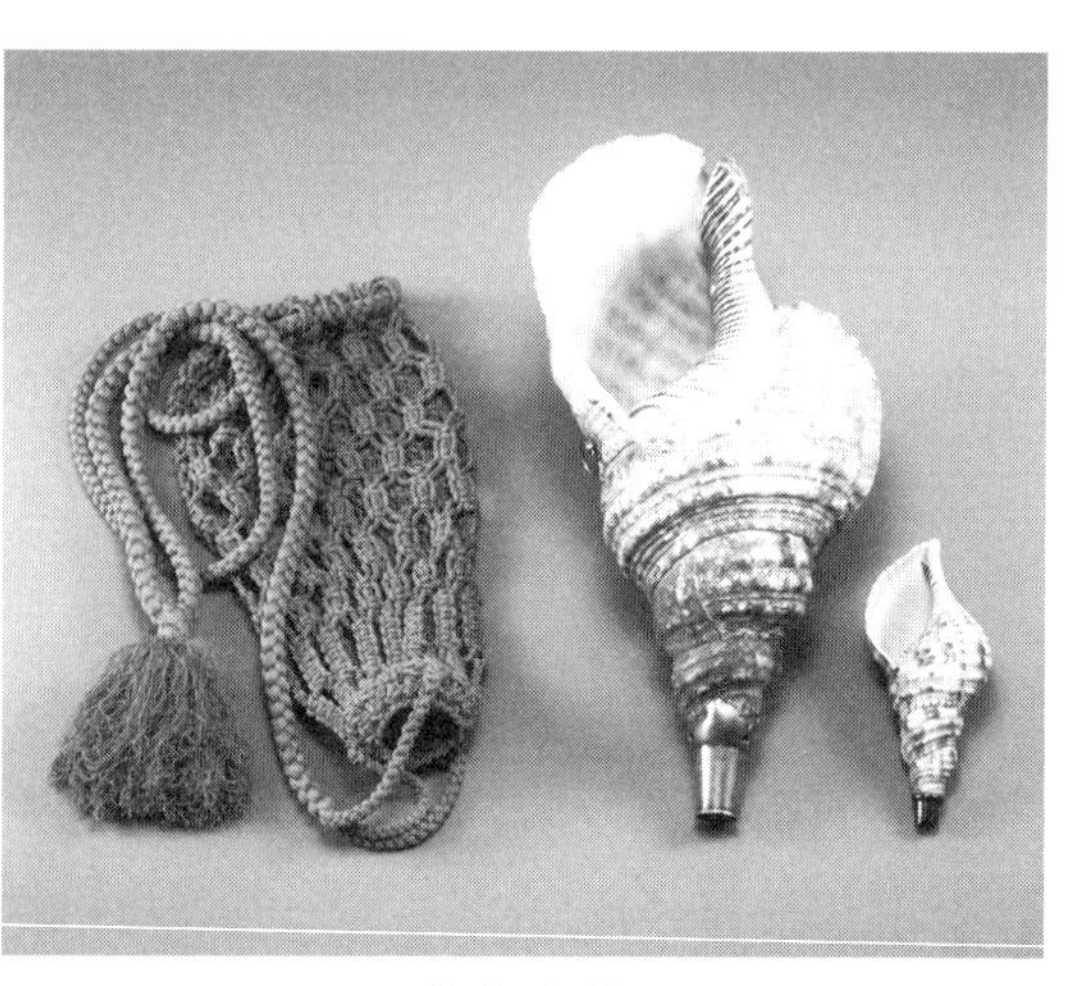

北条白貝
（福岡市美術館蔵，画像提供：福岡市美術館／DNPartcom）

（『吉川家文書』七三七号）。また、秀吉は小田原開城後の七月十日に長政からの陣中見舞いをうける。それに対する返書のなかで秀吉は「今度の首尾」、すなわち小田原開城は、孝高の「渕底」によると述べている。「渕底」とは「物事の究極」や「奥まで極めること」といった意味をもつ。北条氏直が小田原開城を決意するにあたって、孝高の深謀遠慮がいかにも功を奏した、の意であろう。長政に充てた音信であり、ことさらに孝高を称揚したという嫌いは否めまい。とはいえ、孝高の功は北条方も認めるところであり、開城に際して北条家は什宝の「日光一文字」の太刀、「北条白貝」の法螺貝、さらに『吾妻鏡』を孝高に贈っている。黒田家伝来の重宝・武具類の来歴をまとめた「黒田御家御重宝御武具故実」には、

一、北条白貝
日本三つの名貝と云々、北条家相伝の重宝なり、小田原の時、氏直より此の貝・日光一文字・東鑑(吾妻鏡)三種来る

とある。調停に臨む孝高の行き届いた配慮に対し、北条家としての謝意を表するため、伝来の什宝類を孝高に委(ゆだ)ねたのである。このうち、『吾妻鏡』は慶長九年（一六〇四）に孝高が没したのちに「孝高の遺物」として長政から将軍徳川秀忠(ひでただ)に献上されており、「北条本」として知られるものである。

宇都宮仕置き

七月十七日に小田原を出た秀吉は江戸を経て、二十六日に下野(しもつけ)の宇都宮に入る。秀吉はここで奥羽仕置(おううしお)きの第一段階となる領知安堵(あんど)・充行を行なう。この間も、孝高は秀吉に近侍しており、家康から次のような文書を受けている。

一、御自筆　仰せ出さる趣、忝き次第、何共言上述べ難く存じ奉り候、
一、結城跡目(あとめ)の儀、三河守(秀康)に仰せ付けらるる段、忝く存じ奉り、即ち両人相添え、進上致し候事、
一、三河守五万石の儀、其の意を得奉り候事、付けたり、結城隠居領の事、
一、真田(昌幸)儀、重ねて成瀬伊賀守を以て仰せ下さる御諚、忝く存じ奉り候事、

一、両三人の者どもの儀、相意得存じ奉り候、

以上、

七月廿九日　　家康（花押）

黒田勘解由殿

水野和泉守殿

（「水野文書」・中村孝也『徳川家康文書の研究』中巻）

徳川家康との取り次ぎをつとめる

孝高とともに充所となっている水野忠重（和泉守）は当時秀吉の麾下にあったが、三河刈谷の水野家は家康の実母（於大の方）の実家であり、忠重にとって家康は実の甥にあたる。第一条で家康は秀吉自筆状の礼を述べている。自筆文書（「御自筆」）を認めたことからも明らかなように、秀吉の姿勢はきわめて厚礼であった。ここでのやりとりも枢機に及ぶが、これに孝高が関わっているという事実は注目してよい。

具体的な内容が第二条以下に記される。秀吉は、結城晴朝の跡目を秀康（三河守）が継ぐことを認め、その知行高を五万石と定めた。また、かつて家康に敵対した真田昌幸を許し、上野沼田を与えることとの諒解を求めている。最後の箇条はややわかりにくいが、家康家中の処遇に関するものであり、より具体的に名を挙げれば、井伊直政と本多忠勝の取り立てを指示したものと考えられる。したがって、この文書は秀吉に対する家康の

請文となる。孝高は秀吉の奥羽仕置に関与し、水野忠重とともに奉者として秀吉の命を家康に伝え、家康の意向を秀吉に取り次ぐというつとめを担っていたのである。

八月九日に会津黒川（若松）に到着した秀吉は奥羽仕置きの大要を定めたのち、十三日には会津を発ち、九月朔日に京都へ凱旋する。この帰途八月十八日に秀吉は再び小田原へ入る。ここで吉川広家の使者吉川経忠（中務少輔）の出迎えをうけている。広家に礼を述べる秀吉朱印状の書き止めには、やはり「猶、黒田勘解由申すべく候なり」という文言があり、この段階における孝高の在小田原が確認される。この間の孝高は、一貫して秀吉に随従していたと考えてよかろう。

秀吉に従い帰京する

京に戻った秀吉は、九月十八日に毛利輝元の聚楽屋敷を訪れている。この秀吉の御成に際し、諸大名とともに甲斐守長政が接待役をつとめている。この段階における長政の在洛が確認され、また孝高のつとめのある部分を引き継いでいるともみなされる。

一方の孝高も在洛を継続していたようであり、九月二十三日に聚楽で行なわれた朝の茶事に招かれている。津田宗凡の「他会記」によれば「九月廿三日朝、聚楽に於いて、殿下様　御茶下され候」とあり、招客として「黒田勘解由殿、はりや宗和、宗凡」の名がみえる（『茶道古典全集』第七巻所収）。

五　国内平定後の孝高

秀次に知行を充行われる

北条家の滅亡をうけて、徳川家康が関東へ移封される。これをうけて近江八幡の豊臣秀次が尾張清須に移って、三河・遠江・駿河に秀次付きの老臣たちが配される。孝高は尾張移封後間もない秀次から、天正十八年（一五九〇）九月二十四日付の充行状で、尾張国中島郡内で三〇〇〇石の知行を与えられる。孝高は、秀次の若年のころから親しく交際を続けていた。ここでの新規「扶助」もそうした交誼の反映と考えられ、石高から推して孝高の立場も「御伽衆」あるいは「客分」のようなものとみなされよう。孝高による尾張国内の知行地支配については詳らかにできないものの、秀次から新たに知行を充行われたということは、少なくともこの時点までに、黒田家の家督は正式に嫡子長政へ移譲されたこととなる。

千利休に道具の鑑定をうける

いずれにしろ、このころも領国支配は長政と重臣らに任せ、孝高は主に上方を中心に活動していたと考えられる。関連して、天正十八年に比定される「極月四日」付の「黒勘様」充ての千宗易（利休居士）書状が残っている。

是より申せしむべく候の処、結句御報罷り成り候、唯今色々過分至極、仍って色紙別して御秘蔵たるべく候、一段見事に存じ候、明日尾張へ御越し、□中様御心得候て下らるべく候、御事繁き中に候、書状を以て申し候も還っていかゞに候、恐惶謹言、

（「福岡市博物館所蔵史料」）

これ以前にも孝高はたびたび宗易に茶道具の鑑定を依頼していたようであるが、ここで宗易は依頼された「色紙」（書あるいは絵）を逸品と評価し、是非とも珍重し大切にするように、と述べている。さらに、この翌日から「□中様」の了解を得て、尾張に下ることとなっている。肝心の人名が擦り切れて不詳であるが、この年に領知を充行われた尾張への下向も確認される。

豊臣秀長・千利休の死

ところが翌天正十九年になると、正月二十二日には大和大納言秀長が病没し、二月二十八日には秀吉の命によって千宗易が自刃して果てる。長年の交誼を結んできた秀長や宗易らの相次ぐ死によって、孝高をとりまく政治環境も大きな変容を余儀なくされていく。

毛利家に知行充行状発給される

こうしたなかにあって、依然孝高の存在感が示されるのは、西国の大大名毛利家との関係性においてであった。年未詳の史料ではあるが、輝元が重臣の二宮就辰に充てた書状のなかに「上へのきこえ、官兵（黒田孝高）・壱岐（森吉成）などの申されさま、取り成しと存ずる故までに

候」という件がみえる（二宮太郎右衛門辰相家「譜録」二七号・『広島県史　古代中世資料編Ⅴ』）。毛利家の側にも、秀吉御前における評判は、孝高や小倉の森吉成の申し様・取りなし次第であるとの認識があったことがわかる。

毛利領国の範囲は、天正十三年の初頭に、孝高や蜂須賀正勝の尽力によって画定したものの、その後も正式な領知充行状が出されることはなかった。ようやく天正十九年三月十三日付で秀吉は毛利輝元に領知朱印状を発する。ここで秀吉は輝元に、「安芸・周防・長門・石見・出雲・備後・隠岐・伯耆三郡・備中国の内」で一一二万石を与える（大日本古文書『毛利家文書』九五六号）。

この石高表記の領知充行状が発給される前提が、毛利領国の惣国検地となる。領国の石高が算定されることで、軍役の規模も明確となるからである。来たるべき「唐入り」（大陸侵攻・朝鮮出兵）に向けた基盤整備の意味合いであろう。この惣国検地は天正十八年十月ころには完了し、これをうけて発せられたと考えられるのが、次の毛利輝元書状である。

□（謹）んで言上致し候、拝領分国検地帳儀、調進致し候、御気色を以て上覧に備えられ候はば、忝かるべく候、これらの趣、宜しく御披露に預かるべく候。恐惶謹言、

十一月十八日　　　輝元（花押）

増田右衛門尉殿
長束大蔵大輔殿
黒田勘解由殿
民部卿法印

（東京大学史料編纂所謄写本・大倉氏採集「宮崎家古文書」）

孝高は豊臣家の諸奉行とともに、輝元書状の充所となっており、毛利領惣国検地の成果を秀吉に披露する役割を負った。

領地朱印状と同じ天正十九年三月十三日付で、より具体的で詳細な「知行方目録」も発給される（『毛利家文書』九五七号）。また、筑前名島の小早川隆景に対しても同日付で「知行方目録」が与えられている（『毛利家文書』一八〇号）。天正十九年三月十三日付の領知目録作成は、中国地方から北部九州に至る毛利一門の領国の全体を対象としており、豊臣政権の西国支配にとっても非常に大きな意味をもつ。

毛利家の取り次ぎ・指南を行う

さらに、毛利一門の領知構造を確定するという重要政策の遂行にあたって、孝高はきわめて枢要な役割を演じている。「領知朱印状」や「知行方目録」が発給された翌日、三月十四日付で孝高が吉川広家（羽柴蔵人頭）に充てた自筆書状がある。

中国御知行割の儀、拙者相煩い候故、相い延び、昨日披露を遂げ候処ニ、則ち御割りなされ、御朱印輝元に対し遣わされ候、貴所の儀は、伯耆半国、出雲にて伯州のたかヲ(高)仰せ付けられ、以上拾万石、又壱万石安芸に於いて無役ニ仰せ付けられ候、隠岐国も同前ニ候、戸田(富田)の城御抱あるべき通り、御意ニ候、御外聞然かるべく候、御前に於いて御取成の儀、聊かも如在に存ぜず候、尚御使者へ申し候条、委しからず候、いりこ・串鮑・御樽なと御進上候て、然かるべく候、恐々謹言、

黒官兵

三月十四日　　孝高（花押）

羽蔵様

御返報

（『吉川家文書』一二二一号）

孝高の罹病によって、秀吉への知行割り「披露」が延引したとある。この局面において、孝高が余人をもって代えがたい存在であったことがわかる。天正十九年三月十三日付「知行方目録の事」によると、吉川家に許される領知内容は、伯耆半国（三郡）・出雲の東部および隠岐一国で一〇万石と、安芸国内で一万石の都合一一万石である。出雲国内の領知には月山富田城(がっさんとだじょう)を含み、秀吉はここを居城とすべく促している。孝高は、これによって広家が充分に面目を施したことを悦び、秀吉への「御取り成し」についてい

ささかも等閑に考えていないと告げている。

同じ日付で孝高は、広家の近臣香川春継（又左衛門尉）にも書状を発している。そこで孝高は、「中国御知行割の儀」によって吉川家の領知が認められ、広家が面目を施したことを祝い、喜んでいる。春継に対してはさらに踏み込んで、適正な規模の家臣団を維持し、不必要な家臣を抱えて経済的な困窮に陥ることなどがないよう配慮すべき、との指南を加えている（「香川家文書」一七号・『山口県史　史料編　中世2』）。

毛利本家や小早川家との関わりについては不明だが、吉川広家充て書状の冒頭に「中国御知行割の儀」とあることから推して、秀吉への「御取り成し」が吉川家のみの特例とは考えられない。秀吉と毛利家一門をつなぐ孝高の役割は、この段階に至っても継続しており、さらに孝高の仲介を欠いた状態では秀吉への上申も不可能であったことを勘

孝高時代の花押

案すると、その立場はいまだ高度に政治的であり、排他的ですらあったことがわかる。

吉川広家正室の病没

ところで、このころ吉川広家の正室（宇喜多秀家の姉、秀吉の養女）が重篤な病を得ている。国元からの知らせは、在京の宇喜多秀家や孝高にも報じられたようであり、孝高の配慮によって曲直瀬道三が直ちに広家正室のもとに遣わされた（『吉川家文書』九二六号）。四月の初めにはいったん快復の兆しをみせるが、薬効むなしく四月十九日に広家の室は亡くなってしまう。既述のように、孝高にはこの婚儀を取り仕切った経緯もあり、落胆も一入（ひとしお）であったと推察される。

第七　失意の朝鮮出兵

一　文禄の役と孝高の渡海

秀吉の唐入り

豊臣秀吉は天正十九年（一五九一）十二月に関白職を甥の秀次に譲り、「唐入り」すなわち明国征服を目指して、大陸派兵に専念することとなる。前提となる朝鮮王朝との関係をみておくと、関東・奥羽から凱旋した秀吉は天正十八年十一月七日に、聚楽で朝鮮使節を引見していた。この使節は秀吉の国内統一を賀する朝鮮国王の国書を携えてきたもので、秀吉が求めてきたような朝鮮国王の服属を表するものではなかった。しかしながら、秀吉は朝鮮国王が服属したとの理解を前提として、「唐入り」を企図した。明国へ攻め入るにあたって、朝鮮国王にはその先駆けを命じることとなる。

京で出陣の準備を指示

秀吉が「唐入り」の本拠とした肥前名護屋城の縄張りについて、貝原益軒の『黒田家譜』などは、黒田孝高が行なったとする。しかしながら、天正十九年三月には「中国御知行割の儀」に従う孝高の在上方が確認されており、『鹿苑日録』に拠れば八月上旬に至っても、なお上方にとどまっており、そうした可能性は低い。すなわち、孝高の上方滞在は年末に及ぶ。

源右罷り下られ候間、書状を以て申し入れ候、

一、上様明後日十二日に御鷹野より　還御に候、

一、御陣いよいよ必定に候間、御用意御油断有るまじく候、

一、浅弾少上洛に候、未だ出頭にあらざる由候、

一、聽て罷り出でらるべく候間、御気遣い有るまじく候、

一、馬のぬか百俵仰せ付けられ候て、千栗御出で候て承るべく候、

一、拙者事、来春御先に罷り出ずべく候間、面を以て万□、申し承るべく候、恐々謹言

十二月十日　　黒官兵
孝高（花押）

羽左近様まいる
御宿陣

（「立花文書」四七〇号・『柳川市史　史料編Ⅴ　近世文書前編』）

天正十九年十月から十二月にかけて秀吉は三河において鷹狩りを行なっている。この

書状の第一ヵ条は、それをうけたものである。孝高は筑後柳川の立花宗茂（羽柴左近将監）に対して、秀吉還御の予定を告げて、出陣の準備を進めるように促し、肥前の千栗まで馬の飼料となる糠を用意するように指示している。もとより、この「御陣」とは「唐入り」を指し、孝高は改年後に先発として出陣するとの心づもりを告げている。

名護屋への出向

天正二十年（文禄元）三月二十六日、秀吉は肥前名護屋に向けて京都を出発する。この秀吉西下に先立って、孝高もいったん豊前中津に戻り、そこから名護屋に向かうこととなる。秀吉出陣の前日、関白秀次は孝高に書状を送り（九州大学附属中央図書館所蔵『黒田御用記』所収文書）、秀吉への奉公に期待を寄せつつ、病気などに罹らぬようにと孝高の身を案じている。両者の親しい関係がうかがえよう。

鍋島直茂との約束

また、後年の編纂史料になるが、「直茂公譜考補・六」（『佐賀県近世史料』第一編第一巻）によると、孝高と鍋島直茂の間には約束があって、まだ若年の「伊平太」公を孝高が陣中で親しく輔導することになっていたようである。「伊平太」とは天正九年に生まれた直茂（加賀守）の嫡子勝茂（当時の実名は清房、のちに信濃守を称する）であり、秀吉に従って大坂から名護屋にくだっていた。

長政の朝鮮渡海

文禄の役に際しては、長政が黒田家の軍勢を率い、豊後の大友勢と同勢して朝鮮半島へ渡る。黒田家中松本家に伝わった「覚」には、「如水公（黒田孝高）・長政公、釜山海に三番目に御着船、五百三拾余艘一所にかかり居り申し候」とあり（「松本家文書・高麗陣覚書写」・『新修福岡市史　資料編　中世一』）、孝高は、長政とともに朝鮮半島へ上陸したことになっている。しかしながら、四月十九日付で秀吉が加藤清正ら諸将に充てた朱印状の書き留めに「今日小倉城御着座なられ候、猶黒田勘解由申すべく候也」とあり、孝高は長政渡海後も、しばらく名護屋にとどまっていた可能性が高い。

すなわち、長政は四月十七日、朝鮮半島の釜山に至り、ついで海路竹島海口に展開して金海に上陸し、ただちに金海府城を攻略する。その後は西に進んで昌原を落とし、ここから北上して星州を経て、五月上旬には漢城（現在のソウル）に入城する。その後、六月中旬には平壌に入城し、さらに海州に転じて、大友勢ともども黄海道地域の経略を担った。

毛利勢と合流し漢城に向かう

孝高については、五月二十六日付の毛利輝元書状に「我等事、官兵衛・隆景同前に一日路程、同道申し候」とみえる（覚隆充て毛利輝元書状・「巻子本厳島文書」九四号・『広島県史　古代中世資料編Ⅲ』）。輝元はこの書状を、慶尚道の星州から発している。これに先立って、輝元・隆景らの一行は五月十五日に星州に隣接する玄風を出発している。「一日路程、同道」とあることから、孝高が輝元らと合流したのはこの辺りかと推定される。しかしながら、十六日に輝元は星州への渡河地点で体調を崩し、さらに雨天にたたられて、こ

文禄・慶長の役要図（中野等『石田三成伝』，2017年をもとに作成）

こでの滞留を余儀なくされた。輝元が星州に入るのは十八日のことである。この間、孝高は隆景とともに半島の北上を急ぎ、漢城を目指している。

隆景の漢城入城は五月二十日であり、孝高の漢城入城もこの前後とみられる。その後、隆景以下の筑前・筑後の諸勢は、南下して全羅道に向かう。これは明国へ侵攻するより、朝鮮半島の鎮圧を優先するという、諸将の現地決定によるものであった。孝高についてはその後も漢城にとどまったようである。

漢城に滞在、島津義弘の訪問

六月二十四日に至り、ようやく島津義弘が漢城に入る。島津勢は家臣団統制の不調によって、大幅な遅陣という失態を余儀なくされた。のちに孝高が述べたところによると、義弘は漢城の孝高陣所を訪ね、外聞・面目を失ったとして「かんるい（感涙）」を流したという（十一月朔日付島津義弘充て孝高書状・『鹿児島県史料　旧記雑録後編　二』九八〇号）。島津勢は六月のうちに漢城を発して江原道へ向かうため、義弘が孝高を訪ねたのは六月末のこととなる。すなわち、この段階まで孝高は、漢城にとどまっていたことがわかる。おそらく漢城に残る宇喜多秀家を補佐していたのであろうが、次に述べるように体調を崩していた可能性もある。

奉行衆、六月三日令を朝鮮に伝達

さて、秀吉自らが朝鮮へ渡海するという計画は、徳川家康や前田利家らの諫止もあって見合わされることとなった。秀吉に代わって増田長盛・大谷吉継・石田三成ら奉行衆が朝鮮に渡る。彼ら奉行衆は六月三日付の秀吉軍令を帯していたが、これは朝鮮半島の鎮圧を優先するという現地の決定を覆し、諸将に明国への侵攻を求めるものであった。

体調を崩し日本に帰還する

　増田長盛ら奉行衆は七月十六日に漢城に入るが、これに先立って、体調を壊した孝高は七月四日付の注進状で、日本への帰還を申し出ている。このころ秀吉は、実母の大政所危篤の報を得て大坂に戻っていたが、八月十五日付の朱印状で、孝高の願いを了承し、加えて妻子も上方から呼び帰すように促している（『黒田家文書』第一巻一〇三号）。

　毛利家中の吉見元頼に従っていた下瀬頼直（七兵衛）の記録に拠れば、孝高は八月二十三日に、孝高が慶尚道開寧の毛利輝元陣を訪ねている。八月十五日付の秀吉朱印状を孝高が受け取って南下を開始し、二十三日までに開寧に到着することは不可能である。大坂から朝鮮半島にかかる文書逓送の時間を考えると、この八月二十三日に至ってなお、孝高は八月十五日付朱印状を落掌していない可能性が高い。孝高は、秀吉から帰還の許諾を得る前から、すでに朝鮮半島の南下を開始していたと判断される。とはいえ、孝高が朝鮮半島を離れるのは、八月十五日付の秀吉朱印状を受領したあとであろう。したがって、帰国を許された孝高が領国豊前に戻るのは、九月も後半のことと推察される。

秀吉と合流し名護屋に向かう

　孝高は中津での養生もままならないうちに、再び名護屋へ向かうこととなる。名護屋を離れていた秀吉は九州再下向のため九月二十三日に京を出立する。十月朔日に大坂を発した秀吉は、十八日に広島に到着する。こうした秀吉の動きに合わせて、孝高も中津を発したようであり、十月二十六日に筑前の垣生で秀吉と合流する（十一月朔日付島津義弘充て孝高書状・『鹿児島県史料　旧記雑録後編　二』九八〇号）。

この十月二十六日、秀吉は朝鮮半島の毛利輝元に充てて書状を発する（『毛利家文書』九三九号）。輝元の養嗣子秀元は、十月十一日に従五位上・侍従に叙任されていた。この朱印状は、秀元の昇殿に関わるものであるが、この書き止めに「猶、黒田勘解由申すべく候なり」と孝高の名が登場する。

その後は、おそらく秀吉に従って名護屋へ向かったのであろう。秀吉の名護屋着は十一月朔日のことであり、孝高もこれに前後して名護屋に入ったと考えられる。十一月二十一日付で聚楽にいる関白秀次が、毛利秀元の侍従任官にあたって献上された太刀・馬代銀の祝儀を輝元に述べているが、ここでも書き止めには「猶、黒田勘解由申すべく候なり」とある（『毛利家文書』一〇〇一号）。秀吉朱印状か秀次朱印状かを問わず、朝鮮半島の毛利輝元充ての文書送達には、孝高が関与していたのである。名護屋城への再入営を果たした孝高は、ここで越年することとなる。

二　孝高の苦境

長政勢、漢城に撤退

文禄二年（一五九三）正月、日本勢は平壌での敗戦を機に、後退を余儀なくされた。黄海道にあった長政の軍勢も、漢城まで撤退する。このとき、黒田勢では、物見（偵察）に出た重臣久野重勝（四兵衛）が負傷し、それがもとで客死する。

朝鮮再渡海

退勢挽回のため、戦線の再構築を期して、孝高は朝鮮への再渡海を命じられる。二月中旬、兵站補給体制の立て直しを進める浅野長吉とともに、孝高は朝鮮半島に渡る。下旬には釜山浦に上陸しているようであるが、両者とも北上はせず、そのまま釜山付近に留まったようである。孝高は浅野長吉とともに、半島南岸での拠点形成に従ったのであろう。

三月はじめ、孝高は豊前中津に書状を発し、滝川雄利（羽柴下総）に黒田領内豊前蓑島において米・大豆を渡すように指示している。滝川雄利は名護屋城に詰めているので、そこでの必要分を手形決済で、黒田領から入手しようとしたようである。黒田領内の豊臣家蔵入地とも関わっている可能性もあるが、米・大豆の性格が充分に把握できないので詳細は不明である。

奉行衆、明の偽勅使を伴って帰国

漢城をとりまく戦線は膠着し、厭戦気分も拡がるなか、明軍は皇帝の勅許を得ない「偽りの勅使」を小西行長の陣営に投じる。日本側はこれを明軍降伏（詫び事）の使節とみなし、名護屋の秀吉に経緯を伝えた。石田三成・増田長盛・大谷吉継ら奉行衆と小西行長は、偽りの明国使節を伴って名護屋へ向かうため、漢城を発する。朝鮮半島を南下してきた奉行衆は、孝高や浅野長吉と面談する必要を感じたようである。当初は密陽あたりを想定していたようだが（卯月廿六日付奉行衆連署状・『鹿児島県史料　旧記雑録後編　二』一一〇一号）、結局は梁山での合流と決した。五月二十三日付の池田孫右衛門尉充ての某書状には次のように記されている。

一、此面の儀、大明国より御侘言申し上ぐるに付て、則ち其の勅使召し連れ、都衆悉引き取りなされ候、三奉行・小西摂津守、彼の官人同道候て、渡海の事候条、其元にて模様、聞こし召し届けらるべく候、

一、弾正事、右の筋目に付て、都衆対顔のため、うるさん面の城丈夫ニ申し付けられ、人数打ち入られ、道筋りやくさんと申所にて、各面談を遂げられ候、只今ハ釜山浦にて所々城の御普請、各御相談にて申し付けらる事に候、（後略）

（東京大学史料編纂所所蔵影写本「富田仙助氏所蔵文書」四）

孝高独断で名護屋に戻る

朝鮮半島での対応を秀吉に仰ぐため、孝高は肥前名護屋城に戻っており、梁山には浅

野長吉（弾正）のみが出向いたようである。孝高は赤国（全羅道）、現実的には慶尚道（白国）の晋州城攻略を促すべく朝鮮渡海を命じられたが、朝鮮にいる諸将の多くが、沿岸部での城塞構築を優先すべきと秀吉の軍令に反する意見をもっていた。板挟みとなった孝高は、この調整を行なうため名護屋に戻ったのである。この間の経緯について、フロイスの『日本史』は次のように記している。

関白（ここでは秀吉）は朝鮮に使者を派遣し、黒田官兵衛殿がその武将たちをもって赤国（全羅道）を攻略し、ついで越冬のための城塞工事に着手するように、と命令した。だが、朝鮮にいる武将たちの間では、まず城塞を構築し、それを終えた後に赤国（全羅道）の攻略に赴くべきであるとの見解が有力であったので、彼らは官兵衛殿を他の重臣とともに、関白の許に派遣してその意向を伝えることにした。

秀吉の勘気を蒙る

ここには「赤国（全羅道）」とあるが、実際には慶尚道（白国）の晋州城を指す。晋州は慶尚道（白国）内に位置しているが、当時日本側はなぜかここを全羅道に属していると認識していた。それはともかくとして、孝高は秀吉の軍令を執行することもなく、朝鮮半島を離れる。五月二十一日に孝高は名護屋に到着するが、秀吉の不興をかって対面すら許されなかった。

一連の経緯については、前田玄以が秀次側近の駒井重勝に充てた書状にみえる次の一条によって、より具体的に知ることが出来る。

一、黒田勘解由、高麗御仕置の儀、御意を得べきとて、去廿一日ニ名護屋へ罷り越し候へハ、もくそ城なと取り巻き、其のほか御仕置の儀、仰せ付けられ候ニ、其段までは急度申候ハて、罷り越し候義、曲事と仰せ出され、御対面もなく追い返させられ候、とかく皆々高麗へ渡り申候衆、去年以来ひとりひとり、我々か存分計り申し候て、談合ニも載せず、今以って心々にて諸事はかも行かざるの由、申し候、さ様の子細にて、今度黒勘も罷り越し、結句しかられ申候て帰り申し候、か様の始末ども、筆舌ニハ言上仕かたき事ども候間、申し上げず候、

（福岡市博物館購入史料・雑文書三三号『新修福岡市史　資料編　中世一』）

文書中に登場する「もくそ城」は牧使城の謂いであり、晋州牧使の拠る晋州城を指す。この時期の秀吉にとって、晋州城の攻略は何よりも優先される、軍事上の最重要課題であった。孝高はこの晋州城攻略に何らの手配も施さないまま、名護屋に戻ったと断定された。前に述べたように、孝高には孝高なりの理由もあったのだが、秀吉の命令に背むき、勝手に戦線を離脱したとみなされたのである。

諸将への見せしめ

さらに、厳罰をもって臨もうとする秀吉には、孝高をほかの諸将に対する「見せしめ」にする意図もあった。名護屋の秀吉およびその周辺には、朝鮮の諸将が相互に談合

もせず、勝手気ままに振る舞っているように映っていた。「諸事はか（捗）も行かざるの由」とあるように、退勢の理由もそこに原因があると考えていた。このたびの孝高の行動も独断に基づくものと判断され、いわば朝鮮の軍陣を引き締めるための手立てとして利用されたという側面は否定できない。老練な古参家臣の軽挙・過失は、格好の「見せしめ」として利用されたのである。

いずれにしろ、孝高が秀吉の逆鱗に触れたことは事実である。この背景について『黒田家譜』などは、三成以下が東萊（トンネ）に孝高と浅野長吉を訪ねたが、両者が囲碁に興じて適正に対応しなかったことを恨み、秀吉に訴えたとする。しかし実際には、浅野長吉が梁山に乗り込んで三成らと会談は行なったわけであり、秀吉による叱責の理由も既述したとおりである。『黒田家譜』の挿話は、石田三成らを貶（おとし）めるため後年になって創作されたものにすぎず、史実として採用することはできない。

三　如水軒圓清

晋州城攻略・機張築城

日本勢は、この文禄二年（一五九三）六月末に慶尚道の要衝晋州城を陥落させたのち、最終的には半島南岸にまで退いて、講和交渉の推移を見守ることとなる。長政率いる黒田勢も、晋州城攻略戦に参加したのち、七月末までには釜山の北東に位置する豆毛浦(トウモポ)付近に移動し、そこでの要害構築を開始する。この要害が、いわゆる「倭城(わじょう)」のひとつ「機張城(ギジャン)」となる。

剃髪し如水斎(軒)圓清と号す

しかしながら、孝高に対する秀吉の怒りは、容易には解けなかった。関白秀次側近の駒井重勝の日記には(『駒井日記』文禄二年閏九月十三日条)、「黒田勘解由入道名如水斎、八月七日書状来」という記事がある。八月七日付で孝高が秀次側近の駒井重勝に充てた書状には、入道名たる「如水斎」の署名があったようである。こうしたことから、進退窮まった孝高が、文禄二年八月上旬までに剃髪・入道したことがわかる。

孝高はそれまでの実名を改め、「如水斎圓清」あるいは「如水軒圓清」を名乗り始めた。あわせて、孝高はこれまでの花押(かおう)に代えて、縦長の印判を用い始める。孝高はほかにも「卜庵」などの号を用いたことが確認されるが、本書では混乱を避けるため、史料引用の場合を除いて「孝高」として記述を続ける(「卜庵」は、「黒田家の三老」の一人である栗山利安の隠居後の号としても知られるが、孝高の場合は朝鮮出兵期に多用されたようである。後述するもののほか、「浅野仙太郎氏旧蔵文書」一五号・『兵庫県史　史料編　中世二』などに確認される)。

長政に自らの覚悟を伝える

駒井重勝に書状を発した二日後、文禄二年八月九日付で孝高は嫡子長政(ながまさ)に対し、「官入」すなわち「官兵衛入道」の名での覚書(おぼえがき)を与えた。この「覚」は六ヵ条から成るが、その概要を示すと、次のようになる。

一、長政（其の方）に返上する知行地について、若し秀吉（上様）に召し上げられなければ、来年日本へ帰還したのち、別に示す書き付け（注文）に従って、（孝高の）家臣（只今遣い候被官共）に知行地を配当されたい。松寿が成人したのち、この家臣たちを松寿に付属させたい。孝高家臣のうちに長政が召し遣いたい者があれば、長政の随意とし、代わりの者を松寿につけてほしい。

一、将来的には長政（貴所）にも子ができるだろうが、万一子ができない場合には、松寿を跡目に定めたい。もし、その器量がなければ、松寿はもちろん、長政の実子であっても跡目とすべきではない。

一、家臣や親類に憐れみをかけ、奉公が安定するよう配慮することが肝要である。新参（新座）の家臣をほしがることは無用である。古参の家臣（前よりの者共）に人をもたせ、御知行を充行うなどして、長く仕えた者たちを取り立てるべきである。家臣のなかには若い者たちも多く（被官共、子供多く候て）、難しいであろうが経験を積ませていくことが肝要である。

一、何事も思いどおりにはいかないので、忍耐が何より大事である。

一、とにかく無力では何事もできない。また、無力にならないために、家臣を蹴

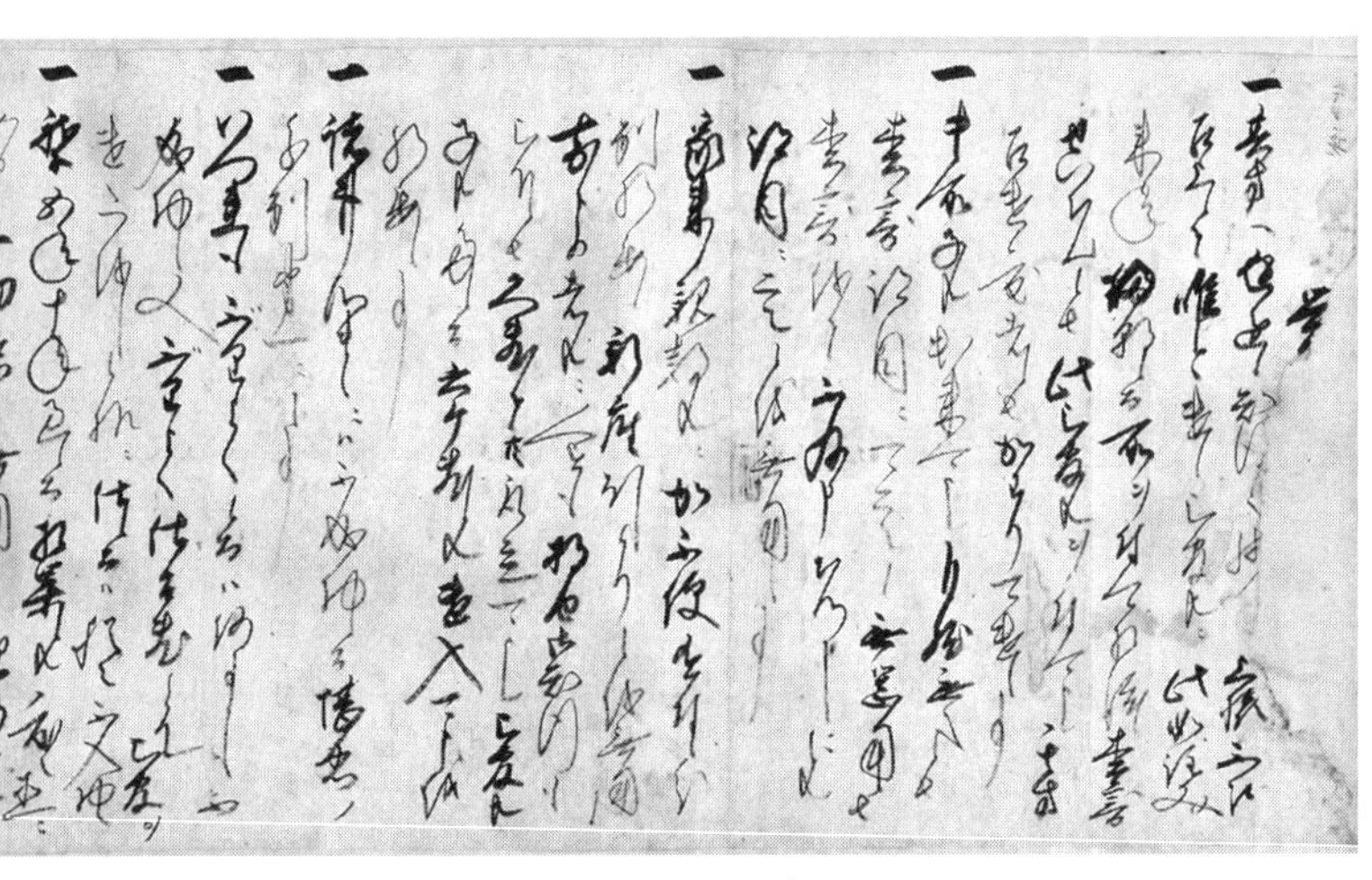

黒田孝高自筆覚書
（福岡市博物館蔵，画像提供：福岡市博物館／DNPartcom）

倒すようなことは猶更すべきではない。

一、五年後・十年後に死ぬとしても、たびたび直接いってきたように、弔いなどはいっさい不要である。家臣や親類を憐れみ、慈悲の心をもって母親に孝行し、秀吉（上様）や秀次（関白様）を何より大事に思っていれば、神を崇め祈る必要もない。善人であれ悪人であれ、いつかは死ぬのだから、よいときに果てることに後悔はない。

さらに孝高は、秀吉から激しく叱責されなくても、朝鮮の戦いが終われば、この内容を家臣に伝える心づもりであったと、決して成り行きまかせの思いつきで

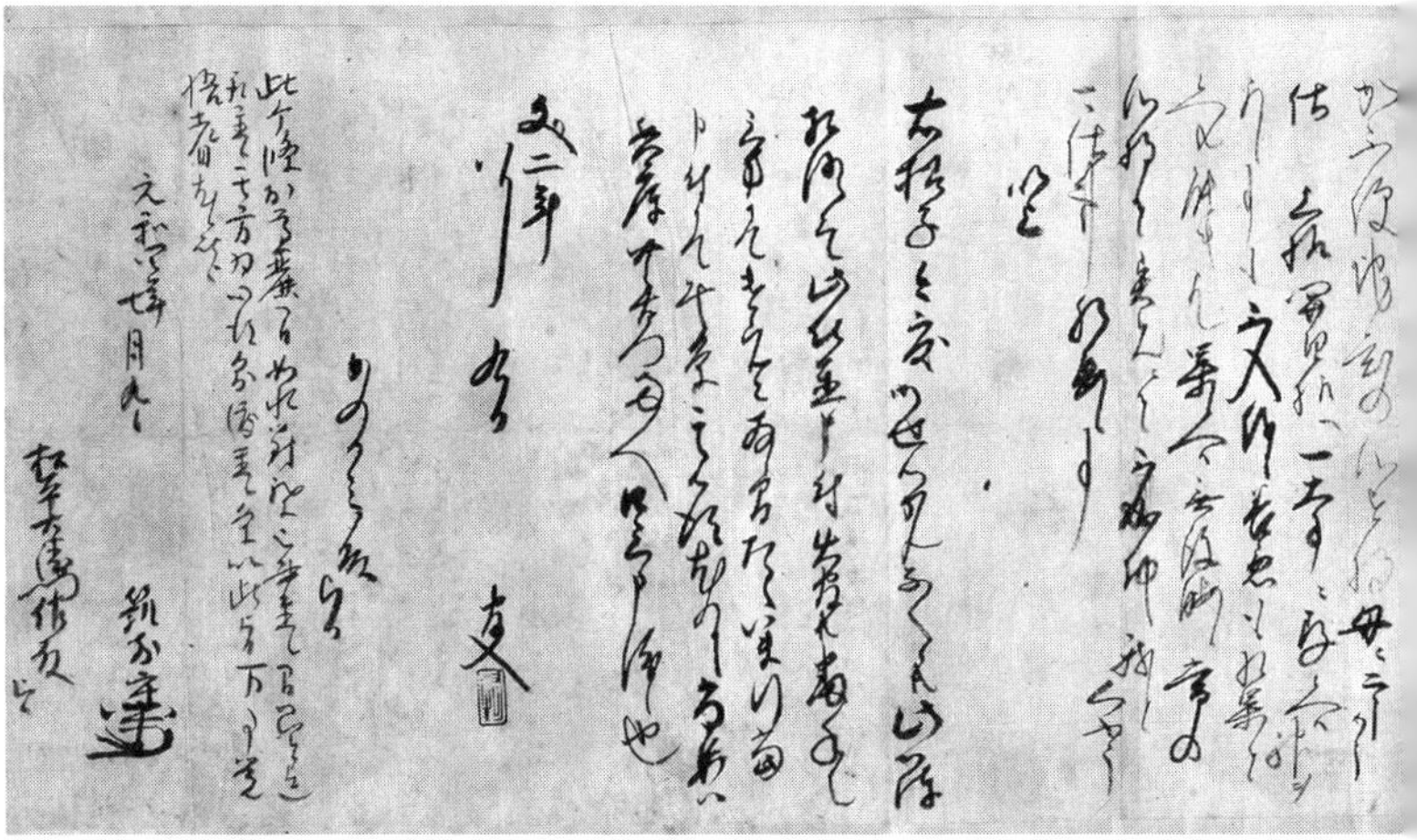

はないと述べている。この「覚」は孝高の次弟利高（兵庫頭）と栗山利安（四郎右衛門）に託されて、機張の長政に伝えられた。失意の孝高は、いまだ釜山辺りにとどまっていたのであろう。

すでに家督を譲った身であり、この段階において孝高が裁量できる範囲も限られている。孝高はまず自らの所領（隠居領）や家臣が松寿に継承されることを望んでいる。既述のように、松寿は一柳（ひとつやなぎ）直末（なおすえ）に嫁した孝高の妹が、直末の没後に産んだ子である。一柳直末は秀吉古参の家人であり、小田原（おだわら）北条攻めの緒戦で戦死を遂げた人物である。孝高はこの甥を自らの養子に迎え、嫡子長政が称した幼名を与えた。

さらに二ヵ条目で、孝高は、この松寿に長政の跡を継がせる可能性を示唆している。孝高がいかに松寿に目をかけていたのかがわかるが、長政には母も同じ弟の熊之助が存在している。孝高は実子の熊之助を差し置いて、甥の松寿を長政の継嗣候補に挙げたのである。すこし穿(うが)ってみてみると、さすがの秀吉も一柳直末の子まで滅ぼすことはないと、孝高が踏んだとも考えられよう。したがって、一柳直末の血をひく松寿に、黒田家の命運を託したとも考えられる内容となっている。

後半の四ヵ条はいずれも抽象的であり、解釈も容易ではない。五ヵ条目の「無力」については、単に力がないこととも取れるが、あるいは経済力ないし資力がないことをいうとも考えられる。とすると「蹴倒す」も実際に蹴り倒すのではなく、経済的な負担を家臣に転嫁するというような意味合いに解釈することも可能となる。

助命される

厳罰をもって臨もうとしていた秀吉であったが、ほどなく孝高は助命される。文禄二年(推定)八月十日付で発せられた長政充て秀吉朱印状は、次のような件からなる。

七月晦日の書状、披見を加えられ候、其方事くちゃん在城仕り候旨、尤もに思し召し候、普請の儀、其方好みの如く仕り、一札を取り帰朝すべき由、度々仰せ遣わされ候、弥入念申し付くべく候、

一、勘解由事、此方に於いて条々仰せ聞かれ候所、重ねて御意を得べき由に候間、

帰朝の儀、曲事に思し召され、即ち御成敗なさるべく候と雖も、左様ニてハ、其の方召し仕わる儀迷惑すべく候、親ニ替り候て、諸事申し付け様、彼是御意を入るに付て、勘解由儀ハ助け置かされ候、其の旨を存じ、弥奉公を抽んずべき事、

（九州大学附属中央図書館所蔵『黒田御用記』所収文書）

長政は機張にあって城の防備を固めるための普請を急いでいた。普請を終えたのちは日本への帰還を許しているが、秀吉はいまだ孝高の弁明を認めておらず、帰国も許していない。本来なら孝高は「成敗」すべきであるが、そうなると長政の奉公にも支障が生じるであろうから、秀吉は助命を決したとする。

ところで、八月十日付の長政充て秀吉朱印状は黒田家にも伝世しているが（福岡市博物館編『黒田家文書』第二〇四号）、これには不自然な切断・接合の痕跡が残っている。孝高の身上に関わる不都合を鑑み、後年になって文書の改竄が行なわれたのであろう。一方、右に引用した『黒田御用記』は毛利甚兵衛所持分からの書き上げだが、この毛利甚兵衛家には孝高・長政を充所（あてどころ）とする文書の写を多く伝えており、こちらに改竄前の原型が写として残されたものと推定される。

四　講和・休戦期

機張城に滞在

ひとまずの危機を乗り切った孝高は、ほどなく長政のいる機張城に入ったと考えられる。この点、フロイスの『日本史』には「(対面すら許されなかった孝高は)息子がいる朝鮮に戻るのが最良の道であると考え、その地に帰って行った」とある。さらに、半年以上後の情報にはなるが、『駒井日記』文禄三年(一五九四)三月六日条に「黒田勘解由父子有所、くちやにと中所、釜山海より七里有之由」という記事がある。「くちや」あるいは「くちやん」は機張の音を写したものである。

孝高の助命を決したのち、大坂城で男子(御拾、のちの秀頼)が誕生したとの報せをうけ、秀吉は慌ただしく名護屋城を離れる。秀吉は八月二十五日には大坂城へ戻り、それからほどなく次のような朱印状を長政に送っている。

隠居領の年貢を返上する

豊前国の内、父勘解由隠居分壱万石の事、物成五千石大坂へ毎年上着の由、聞こし召し届けられ候、然れば当物成五千石の事は、名護屋に至り相届け、寺沢志摩守に相渡すべき者なり、

文禄弐

九月二日　（秀吉朱印）

黒田甲斐守とのへ

（福岡市博物館編『黒田家文書』第一巻二〇五号）

豊前国内には一万石の孝高隠居領が設定されていた。文禄二年八月九日付の長政充ての「覚」に言及のあった領知である。長政はここからの年貢五〇〇〇石の大坂上着を申し出た。孝高が秀吉に激しく叱責されたことをうけ、隠居領の実質的な返上であろう。秀吉はこれを諒とするが、文禄二年分の年貢については名護屋へ廻し、寺沢広高（てらざわひろたか）（志摩守）に渡すように命じている。

腫れ物・腹痛に苛まれる

孝高は、さらにしばらく朝鮮半島にとどまり続けるが、閏九月の下旬から腫れ物を患う。これは十月中旬には治るが、さらに十一月中旬には腹痛に悩む。十二月に入ると腫れ物が再発する。その後、腹痛は少し軽くなるようだが、文禄三年になると病状はさらに悪化して、孝高も一時は死を覚悟することとなる。二月に入ると病症は少々軽くなったが、三月になっても快癒には至っていない。三月十五日付で孝高が秀次の側近駒井重勝に充てた書状には、二月末から「かき薬」によって腫れ物がすこしよくなったこと、また四月に入ったら「山帰来（さんきらい）」の服用を考えている、とある。「かき薬」は鼻から吸引する嗅ぎ薬であろう。また、「山帰来」は皮膚疾患の排膿解毒に効果があるとされ、特に梅毒の諸症状に薬効があると信じられていた。

孝高の病状を案じた関白秀次は済菴という医師を朝鮮に派遣し、日本への帰還を促している。病が癒えたのちの孝高の動向をうかがう史料もないが、日本へ帰還した形跡もみあたらないので、たびたびの説諭にもかかわらず、朝鮮にとどまり続けた可能性が高い。

毛利元政に輝元への返書を託す

次に示すように、改年後の文禄四年に比定される四月二十七付の「如水斎卜庵」発給文書がある。既述したとおり、「如水斎卜庵」も孝高が用いた入道号のひとつである。これに先立って、充所の毛利元政(もとまさ)(六郎左衛門尉、元就(もとなり)七男、苗字は「天野」とも)は毛利輝元からの書状を託され、これを朝鮮に在陣する諸将に届けている。輝元はすでに文禄二年の八月ころ、日本に戻っていた。輝元書状をうけた諸将は、返書をやはり毛利元政に託すこととなる。この文書もそうしたなかのひとつである。

輝元様より御書預かり候、則ち御報申し候間、御届けなされ候て下さるべく候、湯地(湯治カ)相当たり、定めて又御座候由、尤もに候、御上りと存じ、五三日は人をも之を進らせず、無音本意に背き候、猶面拝を以て申し入るべく候条、巨細能わず候、次に印判の儀、御理りくどき仰せらるる様に候、拙者異見申し、押し手に御極め候上は、御理りに及ばざる事に候、恐々謹言、

如水斎　卜庵（印判）

卯月廿七日

元政様まいる

御返報

（「右田毛利家文書」一七三号・『山口県史　史料編　中世3』）

文書の前半は、輝元文書送達の礼と返信が遅延したことの理りを述べ、末尾で印判について言及する。これは元政あるいは輝元の印判（いんばん）であろう。結果的には孝高の意見もあって、「押し手」に決まったという。「押し手」とは花押の形をした印判のことであるが、輝元あるいは元政が文書に「押し手」を用いることになったようである。輝元にしろ元政にしろ、秀吉から厳しく叱責されたにもかかわらず、孝高が相変わらず毛利一門に対して、助言をなすような立場にあったことは注目してよかろう。

朝鮮在陣続く

同様の文書は複数の諸将から発せられており、現在「右田毛利家」には一〇点程度が伝世する。これらのなかには輝元を「中納言」と称しているものがあり、文禄四年以降のものとみなされる。また、福島正則（ふくしままさのり）や島津義弘も輝元文書を受け取っており、彼らが朝鮮在陣中であることから、年紀は文禄四年に絞られる。いずれにしろ、ここから文禄四年四月後半の段階で、孝高が朝鮮半島に在陣したことが確認される。

ほぼ一年ぶりに孝高の朝鮮在陣が確認されるわけだが、この間に日本に戻った可能性は必ずしも高くない。蓋然性は否定されないものの、この間も一貫して孝高は朝鮮半島にとどまっていたと考えておきたい。

関白秀次の自刃

こうしたなか、文禄四年七月には関白秀次が謀反の疑いをかけられる。高野山に追放された秀次は十五日には切腹して果てる。朝鮮在陣中の諸将は、文禄四年八月二十日付で連署起請文を作成し、秀吉不慮の場合には秀頼に奉公し、法度を遵守する旨を誓っている。ここには長政も血判し、花押を据えている。孝高はここでの連署者に連なってはいないので、朝鮮にいたのか否か判断はできないが、引き続き機張城にあったものと考えておく。署名者として登場していないのは、すでに隠居の身で、当主ではなかったためであろう。しばしば述べてきたように、孝高は長く秀次と親密な関係にあり、知行も与えられていたが、幸いに与同を疑われるようなことはなかった。

秀次旧臣を召し抱える

こののち黒田家では、秀次の旧臣を召し抱えることとなる。その主だった者の名を挙げると岡田三四郎利良・毛利又左衛門元辰らである（『増益黒田家臣伝』）。このうち、岡田三四郎（名はのち半左衛門、ついで内膳と称す）は伊勢の出身で、孝高の側近として重んじられ、のちに、「黒田」の苗字を許されて黒田監物と称することとなる。

孝高充て知行方目録の真偽

ところで、『黒田家譜』には、文禄四年八月二十一日付で秀吉が「黒田如水」に、播磨国内で「千九百七拾六石弐斗」を充行った「知行方目録」が掲載される。これを赦免された孝高に対する在京賄料とみなすことも可能であるが、現状の「知行方目録」は充所が欠損しており、孝高に充てられたものか否か、にわかには判断できない。後述のように、孝高の朝鮮半島在陣は、なおもしばらく継続している。秀吉による宥免がさらに先のこととすれば、この段階で在京料が充行われたとは考えにくい。充所欠損の時期や理由は定かではないが、実際に孝高充てであったかどうかについては、慎重を期したい。

金海竹嶋城に移動

さて、講和交渉の過程で日本側の城郭整理が進められ、黒田勢が在番していた機張城には加藤清正が入ることとなる。このころの状況を伝える史料を次に紹介する。

加藤主計頭くちやんに御移り候、甲斐守殿は御帰朝に候、如水はいまだ竹嶋へ御逗留に候、毛利豊前殿は安骨浦へ御移り候、せひくらん・せつかいあき申し候、釜山浦・とくねき共に、高麗中に城六ヶ所相残り申し候、

（十月六日付島津義弘充て瀧重時書状・『鹿児島県史料　旧記雑録後編　二』一六一一号）

ここから、文禄四年後半における長政の日本帰還と、孝高の金海竹嶋城への移動が確認される。金海竹嶋城には孝高が昵懇にする鍋島勢が駐留していた。

長政の帰国、利高の病没

帰国した長政は、文禄四年十二月四日付で家臣への知行を充行っている。朝鮮での論功行賞であろう。翌文禄五（慶長元）年には、孝高の次弟利高が没する。利高は長政に

講和交渉決裂、朝鮮人を召し抱える

従って朝鮮半島に赴いたが、病を得て日本に戻った。療養のため上方にあったが、五月十八日に泉州堺(さかい)で没する。享年は四十三とされ、遺跡は嫡子政成(小一郎、吉兵衛尉、伯耆(ほうき))が継ぐ。

この年九月朔日に、大坂城で明国使節の引見が行なわれる。しかしながら、日明間の講和交渉は決裂し、秀吉は朝鮮半島への再派兵を決する。具体的な居所は定かではないものの、孝高の朝鮮滞在はこのころも継続していたようである。この年のものと考えられる十月三日付の孝高書状に、次のようなものがある。

以上

漸働相い済み、近日帰朝申すべく候、仍ってさるミ・てるま・かくせい、注文を以って、十五人遣し候、能き物をくわせ、もめんきる物一つつゝ、きせ申すべく候、わくちなと作せ、口をもおほへ申すべく候、委しくは西坊半六申すべく候、将又所務の儀、去年の如く仕るべき事肝要候、恐々謹言、

十月三日　　如水　御印判

梶原露白老

吉田三郎兵衛殿

(筑紫女学園高等学校所蔵『諸事書上』梶原八郎大夫所持分)

無年紀の文書であり、慶長の役後のものである可能性も残るが、秀吉の死去に伴う朝鮮半島からの撤兵といったニュアンスも伝わってこないので、しばらくは文禄五年のものと考えておく。「さるミ」「てるま」「かくせい」はそれぞれ朝鮮人（成人男性）、朝鮮の少年、朝鮮の女性を指す。孝高は、男女子供からなる十五人の朝鮮人を、日本に送致しようとしている。中津の留主居に対し、よい食事を与え相応の衣裳を着せるよう指示し、さらに日本の言葉を覚えさせるように命じている。日本へ送られた朝鮮人被虜の一部は、大名家の奥向きで召し使われるようであり、黒田家の事例もこれに該当すると考えられる。彼ら・彼女らは、中津城（なかつじょう）の奥向きで孝高や長政の妻子に傅（かしず）くことを想定されたものであろう。

十月三日付の文書に「近日帰朝申すべく候」とあったが、孝高の朝鮮在陣は今しばらく継続する。孝高は国許（くにもと）の家臣舟橋氏からの音信に、次のような返書（写）を与えた。

音信として鰹三連御指し越し、志の程祝着申し候、我等事頓て帰朝申すべく候間、面にて申し聞くべく候、尚三四郎より申すべく候、恐々謹言、

霜月十五日　　如水御書判

舟橋重大夫殿

（福岡県立図書館所蔵・『修史余録別集十』舟橋三郎左衛門厄介・舟橋喜助所持分史料）

孝高は家臣から贈られた鰹三連の礼を述べる。書き留めにみえる「三四郎」は秀次旧臣の岡田三四郎利良であろう。とすると、黒田家に転仕して間もないころから孝高の側近としてつとめていたことがわかる。それはともかくとして、ここで孝高はほどなく「帰朝」し、面謁する心づもりを述べており、日本帰還が具体的に想定されているように看取される。

五　久々の日本と慶長の再派兵

上洛と連歌会出座

このののち、孝高が日本に戻った具体的時日は、判然とはしない。先の舟橋重大夫充ての書状などを考えると、慶長元年（一五九六）の末か改年後まもないころかと推定される。すなわち、慶長二年二月になると、孝高の在洛が確認される。後陽成天皇の勅勘を蒙り薩摩配流となっていた近衛信尹（関白太政大臣近衛前久の第二子、実名は「信基」ついで「信輔」、さらに「信尹」と改める）が許され、帰洛するのに従った阿蘇玄与が記した「在京日記」によると、慶長二年二月十二日条には「東条殿にて黒田如水老餞別の興行」とある。「東条殿」は秀吉の臣、東条紀伊守行長であろう。孝高とは連歌を通じて親しい関係にあった。洛中にあった東条屋敷で、孝高餞別の連歌が催されたことがわかる。したがって、孝高の在京はこれ以前からであったと判明する。いささか推量を交えることになるが、日本に戻った孝高は秀吉に詫びるため、慌ただしく上洛したのであろう。

朝鮮半島への再派兵

これに先立つ慶長二年二月二十一日付で、秀吉は慶長の再派兵に向けた新たな陣立てを発しており、ここで黒田長政にも再渡海が命じられている。孝高もこれに同行する心づもりだったのであろう、あるいは秀吉から重ねての朝鮮渡海を命じられたのかもしれない。いずれにしろ、この連歌興行が「餞別」とされたのは、孝高の朝鮮渡海を踏まえたからに他ならない。

さらに、同じく阿蘇玄与の「在京日記」の二月二十八日条にも「吉田にて幽斎老御興行」とあり、孝高も加わった連歌興行が催されている。ここには、細川幽斎・里村昌叱・里村玄仍らのほか、聖護院道澄・日野輝資・飛鳥井雅庸といった貴顕が連なっていた。すでに入京と在洛が許されていたことを考えても、孝高に対する秀吉の譴責がなお続いていたとは考えにくい。ようやく秀吉に許された孝高であればこそ、晴れて餞別の連歌興行となったのではなかろうか。

豊前中津に下った孝高は、慶長二年六月十一日付で手塚久左衛門を下毛郡宮永村の代官に任ずる書状を発給しており（『修史余録別集十』竹本十八所持分史料）、この段階までは在国していた可能性が高い。黒田勢の再渡海は七月以降のことであり、細かな動静は明らかではないものの、孝高も長政と前後して朝鮮半島へ向かったのであろう。

龍造寺政家に出陣を断られる

なお、孝高は佐賀の鍋島直茂（加賀守）と語らって、直茂の主君龍造寺政家（りゅうぞうじまさいえ）にも朝鮮への出陣を勧めたようだが、体調不良を理由に断られている。七月晦日付で政家に充てた自筆書状で、孝高は「内々御出張これ有りたき旨、加州御物語候、併しながら、御気色もすきと御座無く候間、この度は御留守なられ、自然先手滞る儀も候はば、加州より御左右有るべく候条、御舟にても御越然るべく候」と述べている（「龍造寺家文書」二五五号・『佐賀県史料集成』第三巻）。

次男熊之助の遭難

ところで、孝高には長政の下に次男熊之助がいた。熊之助は元服前であったが、孝高と長政を追って中津から朝鮮渡海を試みる。しかしながら途中の筑前芦屋（あしや）沖で難破し、熊之助は溺死してしまう。七月十六日のことと伝えられており、享年は十六であった。熊之助には母里友信（もりとものぶ）の子吉太夫、黒田一成の弟加藤吉松のほか、傅役（もりやく）をつとめる連歌師の木山紹宅らが従っていたが、いずれも熊之助に殉じている。

蔚山城救援戦

長政率いる黒田勢は、慶長二年八月から全羅道を攻略し、さらに忠清道（チュンチョンド）を侵した。その後、十月上旬には慶尚道梁山での築城とそこでの在番に入る。十二月末、浅野幸長（よしなが）や加藤清正が蔚山城（ウルサン）で包囲されると、長政はいち早く救援に駆けつけ、救援戦の主力として活躍する。孝高はこの蔚山城の戦いには出陣していないが、長政の留守を守りつつ、

黒田孝高書状（個人蔵）

後方で諸将の布陣を指揮している。

猶々、御吉左右忝く申い入るべく候、以上

昨日申し上げ候如く、蔚山城内より人を出、弥堅固の由候、然る時は対陣に候条、延々しくこれあるべくと存じ候、左様に候はば立花左近兄弟早々其元へ召し寄せられ候て、御尤もに候、右の衆巻かれ候はば、則ち拙者事蔚山表へ参るべく候、此状参着次第に、慥なる御使者壱人遣わされ、固城は羽藤四・筑糸うけ持に仕り、敵丈夫に働候はば、嶋へ引取候へと仰せ遣わされ、御尤もに候、恐々謹言、

正月五日　　卜庵　如水（印）

朝倉上野守殿

赤尾隼人佐殿

御陣所

（個人蔵文書、福岡市教育委員会提供写真版）

すなわち、孝高は遠く東に離れた慶尚道固城（コソン）の軍勢を二つに割って、蔚山城の後巻（うしろまき）を増強する作戦を提示する。慶尚道固城には小早川秀包（こばやかわひでかね）（羽柴藤四郎）・筑紫広門（つくしひろかど）を残し、固城にいた立花宗茂・高橋直次（たかはしなおつぐ）兄弟を蔚山方面に移動させて、孝高自らも蔚山に出陣しようとした。ほどなく明・朝鮮軍が蔚山城の包囲を解いて撤退したため、結局は孝高の出陣はなかったが、危機を脱した浅野幸長は、さっそく孝高に礼状を送っている（如水様充て正月七日付浅野幸長書状案・『浅野家文書』二五七号）。

浅野幸長とのやりとり

蔚山合戦ののち、城塞網が縮小されると、黒田勢は拠点を梁山から亀浦（クポ）に移動させる。この間、孝高・長政父子は、西生浦（ソセンポ）の浅野幸長と文書のやりとりを続けているが、幸長充ての長政書状には孝高の書状も添えられているようであり、孝高は長政と同じ場所に居ることがわかる。したがって、孝高も長政以下の黒田勢とともに亀浦に移動したものと考えられよう。

二月の末には、浅野幸長にも帰還命令が送達される。これをうけて幸長は、近隣の諸城をめぐって帰還の挨拶を行なっているが、この間に釜山城から孝高に充てて発した書状（案）がある。

尚々、西生浦へ参り、隙明き次第、帰朝仕るべき覚悟に候、又伊兵衛への返事、此の者に下さるべく候、已上、

西目城々見舞い申し、今日釜山浦へ罷り出で候、参を尤（以）って御意を得べく候へ共、西生浦へ罷り通り候の間、先ず使者を以て、啓上せしめ候、貴様は御帰朝候や、承りたく存じ奉り候、尚追って貴意を得べく候。恐惶謹言、

三月十二日　　使平田助進

如水様人々御中

幸長は梁山・昌原・唐島（巨済島）・南海・順天・泗川・固城などをめぐったが、日本に戻る時間が迫ったため、結局は黒田勢の亀浦城を訪れることはなかった。拠点とした西生浦にいったん戻った幸長は、帰還の準備を調えて、三月十六日に釜山沖の牧島（椎木島）に入る。そこから孝高に次のような書状（案）を発する。

帰朝致し候に付て、甲州（黒田長政）より御暇乞のため、宗右衛門（黒田直之カ）殿御越なされ候、其れに就き御状拝見忝く候、伏見参着候はば、御前の様子ならびに上方の趣、懇々書付を以て申し上ぐべく候、少も由断御座有ましく候、将又越中殿・肥前殿ならびに御宿への御状、慥かに相届くべく候、猶追って御意を得べく候、恐惶謹言

三月十六日
如水様　御報

孝高・長政はそれぞれの書状を、使者惣右衛門直之（孝高の末弟、のちの図書助）に託して、幸長のもとに派遣した。孝高は「越中殿」「肥前殿」、正室櫛橋氏充ての書状を幸長に言付けているようである。この段階における孝高の交遊を知る上で興味深い内容だが、前者の「越中殿」は細川忠興（越中守）、後者の「肥前殿」は前田利長（肥前守）であろうか。

日本に帰還する

三月十二日付の幸長書状案で、孝高に対して日本帰還についての打診があったが、四月の後半までに孝高は自身の帰国に言及するようになる。

きてう（帰朝）につき、いんしん（音信）として、たる一つ、もちこめ壱斗御うれしく候、五郎すけやかてきてう（帰朝）に候まゝ、きつかい（気遣い）候ましく候、めで度く候、かしく
卯月廿三日　志よ水（如水）

（「櫛橋仁左衛門則明家蔵文書」・長野誠『福岡啓藩志』所収）

仮名書きの文書であることから、婦人に充てられたものだろう。文中の「五郎すけ」は櫛橋五郎助（のちに岡本惣兵衛正俊と名乗る）と考えられるので、この五郎助の母親あたりに発したのであろう。孝高（「志よ水」）に従って五郎助も「きてう（帰朝）」するのであろうから心配は無用である、と孝高は気遣いをみせている。慶長三年四月末からそう遠くない時

期に、孝高は日本への帰還したと考えられる。孝高は、慶長三年五月二十一日付で林直利（太郎右衛門尉）に京都郡内で九〇三石余の知行を、六月二日付で菅正利（六介）に宇佐郡蛯木村で三〇〇石の知行を、それぞれ充行っている（「林銑八郎文書」・「菅亨資料」）。このころには孝高も領国豊前に戻っていたのであろう。

長政、目付衆に誣告される

しかしながら、日本へ戻ってなお孝高の態度は慎重なものであった。この年のものと考えられる次のような書状（写）がある。

九郎右衛門、使いとして上かたへ罷り上り候条、原久蔵帰朝申すに承り候間、其の方岩見屋孫七所へ宿仕り、九郎右衛門に合い次第に、衣笠久左衛門方迄、急飛脚越すべく候、其の様子に依り、我等下ノ関へ参るべく候□□候なり、

六月八日　如水　御黒印

原田孫右衛門とのへ

（福岡県立図書館所蔵・『修史余録別集十』原田市蔵所持分）

孝高は、家中の原久蔵から重臣井上之房（九郎右衛門）が上方に上ったことを聞き、原田孫右衛門に途中の岩見屋で井上之房と合流するように命じた。さらに、原田孫右衛門には井上之房から聞き出した上方の情報を衣笠久左衛門まで急飛脚で伝えさせ、その内容次第で孝高は下関まで出向くという。

朝鮮の長政がわざわざ重臣の井上之房を上方に遣わした理由は定かではないが、あるいは蔚山城合戦の折の弁明にあったのかもしれない。蔚山城合戦の顛末は、目付として派遣されていた福原長堯・垣見一直・熊谷直盛によって、秀吉に報じられた。五月末のことであるが、この場で目付衆は、蔚山の合戦で蜂須賀家政・黒田長政に「臆病」な働きがあったとして糾弾する。訴えを聞いて激怒した秀吉の様子は「御逆鱗おおかたならず」で、帰国したとしても家政や長政の拝謁すら許さないというものであった。

ちなみに、残る黒田勢については、五月二十二日付の秀吉朱印状によって、亀浦の「かとかい城」の破却と西生浦へ移動が命じられることとなる。長政が秀吉の逆鱗に触れるという予期せぬ事態を前に、孝高もあえて上洛するには至らなかった。

六　秀吉の死と混迷する政局

秀吉死す

慶長三年（一五九八）八月十八日、秀吉は伏見城において没する。すでに朝鮮から帰国していた孝高は、秀吉死去の報せを豊前中津で聞いている。九月十五日付で吉川広家に充てた孝高自筆の書状（『吉川家文書』一五六号）には「上様御かくれ成られ候事は、此の方へは聞、大方候い候て、廿四日、爰もとたしかに聞へ申し候、去る廿日に大坂より早船到来申し候」と述べている。秀吉死去の報せを告げる早船が二十日に大坂を発ち、二十四日には中津に到着したという。

上洛の思い

孝高は「我ら事は、京引き入り候て、世上の様子見申すべく候」とも述べており、秀吉没後の世情を京から見定める心算であった。しかしながら、「筋煩い候」ともあって、深刻ではないものの体調を崩していたようである。いまだ多くの将兵が朝鮮半島に残り、秀吉の死が公にはされてはいない状況でもあり、にわかに上洛するわけにはいかなかったのであろう。また、孝高はこの書状で、広家が小早川隆景の旧領を引き継いだことを喜び、広家が備後三原を領することは長政にとっても朗報である、と述べている。

秀吉の死を朝鮮の諸将に伝える徳永寿昌と宮城豊盛は、十月朔日に釜山へ上陸したのち、朝鮮半島の各陣営をめぐる。帰還する将兵を迎えるため筑前に入っていた浅野長政（長吉から改名）や石田三成が、十一月二日に朝鮮から戻った徳永寿昌と宮城豊盛から復命をうけている。こうした流れを踏まえつつ、孝高は徳川家の井伊直政に対して、ようやく大坂へ向かうという意図を告げている。

当時、家康は伏見城で政務をみており、孝高上洛後の面談を約束している。ただし、孝高が中津を発するのは、もうしばらく先のようである。親交の篤い鍋島直茂（加賀守）帰還の報せをうけた孝高は、鍋島生三に充てた十一月二十三日付の書状で「加州明日御帰陣たるべき間、定めて御供と存じ候、何も御供於いては、上方にて申し承るべく候」と書き送っている。直茂主従の博多着岸を想定したものであろうが、孝高が中津を離れていれば「明日御帰陣」といった具体的な情報を入手することも難しかろう。孝高はこの書状を発したのち、大坂へ向けて中津を発したと考えたい。大坂を経て入京した孝高は、しばらく在洛を続けることとなる。「世上の様子」をつぶさに実見するためであろう。

黒田勢の帰還

長政率いる黒田勢も、年末には日本へ帰還する。すでに秀吉は没しており、長政に対する具体的な処断は行なわれなかったようである。とはいえ、にわかに長政の立場が回復するわけもなく、黒田家の難局は続く。

徳川家康に接近する

死に臨んだ秀吉は、徳川家康・前田利家・宇喜多秀家・毛利輝元・上杉景勝らの大大名、および浅野長政・長束正家・増田長盛・石田三成・前田玄以ら奉行衆に、秀頼成人までの後事を託していた。徳川・前田・宇喜多・毛利・上杉の各家が結び付きを強めることは、政局の安定に資するとしてこれを認めたが、その他の諸大名が勝手に婚姻することは厳禁と命じた。

ところが、家康は秀吉の遺言に逆らって、ひそかに諸大名との婚姻を進めていく。こうした事態をうけ、慶長四年正月に利家・秀家・輝元・景勝と五人の奉行衆が家康を糾弾するに至る。家康家臣の残した『家忠日記増補追加』には、窮地にたった家康を案じてこのときに伏見の徳川屋敷に駆けつけた面々の名が記されている。ここには池田輝政・福島正則・藤堂高虎らとともに、孝高や長政の名がみえている。黒田父子が、家康に対して政治的な接近を進めていたことがわかる。この年に比定される鍋島家年寄衆充ての二月二十五日付書状（「坊所鍋島家文書」九八七号・『佐賀県史料集成』第十三巻）で、孝高は「拙者事、来月の末に罷り下るべく候」と書き送っているが、緊迫する政治情勢によって、孝高の上方滞在はさらにしばらく継続する。

長政ら七将、石田三成を襲撃する

慶長四年閏三月三日に前田利家が没すると、それまで微妙に保たれてきた政治的均衡は一挙に崩れ去る。翌四日には、かねてより石田三成らに強い反感をもち、恨みを抱いていた諸将が三成の襲撃を企てている。この計画に参画した面々は細川忠興・蜂須賀家政・福島正則・藤堂高虎・黒田長政・加藤清正・浅野幸長とされているが、これについては異説もあって、二、三の人物については異同がある。

上方の屋敷を増強

それはともかくとして、陽明文庫の『信尹日記』の閏三月十六日条に「如水来」とあり（棚町知弥「黒田如水の連歌」・『近世文芸　資料と考証』V）、閏三月十九日付の上月左吉充ての孝高書状で、国元から贈られた葛の礼を述べている。これらの史料から、閏三月段階における孝高の上方滞在が確認され、この計画に荷担していた可能性は否定できない。政局の緊迫をうけ、孝高は次のような指示を下している。

以上

態と申し聞け候、仍って爰もと普請をさせ申すべく候条、其もと小者共卅五人を書き立て、明晩夕めしをくわせ、慥かなる奉行一人付け越すべく候、三日の逗留たるべく候、めしは此の方にてくわせ申すべく候、恐々謹言、

後三月廿二日　　如水御書判

郡正大夫とのへ

（東京大学史料編纂所所蔵影写本「郡文書」）

上方滞在が前提されるので、孝高のいう「爰もと」とは、伏見か大坂と考えられる。ここからほど近い距離にある「其もと」に充てて、小者三十五人の徴発を命じている。おそらく伏見の孝高が、自らの屋敷普請に使役するため、黒田家の大坂屋敷に対して、小者の動員を命じたのであろう。逆の可能性も残るが、いずれにしろ武力衝突の危険性を考えて、孝高も黒田家としての防御体制強化を図ったものと判断される。

長政、疑いを解かれる

襲撃事件ののち、石田三成は隠居を余儀なくされ、居城の近江佐和山（さわやま）に引退する。家康は、政局がいまだ不穏との理由により、伏見の徳川屋敷から伏見城西の丸へ移る。三成が失脚する一方で、家康の政治的立場が安定すると、政局も大きく動き出し蜂須賀家

政・黒田長政の名誉回復が進む。朝鮮に派遣されていた御目付衆（福原長堯・垣見一直・熊谷直盛ら）の復命は不充分であったとして、それに基づく論功行賞は白紙に戻されることとなった。蔚山の合戦で家政と長政に「臆病」な振る舞いがあったとの嫌疑も晴れ、両名はようやく復権を果たすこととなった。

京で家康・井伊直政と交流する

復権を果たした長政は、慶長四年五月に離京して領国豊前に戻る。孝高のほうは、こののちも、しばらく京・大坂の間にとどまっている。六月晦日付で関東下向を近日中に控えた井伊直政が、国元の長政に充てた書状では、在洛する孝高としばしば交流をもった、と述べている。直政は七月五日付の孝高充ての書状で、暇乞いもできないことの非礼を詫びているが、そこには次のような箇条も確認される。

一、今度、内府へ始めより、別して御父子御入魂の通り、日本の神ぞ存じ、忘れず候、具に江戸中納言にも申し聞けべく候、

（福岡市博物館編『黒田家文書』第一巻二八号）

家康と孝高・長政父子との間が、密かにではあるが、かなり昵懇なものとなっている。孝高の動向については、『鹿苑日録』によって八月中旬には伏見にいたことが確認され、近衛信尹の『三藐院記』にも八月二十五日条に「如水所に於いて終日遊興す」とある。同じく『三藐院記』の八月二十八日条から孝高が一条内基邸に伺候したことがわかる。

黒田孝高ローマ字印

また、『鹿苑日録』の九月三日条に「如水に於いて連歌有り」などとあるように、しばしば里村紹巴(さとむらじょうは)や昌叱らが催す連歌の席につらなっている。この間、一度大坂へ下るようであるが、『鹿苑日録』九月二十八日条に「如水上洛なり」とみえており、月末には帰洛している。

家康暗殺計画の風聞

孝高は十月ころまでは在京を続け、その後は国許へ下ったようである。この間、九月には家康が大坂へ下向し、故秀吉の正室(北政所(きたのまんどころ))に替わって二十六日には家康が大坂城西の丸に入る。この間、家康の専横をきらった勢力が暗殺を計画したと取り沙汰され、その首謀者に擬せられた前田利長や細川忠興らが糾弾されることとなる。

豊前に下り体調を崩す

家康による利長追討、すなわち「加賀(かが)征伐」が計画されるなか、孝高は国元に下る。十月十五日付の吉川広家充て自筆書状には「かのかみ罷り上り候の間、我ら事帰国仕り候」とある。「かのかみ」は「甲斐守」すなわち長政のことである。すなわち、上洛してくる長政と入れ替わりに、孝高は領国へ下ることとなった。中津へ戻った孝高は、ほどなくして体調を崩したようである。この年のものとみなされる十一月二十八日付の西笑承兌に充てた書状には「御書中の如く、いよいよ快気せしめ候、寒天の時分に御座候条、旁以て養生由断を存ぜず候、来春は早々罷り上り、相積もる儀尊意を得べく候」とある。この文書で孝高は「SIMEON　JOSUI」のローマ字印を用いているが、その理由について袖書きで「猶以て、病中故、印判の体に候」とことわっている。

第八　再起を期した「関ヶ原」

一　動乱の予兆

前田利長、家康に人質を送る

領国豊前で越年し慶長五年（一六〇〇）正月を迎えたのち、そのまま在国していた黒田孝高だが、上方の加藤清正から三月十七日付の書状が届けられる（長野誠『福岡啓藩志』所収）。清正は「北国面之儀」、すなわち既述した徳川家康による「加賀征伐」の顛末を孝高に報じている。前田利長はいったん決戦の構えをみせたともいわれるが、結局は老臣横山長知らを遣わし、弁明につとめる。家康は利長の実母芳春院（故利家の正室）を江戸に住まわせることなどを条件に、前田家を許す。家康と前田家との和議成立が三月のことであり、一連の経緯が「風説」として清正にも届いた。清正は前田利家と親しかったこともあり、安堵の気持ちを孝高に伝えたかったのであろう。

家康、上杉景勝征伐に進発

しかしながら、清正はついで浮上してきた上杉景勝をめぐる「兎角の風説」について、自らの危惧を吐露する。慶長四年八月から新領国の会津へ戻っていた景勝は、たびたびの上洛要請にもかかわらず、在国を継続していた。この間、景勝は若松城に替わる新城の構築を企図し、道路・橋梁などの交通網の整備につとめ、さらには軍備増強にも余念がなかったという。三月下旬に上杉家を出奔した藤田信吉（能登守）が、江戸の徳川秀忠に上杉領国の実態を告げていた。さらに西上した信吉は、家康に上杉家の軍備増強などについて訴えた。家康は上杉景勝に謀反の企てありと断じ、これをうけて増田長盛・長束正家・前田玄以ら大坂の「三奉行」が、上杉討伐いわゆる「会津征伐」を認める。家康は六月十六日に大坂を発し、軍勢を率いて奥羽を目指す。

細川忠興、豊後二郡を加増される

これに先立って、家康は慶長五年に入ると、細川忠興に本国丹後のほかに、豊後国速見郡と国東郡の一部を充行う。忠興は前田利長とともに家康暗殺計画の嫌疑をかけられたが、前年十一月に家康・秀忠に別心無い旨の起請文を提出し、人質として三男（のちの忠利）を江戸に送っていた。豊後国内における加増はこれに応えてのものである。こうして豊前黒田領に隣接するかたちで、豊後細川領が成立する。豊後巡見のため、四月朔日に丹後宮津を発した忠興は、十五日に豊後速見郡の杵築（表記は「木付」とも）に入る。在国していた孝高は、二十四日に速見郡の佐田あたりで忠興と対面している。

長政、家康養女を後室とする

家康の「会津征伐」には、当主長政以下の黒田勢も従った。東下に先立ち、長政は家康の養女（保科正直の女で家康の姪にあたる）を後室として迎えていた。婚儀は慶長五年六月六日に、黒田家の大坂屋敷で行なわれたという。

蜂須賀家との絶縁

長政は蜂須賀家から正室を迎えていたが、このころにはすでに離別していた。具体的な時日は不詳であるが、慶長四年のこととされる。この離婚は黒田・蜂須賀両家の間に禍根を残し、両家の関係は享保十二年（一七二七）まで絶縁状態（不通）に陥ることとなる。なお、二人の間には女が一人ある。名は「菊」といい、黒田家で養育され、のちに井上之房の次男で将軍家旗本となる井上庸名（淡路守）に嫁す。

奉行方、家康を糾弾する

さて、家康が上方を離れたのち、七月十二日に大坂の「三奉行」は毛利輝元に対し、大坂城に入って、豊臣秀頼を守護するように求めている。ついで、「三奉行」は七月十七日付で「内府ちがいの条々」を発して家康を糾弾し、宇喜多秀家・石田三成・大谷吉継・小西行長らと「三奉行」との連携も顕然化する。以下、家康の排斥を目論む彼らの陣営、いわゆる「西軍」については、「奉行方」と表現していく。

「西軍」「東軍」という区分は、戦前の参謀本部が編纂した『日本戦史』に由来すると考えられる。「関ヶ原合戦」を西美濃で両軍が衝突したいわゆる「本戦」に限定し、戦史研究の一環として戦況分析に用いるならば、「西軍」「東軍」という概念は非常に有功であろう。しかしながら、武力衝突は全国各地でみられ、そこに参加する諸大名の思惑も、決して陣営ごとに統一されていたわけではない。したがって、「西軍」を指し示す適当な述語が存在するわけではないが、ここでは孝高が立花宗茂や島津義弘を「奉行方の者」と評していることに留意したい（『吉川家文書』一五四号）。もとより、こうした表現には、家康方に与して戦った孝高の価値観が反映しているわけであり、そうした点も了解したところで、「奉行方」として記述を進めたい。

奉行方の人質要求を避け大坂脱出

「奉行方」は、諸大名家からの人質確保を目論んで、まず細川家に対して人質提出を要求する。既述のように、忠興は家康から豊後国内で加増をうけており、家康擁立の中心人物と目されていた。細川屋敷では協議の末、要求を拒絶することを決し、七月十七日に細川忠興の正室（明智玉、細川ガラシャ）は自ら死を選んだ。黒田家では、栗山利安・母里友信らが大坂屋敷を護っていたが、両人の機転によって孝高の正室と長政の正室は密かに大坂の黒田屋敷を抜け出し、海路豊前中津に向かうこととなる。

細川家臣を説得

七月十九日、毛利輝元が大坂城に入り、七月二十三日には、「関ヶ原合戦」の前哨戦となる伏見城攻めも始まる。こうしたなか、豊後細川領を預かる松井康之や有吉立行は、細川家の杵築城を孝高に預けて、丹後へ向かうことを議すが、孝高はこの期に及んで丹後への移動は不可能と説諭した。細川家の本領たる丹後の田辺城には、忠興の父幽斎が籠っていたが、城は七月十九日から「奉行方」の軍勢に包囲され、猛攻にさらされていたのである（「丹後征伐」）。

上方情勢を把握

毛利輝元への期待

七月末には、孝高室・長政室が、栗山利安・母里友信らに伴われ、無事に中津に到着する。彼ら重臣によって、上方の最新かつ確実な情報が孝高の許にもたらされた。忠興の正室を失った細川家中としては、孝高室・長政室の帰還という報せを特別な感慨をもって受け止めたと考えられるが、豊後の細川家中は孝高を「九州にて只一人御味方にて候」（七月晦日付松井康之等連署状案・『松井文庫所蔵古文書調査報告書』四二八号）と理解している。

松井康之画像
（松井文庫蔵，八代市立博物館未来の森ミュージアム提供）

しかしながら、長く毛利一門と好誼を重ねてきた孝高の立場は、そう単純なものではなく、輝元の大坂入城の報をうけて、これに大きな期待感を示している。八月一日付で吉川広家（きっかわひろいえ）に充てた自筆書状は次のような内容であった。

天下の儀、てるもと様御異見なされ候様にと、奉行衆申され、大坂城御上りなされ候事、目出たく存じ候、左候ハバ、秀頼様へ別心存ずる者、あ（る）まじく候条、やがて目出度くしつまり（鎮まり）申すべく候、左様候ハバ、九州・四国衆人しち（質）、てるもと様御あつかり（預かり）候やうに仰せ上げられ、然かるべく存じ候、九州にても鍋賀州（鍋島直茂）・賀主（加藤清正）・羽左近（立花宗茂）・毛壱（毛利吉成）・嶋津、此れらの衆専らに存じ候、甲州（黒田長政）人しちハ、貴所様・てるもと様より、御あつかり候やうに御才覚給うべく候、左候ハバ、何様にも御馳走申すべく候、人しち、奉行衆に候へは、てるもと様御馳走成らざる事に候条、其の御分別専一に候、内府又上国は必定あるべきと存じ候、左候時は又貴所様御きもいりニて、てるもとさま御事相澄み申すべく候、とかく此節御分別専用に候、扨々不慮の事共、如何に成り行き申すべく候や、其表様子具さに仰せ聞けられ、一人御下し候へかしと存じ候、左候ハバ、我等心中も貴所様へハ残らず申し上ぐべく候、かしく、（大日本古文書『吉川家文書』九五〇号　原文書によって読みを改めた箇所がある）

孝高は、輝元の大坂入城によって、秀頼に別心を抱く者もいなくなるだろうから、事態はほどなく安定するだろうと述べる。九州の諸大名も輝元が人質を預かることを切に望んでいるし、そうなればようやく国許（くにもと）に戻った黒田家の人質も改めて輝元に委ねたい

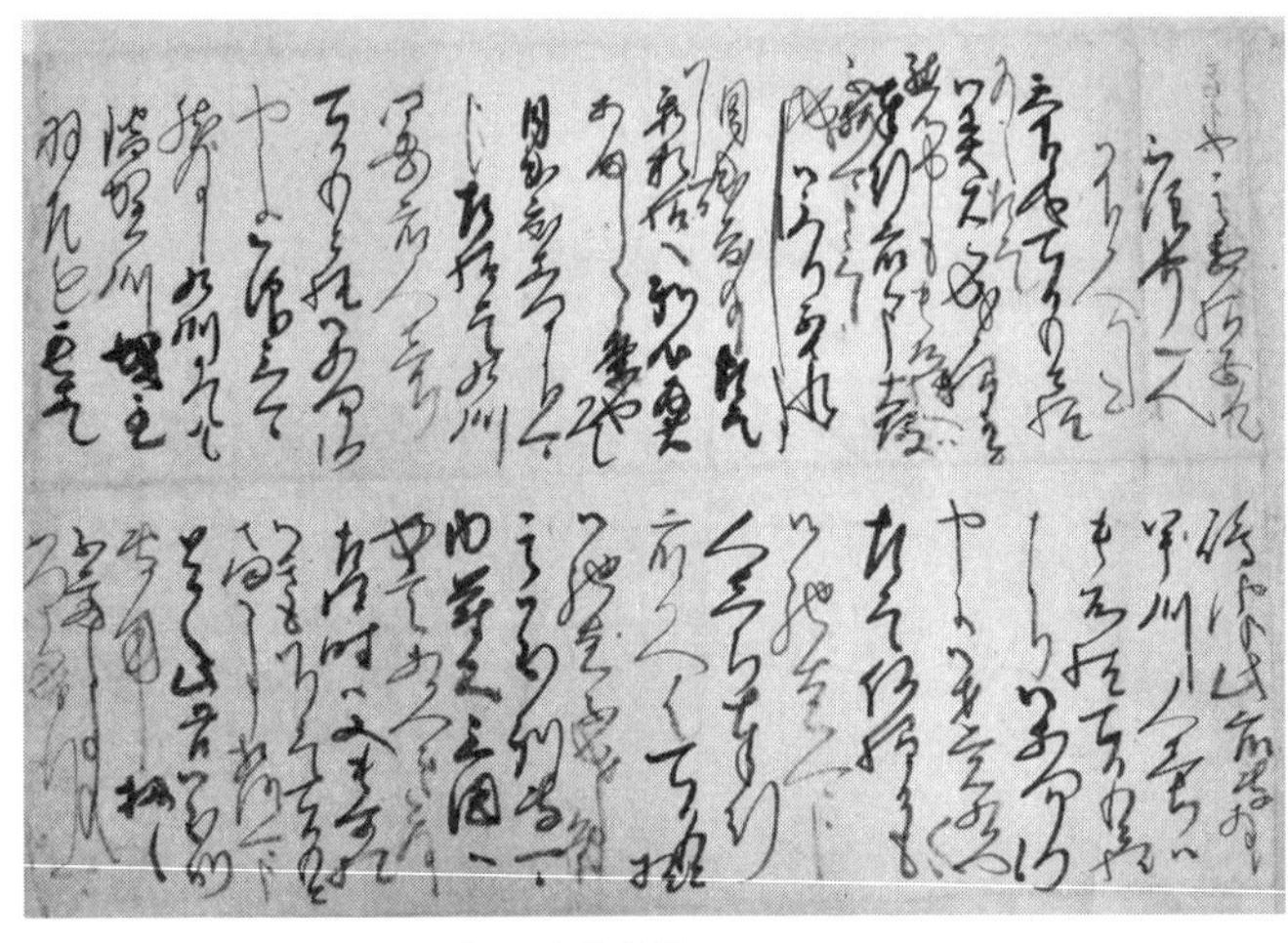

黒田如水自筆書状（吉川史料館蔵）

という。

孝高としては、輝元が主体的に秀頼を支えることが重要と考えており、上杉の案件が片付いて家康が上方に戻れば、そこで輝元も役割を終えることになるとする。何が起こるのかわからない状況なので、上方の様子を伝えてくれる然るべき人物を中津に差し下してくれれば、孝高はその者に自身の真意を伝えたいと結んでいる。

いずれにしろ、孝高は強く輝元を支持しており、その立場とて、決して家康方一辺倒ではなかったのである。さらに、ここに名前が挙がった九州大名の多くが、のちに家康方と抗戦することを考えると、事態の複雑さがわかる。

中川秀成ら諸将に上方の情報を伝達

同じ八月朔日付で、孝高は豊後岡を城地

とする中川秀成（修理大夫）にも書状を発している（『中川家文書』九一号）。この前提として秀成は孝高に書状を発しており、これはその返書となる。ここで孝高は秀成に対し、伏見城や丹後細川家の状況、近江瀬田に毛利勢が築城を行なったこと、また伊勢と近江の境に城が築かれ、ここに大谷吉継が入ることなど、入手した上方の情報を細かに伝達している。孝高室・長政室に続いて七月二十三日に大坂を脱した孝高の小姓連中が七月二十九日に中津に戻っており、これらの情報は彼ら小姓連中からもたらされたものであろう。

孝高は八月十三日にも秀成に書状を送り、北上していた家康が、七月二十七日に小山から転じて上方に向かうこととなったと告げている。この段階で、江戸に戻った家康が上方に出陣する期日は八月二十六日に予定されていたようであり、これを味方の陣営に伝えるため、家康は「会津征伐」に従っていた山代忠久（小才次、宮内少輔）を大坂へ遣わしたとする（『中川家文書』九二号）。さらに、この孝高書状は「去る七日の晩に、宮内大坂（山代忠久）へ着かれ候、其の申され様承り、我等者下り申し候、甲斐守儀は左太（福島正則）同心にて、今明日清須へ参るべく候由、申し来たり候」と続く。詳細は定かではないが、家康の意をうけた山代忠久は、八月七日に大坂に入ったようであり、孝高の家臣（我等者）は、山代忠久から詳細を言付かって中津に戻ったことがわかる。

すなわち、このころ家康は「会津征伐」を中断し、下野国小山あたりから軍勢を返す。家康は福島正則・黒田長政らを西上させる一方で、自身は八月五日にいったん江戸へ戻っている。孝高はこうした顛末を秀成に報じたのである。海路によって大坂に直結するという中津の地の利を生かし、孝高は積極的に上方の最新かつ確実な情報をつかんでいた。ここでは中川秀成とのやりとりを取り上げたが、加藤清正や細川家中などにとっても、孝高は上方の情勢に関する詳報を入手する確実な情報源として機能していた。

家康に領地切り取りを認められる

さて、家康は江戸帰還後から間もない八月八日付で、長政へ書状を発する。これに先立って、吉川広家は長政を通じて、毛利家の立場を弁明していた。家康は、輝元が事情もわからぬまま敵対するに至ったとして、その向背を了解する旨を長政に伝えている（『吉川家文書』一四六号）。さらに長政は、家康の孝高に対する疑念を払拭するためか、中津の孝高から送られてきた書状を井伊直政に手交している。孝高は、自身の書状が家康や直政の目に入ることを了承していたようで、それを想定した書状内容であった可能性も高かろう。井伊直政は孝高が領国で行なっている新規召し抱えを諒解し、さらに「御手に入るべき所は、なにほとも御手に入れられ候へ」と、家康方として戦った結果奪取した領知については、現地判断による実力支配を認めるとしている（『黒田家文書』第一巻三〇号）。もとより、家康の意をうけた回答であろう。

加藤清正・豊後細川勢との連携

次に示す七月晦日付の孝高充て加藤清正書状は、充所（あてどころ）の脇付けに「貴報」とあるとおり、孝高への返書となるが、そこには「御書中」という表記で前提となる孝高書状への言及があり、ここに至る孝高の動きを知る上での手がかりとなる。

一、御書中の如く、太閤様御恩深く候事、貴老なと同前と申ハおろかに候、□御恩（おん）賞（しょう）浅からず候と雖も□、仰せの如く奉行衆の事も、申すに及ばず、今度の□しへ共、いつれも太閤様御座候時より中悪しく候、各今更御恩を報□仕つり候共、結句見苦果持たるへきと存置候条、御存分の如く分別仕つり候、いつれの道にも御談合申し候者、秀頼様へ御奉公の筋目これ在るべく候間、甲州・我等なと身上相定まり申すべく候間、近日慥なる使者を以て申し入れ候事、

一、木付にこれ在る羽越（細川忠興）中者共、丹後へ参り候事、御留めなさるるの旨、御書中尤に候、然りと雖も、此辺りより早船にて廻し候はば、如何御座あるべく候や、松井かたへ其の通り□□□相尋ね、其の通り貴老へ申し入れ、境目通り此方よりなし申すべきの旨、申し付け候事、

一、其元は御普請御機遣いなき事、御裏敷（山脱カ）候、手前普請共むさと仕かけ候事、御推量なさるるべく候、然りと雖も□□地、形の如く候間、さのミ普請も入り申さず候、其上城中ほり・石垣出来、はや堀の手□申し候間、御機遣なされまじく候、申す

は憚りに候へ共、拙者留守候共、九州・中国中の人数を請け候ても、機遣い仕つる城にて御座なく候、惣構に至る迄、右の□候、況んや拙者これ在り候事に候間、万々御心安かるべく候、あはれ御供致し、いつかた成共罷り上りたく候、万珍しき事到来候はば、互に由断なく申し承るべく候、

（「黒田家中竹田丈右衛門信敬所蔵文書」・長野誠『福岡啓藩志』所収）

筆写される段階ですでに多くの欠損を生じており、意味のとりにくい箇所も多いが、前提となる孝高書状には、秀吉の「御恩」を何よりも尊重して行動すべき、との所信が述べられていたようである。清正も同様の立場であり「秀頼様へ御奉公の筋目」に照らして立場を決したいとある。その意味で、清正もさることながら、孝高の去就も決して確定的なものではなかった。ついで豊後杵築の細川勢について述べている。既述のように孝高は細川勢の丹後入りを止めていた。これは瀬戸内の制海権を考えた上での制止であろう。これに対して清正は、自領の肥後（ひご）を経由しての丹後入りを、松井以下に提案してみたいと述べている。こちらは肥前沖を廻って玄界灘から日本海に出て、丹後に戻るという経路であろう。最後に、孝高と清正は互いの防備体制を確認しあう。孝高は清正に対して中津城（なかつじょう）の防御体制は問題なしと告げ、清正も熊本城（くまもとじょう）の鉄壁ぶりを喧伝する。

ここで留意すべきは、清正が孝高に対して篤い信頼を寄せていることであろう。要害

たる熊本城は清正が留守でも大丈夫なので、孝高の「御供」としてどこへでも行く、との決意を披瀝する。また、ここまで述べてきたように、豊後の細川勢を支援する姿勢も孝高と清正に共通しており、孝高は大筒三丁を貸与し、清正も兵粮・玉薬を杵築城に送っている（八月二十八日付加賀山少右衛門他充て、松井康之列書状案・『松井文庫所蔵古文書調査報告書』四四五号）。そうした一方で、これまで孝高や加藤清正と連繋してきた豊後岡の中川秀成は人質の身を案じて、八月中旬には「奉行方」に与するため、西上を決意する（結果的には、かねてから誼を通じていた家康方に転じることとなる）。

吉川広家を通じて毛利家との関係を保つ一方で、実子長政を家康の側近くに置くことで徳川方とも親密に連携を計り、さらにその上で孝高は独自に臨戦態勢を構築していくこととなる。黒田家臣団の主力は長政とともに「会津征伐」に従っており、国元の黒田勢はきわめて手薄であった。そうした欠を埋めるため、孝高は新規召し抱えを進めて軍事力の再構築を進めている。

軍事衝突の不可避を悟る

中津にあって情報分析を進めていた孝高も、八月には軍事衝突の不可避を悟り、吉川広家充ての書状で「天下の成り行き、是非に及ばず候、かようあるへきと仰する程に候、分別仕り候間、おとろき申さず候」と書き送っている（『吉川家文書』一五三三号）。なお、このころまでに孝高は花押の使用を再開している。花押型は従前のものとまったく異なっ

如水時代の花押

ており、以後は晩年までこの花押を使用する。

孝高が吉川広家に「おどろき申さず候」と告げたとおり、軍事衝突それ自体は想定内のことに属す。しかしながら、戦乱がどのように波及し、どの程度の期間に及ぶのか、容易に見通せるものではなかった。このような前提のもと、孝高は中津で軍備増強を進めている。家康に対してだけではなく、輝元や広家の耳にも何らかの情報を入れていた可能性もあろう。「私戦」の誹(そし)りを免れるため、家康や輝元など豊臣「公儀(こうぎ)」に連なる面々の承認を得ながら、一定の独自性を保ちつつ臨戦態勢の構築につとめたのである。

二　石垣原の戦い——九州の「関ヶ原」——

家康、江戸を発する

「奉行方」についた織田秀信（信忠の嫡男、幼名三法師）の護る岐阜城が陥落したのは、慶長五年（一六〇〇）八月二十三日のことである。岐阜城を陥落させたことうけ、家康が江戸を発するという報せは、孝高の許にも達したようである。家康との対戦を余儀なくされる吉川広家の身を案じた孝高は、九月三日付で書状を発し、細かな指示を申し含めた使者を遣わしている（『吉川家文書』一五五号）。家康の西上によって事態が緊迫するなか、「奉行方」は家康方を切り崩すため、次々に使者を九州に下向させる。太田一吉の子の美作守一成が、豊後に入って細川家中松井康之らへ恭順を促し、森吉成が清正を「奉行方」に取り込むため、熊本に下ったようである。

大友吉統、豊後に侵攻

結果的に、清正が大坂や京へ向かうことはなく、家康に与するかたちで孝高とともに戦うこととなる。こうしたなか、豊後の旧主大友吉統が国東半島の南に着岸し、杵築城の沖を迂回して、九月九日に別府付近への上陸を果たす。「奉行方」は大友家に対して豊後国内での旧領回復を約束しており、吉統の豊後下向はそのための実力行使であった。吉統が速見郡の立石に拠点を構築すると、ここに田原紹忍（実名は「親賢」）・吉弘統幸

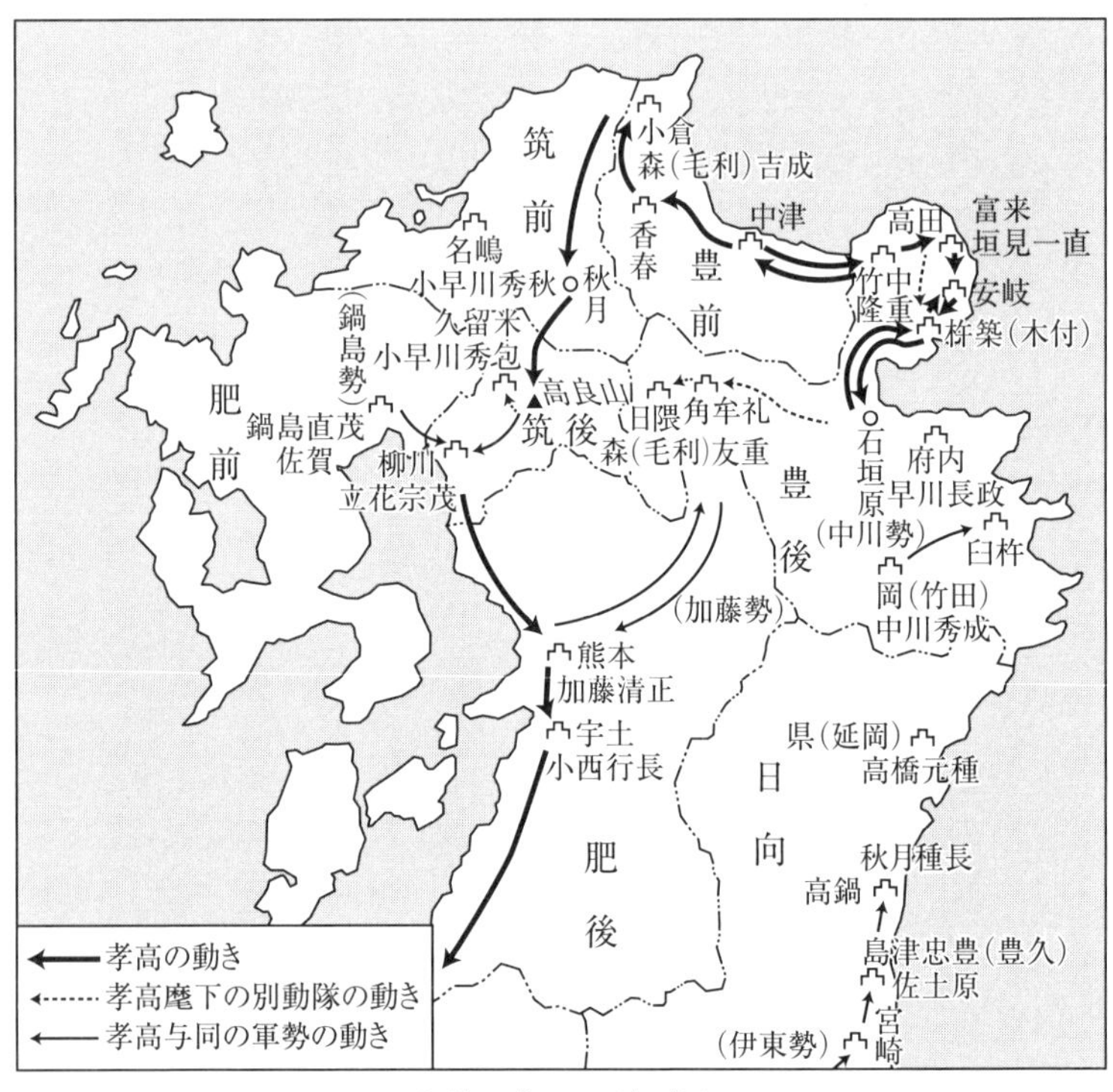

小倉
森(毛利)吉成
筑
前
香
春
中津
高田
富来
垣見一直
名嶋
小早川秀秋
秋
月
豊
前
竹中
隆重
安岐
杵築(木付)
(鍋
島
勢)
久留米
小早川秀包
高良山
日隈
角牟礼
森(毛利)友重
肥
前
鍋島直茂
佐賀
柳川
立花宗茂
筑
後
石
垣
原
府内
早川長政
(中川勢)
臼杵
豊
後
岡(竹田)
中川秀成
(加藤勢)
熊本
加藤清正
宇土
小西行長
県(延岡)
高橋元種
日
向
肥
後
秋月種長
高鍋
島津忠豊(豊久)
佐土原
宮
崎
(伊東勢)
孝高の動き
孝高麾下の別動隊の動き
孝高与同の軍勢の動き

九州の「関ヶ原」要図

（加兵衛尉）・宗像鎮続（掃部助）ら大友家の旧臣たちが参集する。

孝高も九月九日には豊前中津を出立する。中津城の留守居は三弟の利則（修理亮）、馬ヶ岳城には桐山信行（孫兵衛尉）を残している。孝高は甥の吉兵衛尉政成（孝高次弟の利高はすでに没し、家督は政成が継承していた）が護る宇佐郡の高森（高盛）城、竹中隆重（伊豆守）の拠る豊後国東郡の高田城を経て、翌十日から垣見一直（和泉守）の富来城を囲む。ここに大友勢が杵築城を攻めるとの報せが届いたため、孝高は軍勢の半ばを割いて先遣隊とし、杵築城の救援に向かわせた。孝高が率いる本隊も、熊谷直盛（内蔵允）の家中が籠もる安岐城を牽制しつつ、杵築方面へ進む。富来城・安岐城の攻略より大友勢との対戦を優先したのであり、大友吉統をたたくことが九州における戦局の帰趨を決すると読んだのであろう。

石垣原の戦い

これより前、大友方の攻撃をいったん退けた杵築の細川勢は城を出て、大友勢が本陣を置く立石に迫っていた。九月十三日の昼ころ、黒田勢の先遣隊が、石垣原に布陣していた大友勢と衝突すると、ここに細川勢も合流する。孝高は自らの着陣まで戦端を開かないように厳命していたが、先遣隊はこの命にもかかわらず、開戦したようである。伏兵を率いる宗像鎮続の働きもあって、当初は大友方が優勢であったが、黒田家の井上之房（九郎右衛門尉）らがこれを押し返し、大友方主将の吉弘統幸や宗像鎮続も討ち死にする。

家康への取りなしを依頼

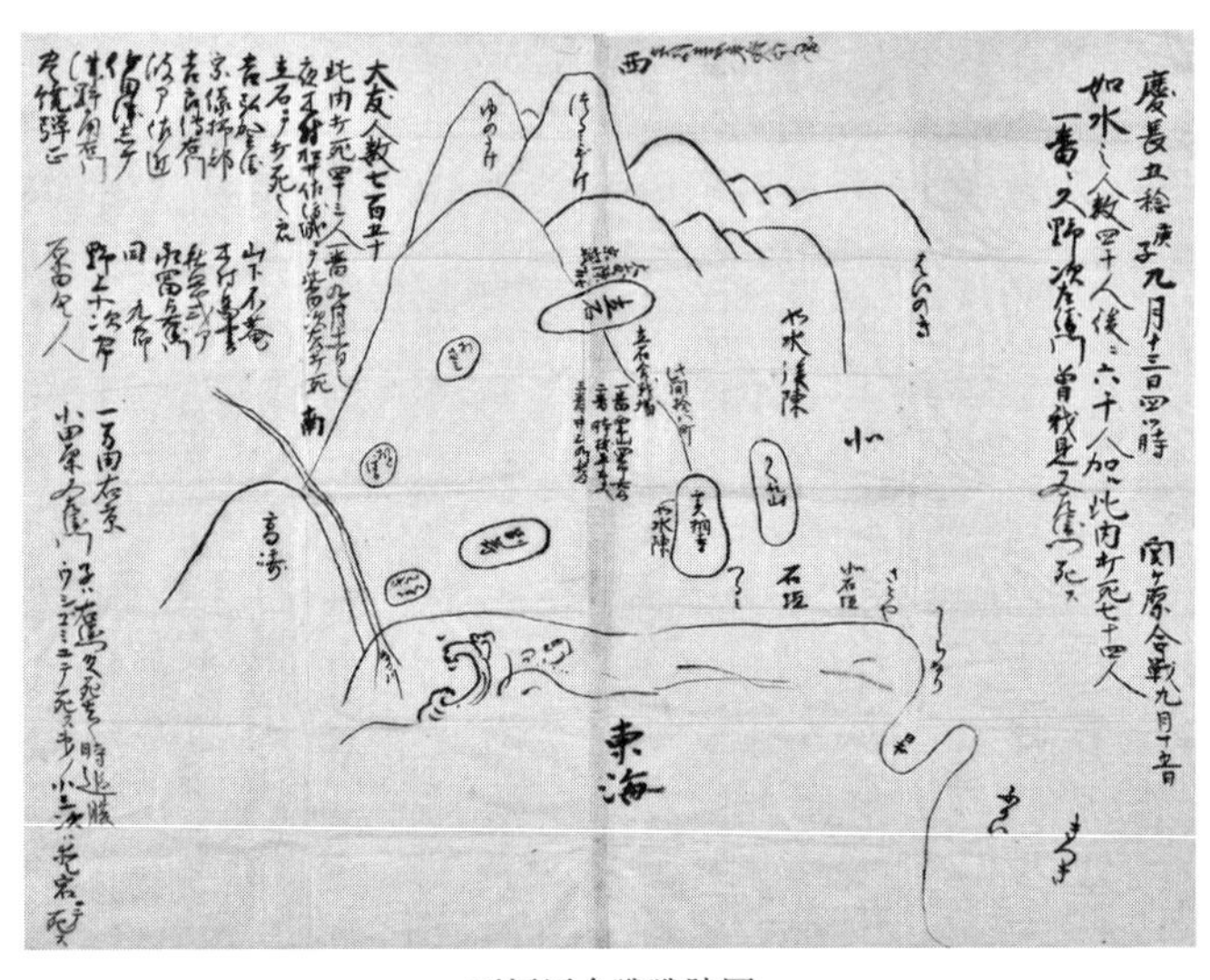

石垣原合戦戦陣図
（福岡市博物館蔵，画像提供：福岡市博物館／DNPartcom）

結局、黒田・細川勢の圧勝で、夕刻までには戦闘が収束する。

翌十四日には、孝高も石垣原（いしがきばる）に近い実相寺に到着する。大友吉統は孝高の陣に田原紹忍を遣わし、自身の命と引き替えに将兵の助命を願い、降参を申し出る。これをうけて、孝高は吉統の助命を許し、中津へ連行するように命じた。

進撃の再開にあたって、孝高は九月十六日付で家康に近い藤堂高虎（とうどうたかとら）（佐渡守）に充てて書状を発する。孝高は石垣原合戦の顛末を詳しく述べたのち、見送っていた熊谷直盛の安岐城、垣見一直の富来城を攻めること、さらに九州を平らげたのちには、加藤清正とともに関門海峡を越えて広島城（ひろしまじょう）を攻める心算を披瀝する。ここで注目すべきは、戦後における黒田家の処遇に関する要求であろう。

一、井兵少（井伊兵部少輔直政）仰せ談ぜられ、甲斐守（黒田長政）に備前中（備前中納言宇喜多秀家）跡を遣され候様に、御取り成し頼み申し候、

一、加主計（加藤主計頭清正）・拙者事は、今度切り取り候間、内府様（徳川家康）御取り成しを以て、秀頼様より拝領仕り候様に、井兵仰せ談じ、御肝煎頼み存じ候、数年御等閑無きは、此の節に候、

一、甲斐守には、兎角上方にて御知行遣され、拙者と別家、内府様へ御奉公申す様に、御才覚頼み申し候、

（『高山公実録』九所収史料）

孝高は、長政（甲斐守）に宇喜多秀家（備前中納言）の旧領を充行（あておこな）うべく、家康への取りなしを、藤堂高虎と井伊直政に依頼する。最後の箇条では、万一それが叶わなくても、長政に上方で別の領知を与えるように望んでいる。長政とは別の一家を立てたい意向が、孝高にはあったようである。長政の弟熊之助はすでに慶長二年に没していたが、孝高は実妹（一柳直末（ひとつやなぎなおすえ）の正室）の子を養子に迎えており、この養子「松寿」に自らの遺跡を継がせる心積もりだったのであろう。

いずれにせよ、孝高は自身と加藤清正（主計頭）には、かねて「御手に入るべき所は、なにほども御手に入れられ候へ」と許されていた占領地があり、これらの領地を改めて豊臣秀頼から正式に充行ってもらえるよう、家康への取りなしを求めている。藤堂高虎に対する数年間の好誼はこのときのためであった、と孝高は強調する。孝高は豊臣秀長（ひでなが）と昵懇（じっこん）であったが、高虎は長く秀長に仕えており、この両者も親しい関係にあったものと推察される。

豊後諸城を制圧

周知のように、西美濃における東西両軍の激突（いわゆる「関ヶ原」の本戦）は九月十五日のことである。この書状はその翌日に発せられており、孝高はまだその結果を知らず、豊後制圧を目指して国東半島の攻略を再開する。孝高は九月十七日に杵築城を訪れ、十八日から安岐城を攻め、翌十九日にはここを落とす。城番として手塚辰連（孫大夫）らをここに残して、母里友信（多兵衛尉）・実弟直之（惣右衛門尉・図書）、甥にあたる政成（吉兵衛尉）らを先陣として、自身も二十三日に富来城攻めに向かう。

さらに、孝高は栗山利安（四郎右衛門尉）に別働隊を指揮させて、日田郡日隈城（ひたぐんひのくまじょう）・玖珠郡角牟礼城（くすぐんつのむれじょう）に向かわせる。日隈城主森友重（民部大輔、のちの「高政」）自身は上方に出陣しており、城は重臣森則慶（兵庫）が守っていた。則慶は九月二十四日付の書状を佐賀鍋島家に発し、黒田勢の来襲が今日明日中に迫っているとして援軍を求めている（『黒田家文書』二二〇号)。佐賀の鍋島直茂は、救援に応じる旨の返書を二十六日付で認めているが(「坊所鍋島家文書」二七号・『佐賀県史料集成』第十一巻)、この書状は結局出されなかったようである。さて、攻め手を率いた栗山利安の「覚書」には、「毛利民部(森友重)衆ならびに大友家の古牢人或いは庄屋・百姓・町人以下に至るまで籠居候て、事むつかしく候へとも、是又拙者たばかり(謀)を以て、皆々降参仕り、日田・久須(玖珠)御手に入り候事」とある。「たばかり」とは謀の意であり、利安が力攻めではなく、経略によって開城させ、日田・玖珠両郡を制圧したことがわかる。

関ヶ原勝報届く

こうしたなか、孝高の許に「関ヶ原」本戦の具体的な詳報が届くのは、九月二十八日のこととなる。したがって、九州における「関ヶ原」合戦を考える上で、この日はきわめて大きな画期となる。富来城攻めの最中であったが、孝高は日向飫肥の伊東家重臣に充てて書状を発し、「奉行方」との「手切れ」を誘っている。伊東家が家康方へ転じる証として、「奉行方」の高鍋城主高橋元種(右近大夫)支配下の宮崎城を攻め落すよう促し、そこを堅守するように求めた(長野誠『福岡啓藩志』所収史料)。

論功行賞

また、この九月二十八日付で家臣への知行充行を行なっている(表5)。ここから明らかなように、給地となったのは豊後国の国東郡や玖珠郡などであり、いずれも本来の黒田領ではない。戦争による獲得地は「御手に入るべき所は、なにほども御手に入れられ

表5　豊後国内の知行充行・代官預け置き

年月日	充所（知行主・代官）	給地・知行高	備考	出典
（慶長五年）九月二十三日	青木三郎右衛門尉	国東郡垣樋知行之内、竹田津為代官預け置き		修史余録別集十
（慶長五年）九月二十三日	久田弥左衛門 庄林七兵衛 宮田与二兵衛	国東郡垣樋知行之内、草木村為代官預け置き		修史余録別集十
慶長五年九月二十八日	中村甚介	於玖珠郡之内、二〇〇石	今度、於安岐表、高名	修史余録別集十
慶長五年九月二十八日	船曳杢助	於国東郡、二〇〇石	今度、於安岐表、高名	黒田御用記
慶長五年九月二十八日	岡本五郎介	於国東郡之内、二〇〇石	今度、大坂之屋敷へ相籠候段、神妙至候	黒田御用記
慶長五年九月二十八日	岡本五郎介	於国東郡、二〇〇石	今度、於安岐表、高名	黒田御用記
慶長五年九月二十八日	原　吉蔵	於西目、二〇〇石	今度、於安岐表、高名	田隅タネ資料
慶長五年九月二十八日	波加新兵衛	国東郡内を以、三〇〇石	今度、於立石表、手柄神妙之至候	北川家文書・『岡山県古文書』第四輯
慶長五年十月一日	三宅次郎右衛門	国東郡櫛木村之内、三〇〇石		修史余録別集十

候へ」とする家康との内約を踏まえた論功行賞であり、孝高としても一つの区切りをつけたのであろう。なお、この九月二十九日付で、孝高は豊前下毛郡(しもげぐん)内三〇〇丁(町)を、久野四兵衛後家に対して永代に充行っている（『修史余録別集十』久野四兵衛所持分史料）。古参の重臣であった久野四兵衛重勝は、文禄(ぶんろく)二年（一五九三）に朝鮮で没していたが、このたびの石垣原で重勝の跡をついだ重義（次左衛門尉）が討ち死にしている。久野家は重義の弟重時（仁右衛門、右馬助、外記）が継ぐが、重勝後家に対する永代充行はこの供養料といったものであろう。

さらに、孝高は九月晦日付で、細川幽斎に書状を発し、忠興の「関ヶ原」での軍功をめで、豊後における松井康之・有吉立行らの働きぶりを称揚している（「松井家先祖由来附」所収史料）。

三　孝高による九州席巻

毛利輝元、大坂城を退去

慶長五年（一六〇〇）九月十五日、美濃国の関ヶ原で石田三成ら「奉行方」を破った家康は、敗敵を追撃しつつ西上し、九月二十日には近江大津に入る。これに先立って、大坂城の毛利輝元も敗報を得ている。また、吉川広家が毛利家の存続を期し、福原広俊(ふくはらひろとし)（式部少

白檀塗合子形兜（もりおか歴史文化館蔵）

輔）と語らって、独自に家康方と結んでいた旨も伝えられていた。ここに至って輝元は、家康への恭順を選択する。広家と親しかった長政は福島正則（左衛門大夫）との連署状（九月十七日付）を輝元に充てて発し、家康が毛利家を疎略には考えていないとして、両者の間を周旋する旨を申し入れる（『毛利家文書』一〇二二号）。同日付の返書で輝元は長政と正則の周旋を謝し、家康から領国安堵の起請文（誓紙）を得たことを告げている（『毛利家文書』一〇二三号）。

家康から領国安堵の誓約を取り付けた輝元は、大坂城からの退去を承諾する。九月二十五日に大坂城を退去して、城下木津（摂津国）にあった毛利屋敷に蟄居する。二十七日、家康は大坂城本丸で豊臣秀頼に拝謁し、その後、自身も西の丸に入った。輝元の下城と家康の大坂入城によって、大坂籠城戦の可能性が消滅し、戦乱が長期化する危惧は払拭された。

家康と連絡を取る

石垣原合戦の捷報を得た家康は、孝高に充てた九月二十八日付の返書で、大友吉統の身柄確保を諒とし、さらに豊前小倉領への侵攻と制圧を指示している。この間、孝高は、兵船の集めて周防灘一帯の海上を哨戒させている。九月二十七日の深更、黒田の兵船は大坂から国許に向かう島津家の船三艘に、豊後沖で攻撃を加えて討ち破り、乗っていた「女人・児童」の身柄を確保している(「島津義弘譜」・『鹿児島県史料 旧記雑録後編 三』一二二二号、『川角太閤記』など)。

孝高は、豊後富来城を下したのちの十月三日に小倉へ進発する。旧熊谷領の統治を担った安岐城の城番が、新たに支配下となった富来の旧垣見領の諸政も任されたようである。軍勢はその途次、いったん中津へ帰還し、ここで孝高は吉川広家に充てて自筆書状を発する。長年にわたる毛利一門との好誼を振り返りつつ、毛利家の存続は容易ではないが、福島正則(左衛門大夫)や長政を通じて自身も尽力すると約束している。

家康、毛利家の本領安堵を撤回

しかし、家康は大坂城に入ると、毛利家に対する態度を硬化させる。家康は、九月晦日付で長政・福島正則に充てた榊原康政(式部大輔)・本多忠勝(中務大輔)・井伊直政(兵部少輔)連署状のなかで、薩摩攻めのため秀忠が広島城に入ること、毛利家の重臣が人質を提出すること、輝元の正室を従前どおり「当地」(大坂)の毛利家上屋敷に留め置くこと、さらに輝元自身が島津攻めの先陣をつとめることなどを求め、これらが実行されたのちに輝元の嫡子秀就（藤七郎）との対面を行なう、と告げている（『毛利家文書』一〇二八号）。

これをうけて長政と正則は翌十月朔日に、吉川広家・福原広俊・渡辺長（石見守）・宍戸元続（備前守）を福島屋敷に呼び出し、徳川家の要求を毛利家中に告げた。毛利家は家康の豹変に驚愕するが、輝元が「奉行方」の主将であった事実はいかんとも成しがたく、吉川広家は家康への切なる取りなしを長政に依頼した。長政の取りなしが功を奏したものか、十月十日に至って家康は輝元（安芸中納言）・秀就（毛利藤七郎）に対し、防長二国の安堵と輝元父子の身上安堵を約束する（『吉川家文書』九一四号）。

豊前・筑後方面へ侵攻

一方、九州で独自の戦いを続ける孝高は、十月六日に豊前小倉城を臨む安達山に着陣し、森吉成（壱岐守）と開城交渉を始める。すでに、田川郡の香春岳城を預けていた宿老森信友（九左衛門尉）が孝高に降っており、吉成は開城を受け入れる。孝高は衣笠景延（久右衛門尉）を城番として残し、関門海峡の警衛を船手衆の高橋匡順（彦次郎）に任せ、久留米・柳川の制圧を期して軍勢を南下させる。

孝高は大坂へ向かう松井康之に、家康充ての十月八日付披露状を託している（十月八日付・井伊直政ら充て孝高書状・「松井家先祖由来附」所収史料）。ここで、孝高はこの間の九州の状況はすべて康之が承知しているので、虚々実々について直接に問い質すように述べている。

孝高は前日十月七日付の「覚」十一ヵ条を康之に与えており、これに基づいて九州諸大名の向背の実態を説明するよう求めた。ちなみに、十一ヵ条の内容を列記すると、次のようになる（十月七日付黒田如水覚・「松井家先祖由来附」所収史料、「史徴墨宝」第二輯）。

一、上方乱候刻、九州衆心持ちの事、
一、加主計・我等間の事、
一、手切働の事、
一、吉統取り上がり候節の事、
一、中川修理（中川秀成）、初中後、違の事、
一、府内留守居、前後相違無きの事、
一、民太留守居の事（森友重）、
一、竹伊豆の事（竹中隆重）、
一、柳川相働き、付城申し付け、鍋島人数入置、薩摩へ罷り出ずべき事、
一、熊谷・垣見城の事、
一、太田飛驒父子の事（太田一吉・一成）、

孝高の軍勢は筑前（ちくぜん）に入り、八丁峠を越えて秋月へ入った。この過程で孝高は、別に示すように旧小倉森（毛利）領を対象とした知行配当を進めている（表6）。秋月から甘木（あまぎ）を

表6　豊前国規矩（企救）・田川（田河）内の知行充行・代官預け置き

年月日	充所（知行主・代官）	給地・知行高	備考	出典
慶長五年一〇月十四日	原　弥左衛門	一、一六〇〇石余　あがの村 一、四五〇石　内田村 一、五〇〇石　秋永村	今度、於安岐表、高名仕、為褒美ならびに新座候者配当 内田村の四五〇石は奥山奥右衛門知行 秋永村の五〇〇石は中嶋弥九郎・杉山七左衛門知行	田隅タネ資料
慶長五年十月十六日	村田兵介	規矩郡横代村之内、五〇〇石 為代官預け置候	能相改所務仕、新座配当を可申付者也	黒田御用記
慶長五年十月十七日	白木貞右衛門	規矩郡朽網村之内、二〇〇石		白木信博氏所蔵文書
慶長五年十月十七日	田辺与作	田河郡野田村・赤村両所七五〇石		修史余録別集十
慶長五年十月二十六日	淡　権太郎	田河郡中元寺村にて二〇〇石		修史余録別集十

経て筑後に入った黒田勢は、高良山に拠る勢力を牽制しつつ、孝高は異母弟の直之を久留米城下に向かわせる。孝高自身は柳川の立花宗茂を攻めるため、さらに南下する。この途次、孝高は十月十八日付で上妻郡の坂東寺に充て、十月十九日付で下妻郡の水田村に充てて「禁制」を与えている（『筑後歴世古文書』・『修史余録別集十』大鳥居所持分史料）。

十月二十日には、柳川城の北に位置する三潴郡の江上・八院で、「奉行方」から家康方に寝返った鍋島勢が、立花勢と衝突する。この報せをうけた孝高は、鍋島方で主将をつとめた鍋島茂里へ書状を発している（「直茂公譜考補」十・『佐賀県近世史料』第一編第一巻）。ここで孝高は鍋島勢を率いた茂里の軍功を称え、それを注進するとも述べているが、合戦の褒誉はあくまで家康の「上意」によると伝えている。

その一方、同じ日に孝高は、宗茂の重臣立花（薦野）賢賀（実名は増時）の許にも古酒一樽を添えて使者を送り、健闘を労うとともに、単独で加藤清正陣所を訪れるように勧めている（「薦野文書」七九号・『新修福岡市史　資料編　中世一』）。もとより、すみやかに和議を進めるためであろう。二十二日に孝高は、三潴郡の酒見に着陣する。このころ、家康から身上を安堵された立花宗茂は、孝高と清正の勧告を容れ、二十五日に下城を決する。

島津追討に進発

孝高は十月二十五日付の書状で、家康に柳川開城を報じる。あわせて島津攻めのため、さらに軍勢を南下させるが、厳寒に向かうこともあって年内の薩摩入りは見合わせたい、と申し送っている（『黒田家文書』三四号）。すでに宇土城など肥後小西領の城々は加藤清正が落としており、九州における敵対勢力は島津家のみとなっていた。孝高らの軍勢は、降伏した立花宗茂を先鋒として島津領へ向かう。この軍勢には佐賀の鍋島直茂も加わっていた。南下を前にした加藤清正は熊本城の留守居（加藤喜左衛門尉清之・下川又左衛門尉元宣）に充てて、十月二十六日付の書状を発する（群馬県立歴史博物館寄託「中井広勝氏旧蔵下川文書」）。この文書は「急度申し遣わし候、今日帰陣せしむべきの処、爰元の仕置き少し隙入り候故、相延び候、明日・明後日は国に討ち入るべく候」という書き出しで始まるが、さらに続いて「如水、其元通られ候に付き、新城にて振る舞い候て、然るべく候間、其の意を得、天守の作事差し急ぎ、畳以下取り合わすべく候」との件に及ぶ。清正は、ともに薩摩へ向かう孝高（如水）を熊本の「新城」でもてなし、「天守」にも案内しようとしていることがわかる。孝高に対する清正の敬慕が伝わってくる内容である。

毛利家の減転封

ところで、『義演准后日記』の慶長五年十月十五日条に「諸大名知行分在之云々、福島左衛門大夫備後・安芸両国、輝元城ヒロ嶋城拝領之云々」とあるように、家康は慶長五年の十月後半ころから諸大名に対する新たな領知充行を開始する。西国の場合は、毛利家の処遇決定が大きな比重を有する。既述のように、結果的に毛利家は防長二国に減転封される。これをうけて福島正則に安芸と備後が与えられ、広島城に入る。

豊前から筑前に転封される

孝高の子、黒田長政は筑前一国を充行われることとなる。この間の事情について細川家の記録『綿考輯録』は、井伊直政との対談のなかで長政は「御恩賞国に於いては、一に伊予、二に筑前、三に豊前、望みに存じ候」と述べたという。結果として、伊予は子細があって応じられず、豊前については細川忠興が望んだため、長政には筑前が与えられることとなった。

十一月二日付の孝高充て書状で細川忠興は、長政（甲斐守）に筑前が与えられたことを言祝ぎ、ついで自身が従前の豊後細川領に加え、豊前一国を与えられたことを報じる。また、玄蕃頭興元（忠興の次弟）と松井康之の九州派遣を告げており、この両人が豊前・豊後における城々の請け取りを進める、とする（『黒田家文書』第一巻二二五号）。家康は、旧黒田領（豊前六郡）を含む豊前一国を細川家に与え、黒田家に対しては筑前への移封を命じたのである。

既述のように、孝高は藤堂高虎に対し、子の長政に備前・美作など宇喜多領の継承ないしは上方での領知給付、さらに自らが実力で勝ち取った地域は秀頼から正式に知行として充行われるように、家康への取りなしを依頼していた。

孝高はこれらの要求が家康に認められることを前提として、新たに征服した豊後国内や豊前小倉の森（毛利）領内での知行充行を行なってきた。したがって、孝高からみると家康の対応はまさしく「背信」に他ならない。城々の請け取りを命じられた細川興元（おきもと）や松井康之がこの書状を帯し、実際に豊前・豊後に下る時期は定かではないが、孝高が黒田家の筑前転封を知るのは、肥薩国境のあたりであったと推察される。

島津攻め中止

悪天候にも見舞われ行軍は順調ではなかったが、こうしたなか、井伊直政の使者や山口直友の使者が薩摩入りしている。これをうけて、島津家も家康の許へ弁明の使者を派遣することを決し、義弘はこれを孝高に伝えて「御心添」を依頼している。

島津攻めの計画は孝高の命によりいったん先送りになっていた。このころ柳川開城を知らせる孝高の書状がようやく家康の許に届けられ、年内の薩摩入りを見合わせたいという申し入れも認められる。また、島津義弘が恭順の意を示すことで、結果的に島津攻めもなくなる。

家康に筑後の領有権を奪われる

ところが、ほどなくして、柳川開城後に孝高らの講じた措置を知った家康が、その対応について難詰するという事態が起きる。十一月十三日付の井伊直政書状は、柳川城接収の孝高らの措置を「不審」と断じており、強い調子で説明を求めている（『黒田家文書』第一巻三三五号）。さらに数日ののち、家康自身が書状を発する。次に『福岡啓藩志』所収の写しを紹介しておく。

柳川の城ならびに筑後国諸城とも、其の城主好み次第に、両三人の内へ請け取る様

子申し越さるべく候、此方より人を遣し、請け取るべく候間、其の内の番など申し付けらるべく候、恐々謹言、

十一月十八日　　家康花押

黒田如水

加藤主計頭殿

鍋島加賀守殿

（長野誠『福岡啓藩志』所収史料）

家康は城々を請け取るため、人を遣わすと述べている。こうして、家康は筑後国内における孝高や清正の当知行的な領有権を凍結ないしは剥奪する。既述のように本来の領国である豊前六郡を含む豊前一国と豊後の速見・国東両郡は細川家に充行われ、今また筑後一国の領有も否定されたのである。孝高が長政と別に領知を有する可能性も、おそらく消滅するのであろう。

毛利家、黒田家の周旋を謝す

こうしたなか、防長二国に減転封を余儀なくされた毛利輝元が、黒田孝高・長政父子に対し、三ヵ条の起請文を認（したた）める。毛利家に残る起請文前書きの案は日付を欠いているものの、十一月中旬のものと推察される（『毛利家文書』一〇三二号）。

一、今度、身上案堵の儀、御肝煎り過分至極に候、以来存じ忘れまぐく候、

一、先年、如水別して申し談じ候と雖も、和讒の子細候て、近年は申し隔て候、向後の儀に於いては、虚説等これ有るに於いては、互いに糺明を遂げ、表裏別心無く申し談ずべき事、

一、宰相事、下関相抱え候条、豊前の物主とは申し談ぜず、貴所御等閑無く、御意を得べくの通り、堅く申し聞け、即ち宰相誓紙を以て申し入れ候事、

輝元はまず、このたびの身上安堵は孝高父子による周旋のお陰である、と謝意を述べる。ついで孝高との旧交を復し、今後虚説などがあれば互いに糺明し、行き違いのないようにしたいとする。最後に、このたびの減転封に伴って、毛利秀元（ひでもと）（宰相）の知行が下関に移ることをうけ、今後「豊前の物主」との間に相談事はせず、孝高父子とのみ親交を持続するとある。

輝元がようやく防長二国の領知を許された背景には、長政のみならず、孝高の策動があったことがうかがえる。また、最後の箇条にみえる「豊前の物主」とは細川忠興を指すが、輝元は細川家の頭越しに、筑前黒田家との親交を標榜しており興味深い。実際、最後に箇条にも言及があるとおり、秀元も同内容の起請文を孝高・長政父子にさし出している（『毛利家文書』一〇三三号）。秀元も輝元と同様に、孝高父子の徳川家への取りなしに対して謝意を述べ、ついで新たに下関（長府）を支配することになったことをうけ、

孝高父子との交際を何より大事にしたいとする。さらに、旧主の諒解を得ない転仕や「走り百姓」（逃散(ちょうさん)）の問題は、大名家間の争いに転じることが多かったので、こうした事案についても率直に話し合うことを誓約している。

退陣

十一月後半には島津側が恭順を示し、武力討伐が見送られることとなり、寄せ手は一定の守兵を残しつつ撤兵を開始する。孝高が十一月二十一日付で母里友信（多兵衛）・栗山利安（四郎右衛門）・林直利（太郎右衛門）に充てた書状には「我等明日より帰陣候」とあって、退陣の時日が判明する。ここで孝高は「六郡の所務の儀、其の侭百姓に抱え置かせ」と命じ、すでに旧領となった豊前六郡の年貢をそのまま在地に残すように指示している（「松井家先祖由来附」所収史料）。

左手をば如何にか措きしや

十二月朔日までに孝高は豊前中津に戻る。ほどなく長政と対面した孝高については、次のような挿話が知られている。「関ヶ原」ののち、中津に戻った長政は合戦の顛末を孝高に報告し、家康が自身の手を握って礼をいってくれたと伝えた。孝高は家康が握ったのは、右手か左手かを問うた。長政が右手であると答えると、孝高は左手は何をしていたのかと再び問うたという。なぜ左手で家康を刺さなかったのかということであろうか。この出典を『故郷(ふるさと)物語』に求める著作もある。一方、例えば国史叢書本の『故郷物語』には、長政の手柄話を聞いた孝高が「したたか腹を立て、扨々甲斐守、若き者といいながらも、余りに知恵もなきことなり」と嘆息した様子が描かれている。すなわち、似たような話題は確かに登場するが、片方の手は何をしていたのか、という話にはなっていないのである。

長政の「遺言覚」（『黒田家文書』第一巻二二七号）には、「関ヶ原」合戦ののち、「家康公某(それがし)が手を御取り、今度の御利運、偏に長政が忠義故なり」と述べたとあり、この辺りが挿話の淵源であろう。孝高が長政に「その際、左手をば、如何にか措きしや、と問う」という話は、福本日南(ふくもとにちなん)の『黒田如水』にみえ、金子堅太郎(かねこけんたろう)の『黒田如水伝』によって広く知られることとなる。確かに、孝高には「関ヶ原」合戦をめぐって家康に対して含むところがあったものの、かりに家康を刺殺できたとしても、その後、長政はただちに成敗されるであろう。当然、孝高も黒田家も無事では済むまい。家康が長政の手を取ったのは事実である可能性もあるが、孝高の詰問を史実とすることはできまい。

豊前国を細川家へ引き渡す

中津に戻った孝高・長政は、細川家側と領国および占領地の引き継ぎを進めることとなる。細川家では、忠興の次弟の長岡興元と松井康之が、黒田家側への要求事項を十三カ条の「覚」にまとめている（「松井家先祖由来附」所収史料）。ここには、城々の引き渡しや各城の諸道具の管理、黒田家中が召し遣っていた奉公人の処遇、物成帳(ものなりちょう)（年貢台帳）・小物成帳（いわゆる雑税帳）・家付夫帳などの帳簿類や浦々の船数や水夫の書き付けの引き継ぎ、山林竹木の伐採禁止、米穀などの領外移出禁止（米留）などが示されている。

ここで細川家は黒田家に対し、豊前の規矩・田川両郡の城および豊後の富来・安岐など占領地の城々を早急に引き渡し、その後、豊前六郡（本来の黒田領）の城々を引き渡すように申し出ている。孝高はこれに応じて早速十二月朔日付で、規矩郡の門司城を預けていた高橋匡順（彦次郎）に書状を発し、細川家側への城明け渡しと撤収を命じている。

年貢の持ち出しを禁ず

また、細川家では、長岡興元と松井康之が連署して、「年貢・諸物成を抱え置くべき事」「米留の事」「家に付き候道具一切出すべからざる事」「山林竹木切るまじき事」などからなる「掟」を中津町に下している（『松井文庫所蔵古文書調査報告書』三―二七三号）。いうまでもなく、さきの十三ヵ条の「覚」を踏まえたものである。さらに翌二日付で松井康之は、孝高に充てて次のような書状を発する。

尚々、先度一書を以て申し入れ候通り、然るべき様に仰せ付けられ候て下さるべき由、玄蕃頭も同前申す儀に候、以上、

昨今、参を以て御意を得べく候の処、御取り紛れと存じ、用捨仕り候、爰元米留并びに家道具□ざるの様に仰せ付けられ候て、下さるべく候、何様にも貴老様次第と、越中申し付けられ候間、御分別成され、御宿老衆へ仰せ付けられ候て下さるべく候、一昨日申し候如く、御帳舟付きの儀も急ぎ請け取り申したく候、玄蕃申すべく候へ

とも、同前候間、私まで申し入れ候、以上、

十二月二日　　　　松佐

如水様

（「松井家先祖由来附」・『八代市史　近世史料編八』）

文中にみえる「一昨日申し候如く」とは、さきの十三ヵ条の「覚」であろう。松井康之（佐渡守）は孝高にその実行を重ねて促し、諸事について玄蕃頭興元も同意であるとする。これをうけて孝高は、米・大豆・小豆・粟・蕎・稗および諸建具・畳、さらに竹木の領外移出を厳禁する制札を旧領の村々に下している（慶長五年極月六日付、「はちや」村充て孝高「定」・「松井家先祖由来附」所収）。

筑前入国の準備

この間、新封地となる筑前博多の神屋宗湛（豪商・茶人）から見舞いの品が届き、孝高は礼を述べるとともに、博多津内の綱紀粛正を命じる（十一月二十九日付、神屋宗湛充て書状・東京大学史料編纂所所蔵影写本「神屋文書」）。ここで、孝高は十二月七日・八日ころの筑前入国を述べているが、既述のような領国移譲に伴う取り紛れもあって、しばらく先延ばしとなり、孝高の豊前六郡への関与はさらに数日継続することとなった。

年貢未進分の調査

其の郡の儀、長岡越中殿（細川忠興）上使へ相渡し、蔵に納め候の米、百性分未進何程も相渡し、其の村々より、切符取り置くべく候、恐々謹言、

極月五日　　如水御書判

神崎刑部殿

原田右衛門殿

（福岡県立図書館所蔵・『修史余録別集十』神崎庄右衛門所持分史料）

充所である神崎刑部と原田右衛門は、中津城の「天守之番衆」としてその名がみえるが（二三九頁表2参照）、同時に豊前黒田領のいずれかの郡を預かっていたのであろう。孝高は彼らに、細川忠興（長岡越中守）の上使へ郡支配の引き渡しを命じ、先に指示したとおりに（十一月二十一日付の母里友信ら充て孝高書状）、年貢米は収納せずに在地に残し置くことになっており、それを踏まえて年貢未進分を精査するよう重ねて命じ、村々からその証左となる書類（切帋）を取って置くようにと指示している。

これをうけた慶長五年十二月十日付の「築城郡高物成目録」が確認される。これは吉田重成（又介）・時枝重起（平太夫）から栗山利安（四郎右衛門）・林直利（太郎右衛門）・母里友信（多兵衛）に充てられたものである（「長谷雄文書」・『増補訂正編年大友史料』二九）。吉田重成と時枝重起が担当する築城郡内の年貢収納・未進状況を書き上げたもので、右にみた十二月五日付の孝高書状（神崎刑部・原田右衛門充て）にみえる村ごとに作成させた「切帋」を郡単位で集計したものが、この「目録」であろう。

先納年貢返済の問題

領国の移譲は、円滑に進む側面もあれば、難航する側面もあった。先に触れた十三ヵ条の「覚」には、「先納の儀、如水様御談合申すべく候由に候事」という一ヵ条があり、黒田家による先納年貢の問題が顕然化している。先納年貢とは、文字どおり皆済期限より前に収納された年貢である。戦時下にあった黒田家では、兵粮確保のため在地からの年貢先納を促したが、豊前六郡が細川領となったことで、その返弁が問題となる。

占領地の兵粮・年貢の問題

さらに、黒田家に拠る占領地の引き渡しでも問題が生じている。孝高が十二月十日付で長岡興元と松井康之に充てた書状に、次のような内容のものがある（「松井家先祖由来附」所収史料）。

昨日、三四郎を以て申し入れ候如く、此の中安岐城番に置き申し候者、頭六人にて則ち彼の者共に熊谷・垣見知行の政申し付け候、其れに就き年内妻子引き越し候事成らず候、彼の地に於いて六人の者共に、兵粮触り当て、少々遣わし候処、其の方より遣わされ候衆、相留められ候由、若し異儀なき様に、御両所より仰せ遣わされ候て給うべく候、越中殿御拝領、承らざる以前に、兵粮触り当て遣わし候らいつる、只今の儀にあらず候、

熊谷領や垣見領支配のため、安岐城に蓄えていた黒田家の兵粮が、細川家側に差し押さえられたので、これを解除するよう依頼している。この申し入れを行なった使者「三

四郎」は、既述した孝高の近臣、岡田三四郎利良である。さらに、領国移譲に関わることではないが、孝高が新封地の筑前国内に充てた、次のような指示も確認される。

其の郡の儀、菅六介に代官として遣わし候間、年貢の儀由断無く納所仕るべく候、馬・人馬(人足カ)申し付け、日田郡の米・大豆、其の村々へ運び申すべき者なり、

極月五日　　如水御書判

下座郡庄屋

（福岡県立図書館所蔵・『修史余録別集十』川越九助所持分史料）

孝高は、下座郡(げざぐん)の代官に菅正利（六之助）を充てることを告げ、油断なく年貢収納を進めるように命じる。ついで、隣接する豊後国日田郡の米・大豆を下座郡内に移送するように指示している。前段はきわめて合理的な命令であるが、後段の指示は注目してよい。従前豊後国日田・玖珠郡を領知していた森友重（民部大輔、実名は「高政」とも）は、「関ヶ原」合戦に際して「奉行方」に与し、丹後攻めなどに加わっていた。重臣森則慶（兵庫）が国許の留守を預かってはいたが、栗山四郎右衛門尉利安率いる黒田勢に責め立てられて恭順する。孝高は自軍の制圧下にあった日田郡の年貢を奪取し、慌ただしく筑前領内に搬入させせようとしているのである。

第九　孝高の晩年と慰め

一　黒田家の筑前拝領

筑前入部、慌しい上洛

筑前一国（怡土郡の一部を除く）を与えられた黒田長政は、名島城（福岡市東区）を居城と定め、慶長五年（一六〇〇）十二月十一日に入城する。孝高も中津からこれに従ったようである。この直後に、孝高は次のような書状を近衛信尹から得ている。

猶々、指したる事無き故、細々書状に及ばず候へハ、又無音に成り候間、染筆候、

此のころは上国有るべきかと内々待ちかけ候の処、思いの外相延び候事、如何な仕合わせに候や、国かへ下さるるの執り紛れも尤もに候、宰府の天神よき仕合わせニあわれ候はんと珍重候、京・大坂いよいよ無為の体に候間、遠国迄も追日静謐たるべしと察し申す事に候、薩摩の事、何とそ申しあつかハれ、然るべき様ニ相済み候やうに御馳走有るべく候、近日若伝右衛門尉下国申し候由に候間、猶其の折節口上

（「太宰府天満宮文書」）

に申すべく候、かしく、

十二　十三日　三木

如水軒

信尹は国替えの取り紛れを労いつつ、筑前領内に天神（菅原道真）の故地太宰府を有することを言祝いでいる。さらに後半では、近衛家と縁の深い島津家の取りなしを依頼する。文書の末尾に登場する「若伝右衛門尉」は若槻家頼とみなされ、黒田家に仕えた馬医として知られる。それはともかくとして、ほどなく孝高は上洛するようである。その時期は慶長五年末か改年後早々であろう。すなわち正月十七日に前田玄以の屋敷で行なわれた連歌会に、孝高の出座が確認される。この前後には徳川家康との面談を果たしたものと推察されよう。その後も、長政の上洛を待って、孝高の上方滞在は継続している（『福岡県史　近世史料編　福岡藩初期』一一四五号）。

連歌や数寄（茶の湯）など自適な日常を送っていた孝高のもとへ、上洛してきた長政から書状が到来し、促されて伏見城で家康（内府・内大臣）の饗応をうけることとなる。五月十三日付の孝高充て長政書状に「浅左京殿（浅野幸長）も同前に召し出され候、此の状参着次第に早々御出ならるべく候」とあり、伏見登城は同日のことと推察される（『福岡啓藩志』所収

家臣への知行割

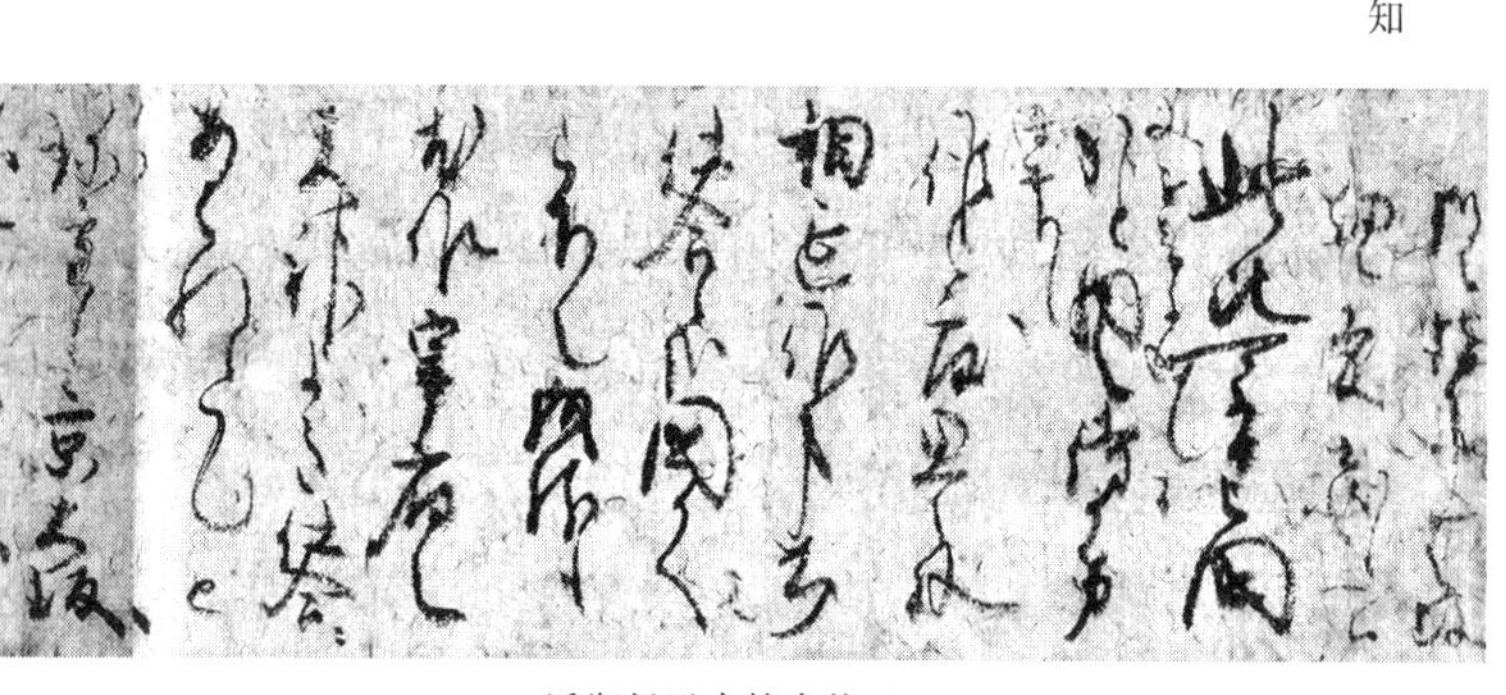

近衛信尹自筆書状（太宰府天満宮蔵）

史料）。

長政は上洛前、慶長六年三月中旬から四月初頭にかけ、段階的に知行充行状（あておこないじょう）を発している。おそらくこれに併行して、筑前の宗像郡（むなかたぐん）一円が孝高の隠居領に措定されたものと考えられる。

ここで、長く孝高に従ってきた老臣や実弟たちの筑前移封後についてみておこう。老臣のうち久野重勝（ひさのかつしげ）（四兵衛尉）はすでに朝鮮半島で没しており、井上之房（いのうえこれふさ）（九郎右衛門尉、周防、道柏と号す）・栗山利安（くりやまとしやす）（四郎右衛門尉、備後、卜庵と号す）・母里友信（もりとものぶ）（多兵衛尉、但馬）・後藤基次（ごとうもとつぐ）（又兵衛尉）・黒田一成（清兵衛尉、三左衛門尉、美作、睡鷗と号す）らが重立った面々となる。

井上之房は、筑前移封後に知行一万六〇〇〇石（一説に一万五〇〇〇石ないしは一万七〇〇〇石）を得て、遠賀郡（おんがぐん）（御牧郡（みまきぐん））の奉行（郡預かり）となり、郡内の黒崎城を預かった。のちに加増され、知行高は二万石に達した。寛永（かんえい）初年の

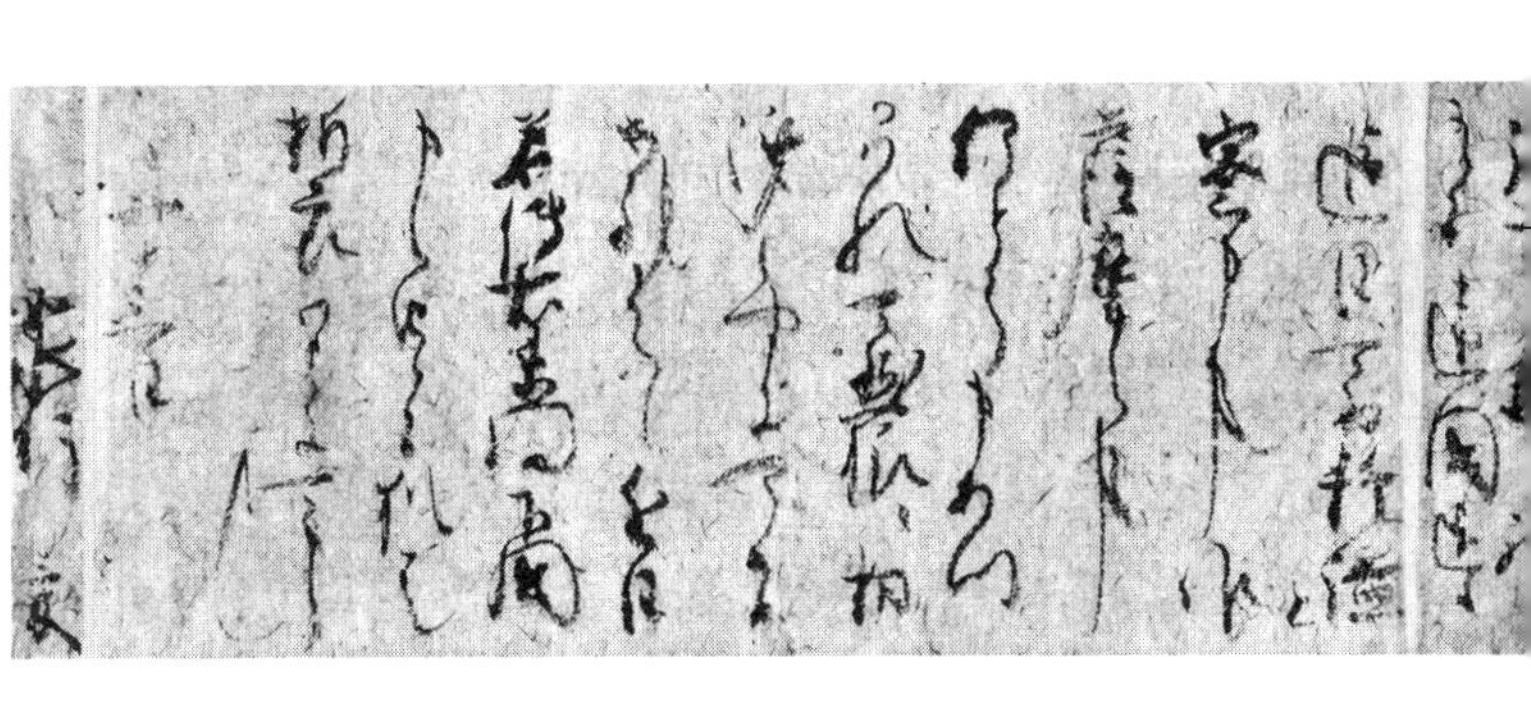

隠居に先立って、長男一利（右近）は亡くなっていたため、家督は嫡孫正友（主馬）が継ぐ。之房の次男庸名（淡路守）は、慶長十一年に秀忠に拝謁、近習に取り立てられ、将軍家旗本となった。正室には長政と先妻蜂須賀氏との間の女を迎えている。

栗山利安は一万五〇〇〇石を与えられて、上座郡の奉行となり、麻氏良城（上座郡）を預かる。元和九年（一六二三）に家督を嫡子利章（大膳）に譲る。利章は筆頭の老臣となるものの、長政の子の忠之に代替わりすると忠之と対立して、いわゆる「黒田騒動」といわれた御家騒動を起こし、南部家に預けられた。

母里友信は知行高は一万八〇〇〇石（一説に一万五〇〇〇石ないしは一万四〇〇〇石）を与えられて、鞍手郡を奉行として任され、郡内の鷹取城を預かった。慶長十一年に長政との不和から後藤基次が出奔すると、これに代わって益富（大隈）城に移っている。このころ長政の命によって、苗字も「毛利」と改めたという。元和元年に死去し、嫡子友生（左近）が遺領一万石を継ぐ。

後藤基次は知行一万六〇〇〇石（一説に一万五〇〇〇石ないしは一万四〇〇〇石）を与えられ、嘉麻郡の奉行を命じられ、郡内の益富（大隈）城を任される。孝高の没後、黒田家を出奔し、のちに大坂城の豊臣秀頼に招かれ、夏の陣で討ち死にする。

黒田一成は荒木村重に仕えた加藤重徳の次男で、孝高に養われて「黒田」の苗字を許された。筑前では下座郡で知行八〇〇〇石を与えられ、郡内の三奈木に拠点をおいた。のちに加増されて知行高は一万二〇〇〇石となる。外孫（久野重勝の子重時の室となった女の長男）を養嗣子に迎えて「一任」を名乗らせて家督を譲り、明暦二年（一六五六）に没する。

一門への知行割

孝高の次弟利高はすでに没していたが、利高の嫡子政成（小一郎、吉兵衛、伯耆）には一万四〇〇〇石の知行が与えられる（一万三〇〇〇石とも）。しかしながら、政成は病身を理由にほどなく致仕を決する。政成は義父にあたる井上之房と相談の上、四〇〇〇石を長子政一（兵庫）に、二〇〇〇石を次子政仲（吉右衛門）に譲り、残る八〇〇〇石を返上することとした。二代忠之の代となって、政一・政仲ともに不興を蒙り、政一は秋月黒田家に転仕したのち早良郡に没し、政仲は東蓮寺黒田家に仕えて微禄を得ることとなる。

三弟の利則（甚吉、市兵衛、修理亮、実名は「長基」とも）は一万二〇〇〇石（一万三〇〇〇石な

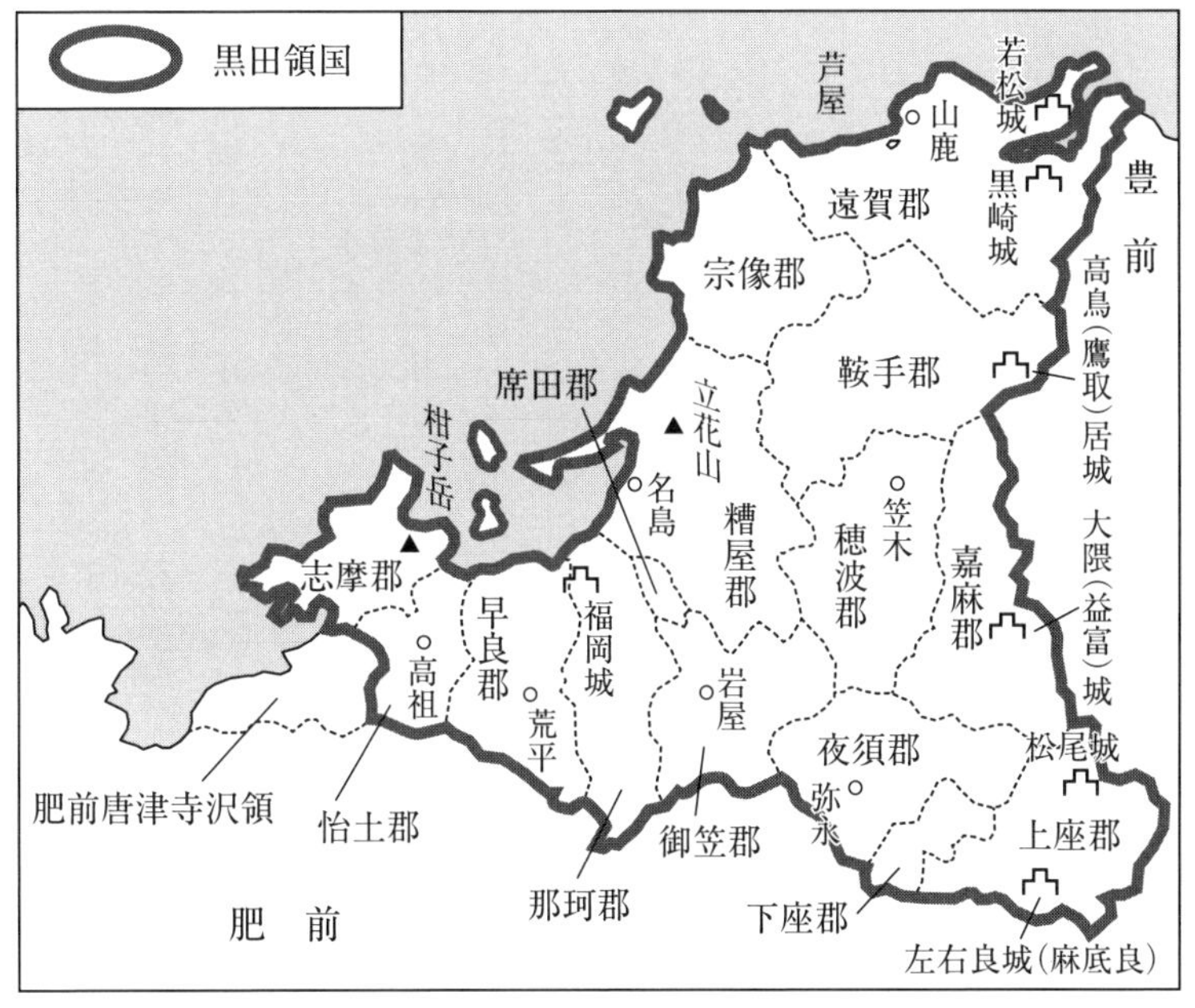
黒田領国
芦屋
若松城
山鹿
黒崎城
豊前
遠賀郡
宗像郡
高鳥(鷹取)居城
鞍手郡
席田郡
立花山
柑子岳
名島
糟屋郡
穂波郡
笠木
嘉麻郡
大隈(益富)城
志摩郡
早良郡
福岡城
高祖
荒平
岩屋
夜須郡
松尾城
弥永
上座郡
肥前唐津寺沢領
怡土郡
御笠郡
那珂郡
下座郡
左右良城(麻底良)
肥前

筑 前 国 要 図

いしは一万石とする史料もある）の知行を得る。まもなく隠居して「養心」と号し、多忙な孝高に代わって孝高隠居領の宗像郡支配にあたる。長子の正喜（修理）は父の遺跡一万石を引き継ぎ、次子正興（市兵衛）には別に三〇〇〇石（二〇〇〇石とも）が与えられた。慶長十七年に五十二歳で没する。翌十八年には長子正喜も亡くなり、家は断絶するが、のちに次子の正興が加増されて四〇〇〇石を領することとなる。正興は寛文三年（一六六三）に没し、家督は嫡子市十郎に継承された。利則が正室を間島氏から迎えたことによって、子孫には間島あるいは真島苗字を名乗る者がある。

末弟の直之（惣吉、惣右衛門、図書助）は「関ヶ原」合戦に際し、孝高に従って北部九州各地を転戦し、孝高に代って小早川秀包の久留米城を開城させた。直之は小早川家家老の桂広繁（民部大輔）の信任を得て、託された秀包の女を自らの養女とする（のち黒田家中の吉田壱岐重成に嫁す）。筑前移封後は夜須郡の秋月で一万二〇〇〇石（一万石とする史料もある）を領する。洗礼名を「ミゲル」といい、敬虔かつ熱心な信徒として知られ、多くのキリシタンを保護した。その結果、直之が支配する秋月一帯はキリシタンが盛んな地域となる。慶長十四年に四十六歳で没する。直之の没後には長子直基（長門）が七〇〇〇石、次子正直（惣右衛門）が一〇〇〇石を与えられる。その後、長子直基は刃傷沙汰を起こして殺害され、家は断絶する。次子正直もゆえあって黒田家を離れ、広島の福島正則に一万二〇〇〇石で抱えられる。福島家の改易によって一時牢人するが、帰参を許され黒田家に戻る。この家についても、直之正室の実家にちなんで、由良の苗字を用いる子孫がいる。

九州の諸大名を歴訪

さて、孝高が筑前へ戻るのは慶長六年六月のことである。筑前に戻った孝高は六月の末には豊前中津を訪れ、細川忠興や松井康之と対面する。孝高は中津町民の保護を依頼し、彦山座主のことなどについて相談をもった（六月晦日付・七月六日付松井康之充て書状・「松井家先祖由来附」）。七月に入ると、天満宮留守別当職の大鳥居信巌（「信岩」とも）を語らって、筑後柳川に田中吉政（兵部少輔）を訪ねている。

大筒、明日早々より柳川へ持せ遣わすべく候、即ち貴老も御出あるべく候、朝食兵部殿にて給べ候様に参るべく候間、右のたいなし三丁御持せ候て、柳川の町に御待ちあるべく候、恐々謹言、

七月十日　如水花押

信巌まいる

（『福岡啓藩志』所収史料）

「大筒」の移送を信巌に求めていることから、単なる訪問とは考えられない。既述したように、孝高は「関ヶ原」合戦に際し、筑後仕置きについての弁明を求められていた。

柳川訪問はこのことと関連する可能性もある。ここに言及される「大筒」も、あるいは柳川城から奪取されたものかもしれない。柳川を訪れたのち、孝高は足を伸ばし、肥前佐賀に向かう。孝高は鍋島直茂（加賀守）・勝茂（信濃守）父子をはじめとして、鍋島家中に知己を多くもっている。さらに同じ七月の後半には、唐津行きのため、重臣黒田一成（三左衛門尉）に馬を借りようとしている。肥前唐津に寺沢広高（志摩守）を訪ねるのであろう。詳細は定かではないが、一連の諸大名歴訪は家康との協議を前提とした「関ヶ原」合戦の善後処理と考えてよかろう。

二　領国支配への関わり

筑前の領国支配

慶長六年（一六〇一）六月に筑前に戻って以降、長政が領国を留守にしているということもあり、孝高は新領国支配のさまざまな局面に関わっている。領知が豊前六郡から筑前一国十五郡（怡土郡の一部を除く）に拡大することで、黒田家も家臣団の増強がはかられた。

慶長六年の七月十七日付の黒田一成充ての孝高書状から、「新参衆の書立」を一見した孝高が、米・大豆の貸与を命じたことがわかる。知行高一〇〇石に付き三石の貸与で、都合七七一石とあることから、新規召し抱え者の知行高合計は二万五七〇〇石にのぼる。

「新参衆の書立」とは、新規召し抱えの面々をまとめたものであろう。播磨以来の「大譜代」、豊前中津時代に臣従した「古譜代」に対して、筑前入部後に臣従した彼らは「新参」とよばれることとなる。

新たな居城となる福岡築城については、かなり急いで普請・作事を進めようとしている。この間、長政が領国を不在にすることも多く、代わって孝高が指示を下すこともあった。天守台の石垣を築く前段階としての、地形の見立ては八月一日には終了し、八月十二日からは「天守の石垣」構築が開始される。家臣団編成や福岡築城などのほか、孝高は領国の在地支配にも関わっていた。例えば、八月六日付で穂波郡八木山村の住民に夫役免除と年貢軽減を認めているが、これは福岡・博多と嘉麻・穂波地方をつなぐ八木山道（峠）の整備に関わるものと推察される（飯塚市・石坂家所蔵文書）。

また、志摩郡吉田村の年貢未進分を取り立てるため、山崎庄右衛門と高崎彦左衛門が現地に派遣されていたが、この勤めが果たされていないとみた孝高は、八月二十五日付の文書で叱責を加えている。この文書の袖書きで、年貢が皆済できない庄屋がいれば捕らえて成敗すべし、と厳しい姿勢をみせている。また同じ袖書きで、九月朔日・二日のうちに「博多へ帰宅」と述べているように、この当時、孝高は博多に拠点をもっていた（福岡県立図書館所蔵・『修史余録別集十』志摩郡板持村庄屋六左衛門所持分史料）。筑前入国後の孝高については、太宰府での隠棲が知られているが、これとは別に博多にも拠点を有していた。福岡築城を指揮し、領国支配にも関わる立場を考えると、これはきわめて自然なことと判断される。二日後となる二十七日付の文書では、志摩(しま)・怡土両郡で収納済みの蔵米を「払う」ように命じている。これは売却などの措置をいうのであろう。これを済ませたのち、山崎庄右衛門と高崎彦左衛門に、両郡の庄屋を博多へ召し連れるように指示する。年貢滞納の責めを負わされ、処罰されるのであろうか。

これらの指示対象が、自らの隠居領宗像郡ではなく、穂波郡や志摩・怡土郡となっていることから、孝高が領国支配全般にも関わっていたと判断される。長政の在京・在伏見が継続していることが前提ではあろうが、注目される事実である。

孝高付の家臣たち

この年の孝高は九月前半の上洛を目論んでいたが、九月中旬に至っても、なお孝高の上洛は果たされていない。長政が筑前に戻るのは九月下旬から十月初頭にかけてのころであり、長政の帰国が当初の予定より遅れたことで、結果的に孝高の上洛は先送りとなった。孝高は十月四日から十日ころにかけて、段階的に宗像郡内の知行地を家臣に充(あて)行(おこな)い、併行して代官地の設定を進める。宗像郡を孝高領とすることは既定であったが、家臣への知行充行については、長政との相談が求められたのであろう。

『福岡啓藩志』には、しばしば言及した岡田三四郎利良を筆頭とする孝高付の家臣と

表7　黒田孝高付家臣一覧

家臣名	知行高	備考
岡田三四郎	二〇〇〇石	
樋口兵右衛門	四〇〇〇石	
片岡忠右衛門	四〇〇〇石	詳細については表8参照
篠田八兵衛	三六〇〇石余	
宗我部金六	三五〇〇石	
都築十兵衛	三四〇〇石余	詳細については表8参照
梅津長七	二三〇〇石	慶長八年三月充行
岡田勝三郎	二〇〇〇石	
田吹與三左衛門	二〇〇〇石	
久野與次	二〇〇〇石	
馬杉喜右衛門	二〇〇〇石	詳細については表8参照
黒田市右衛門	二〇〇〇石	慶長六年十一月充行
梶原新八	二〇〇〇石	慶長八年三月充行
田代彦助	一〇〇〇石	
木屋左近太夫	一〇〇〇石	
木屋弥太郎	一〇〇〇石	
貝原市兵衛	一〇〇〇石	
船橋十太夫	一〇〇〇石	
船橋五郎作	一〇〇〇石	
横寺宗有	一〇〇〇石	詳細については表8参照
阿波平六	一〇〇〇石	慶長七年十月充行

（出典）　長野誠「福岡啓藩志」巻五をもとに作成。
（注）　備考に注記のないものは慶長六年十月の充行。
一次史料で確認される松本吉右衛門は記載がない。

して、十八名があげられている。表7はこれを一覧にして整理したものである。さらに、その一部については、孝高発給の知行充行状あるいは代官として預け状が一次史料として確認されるので、さらに詳細を表8としてまとめている。ここから明らかなように、多くの場合、宗像郡内の村を一円的な対象として、知行高に応じた部分を知行地として家臣に充行い、その残余部分が孝高の直轄地となって、当該の家臣を代官に任じて預けるというかたちを取る。また自分知行とは別に、鉄砲を扱う陪臣を抱える知行高が設定される場合もある。また、孝高が博多にも拠点

表8　筑前国宗像郡内の知行充行・代官預け置き

年月日	充所（知行主・代官）	給地・知行高	備考	出典
慶長六年十月四日	馬杉喜右衛門	田久村　六一五石三二五三 土穴村　五五五石三七八六 三郎丸村四四一石一〇五二 右三ヵ村代官として預け置き		修史余録別集十
慶長六年十月六日	馬杉木右衛門	養心代官所の内を以て二〇〇石知行として充行	「喜右衛門」と同一人物	『今井書店古書目録』九号
慶長六年十月六日	片岡忠右衛門	池田村　九五四石六九二一 吉田村　一八七石二一四三 都合一一四一石五二三五一 池田村の内九〇〇石知行として充行 残二四一石五二三五一代官として預け置き		修史余録別集十
慶長六年十月六日	松本吉右衛門	鐘崎浦　一六石六七二五 江口村　九八石五〇一 牟田尻村　四九二石二二〇二 都合六七三石三九三九 牟田尻村の内四〇〇石知行として充行		福岡市博物館所蔵「松本家文書」

		残二〇七石三九三九代官として預け置き		
慶長六年十月九日	都築十兵衛	石丸村　三四四石四五七知行として遣わし	此の内にて鉄砲二丁相抱え、松寿に奉公	『宗像市史』通史編二・七二二頁
慶長六年十月十日	篠田八兵衛	名残村の内　三六〇石知行として遣わし　一一一石七七八三代官として預け置き		「黒田御用記」・『福岡県史　近世史料編福岡藩初期』五九一号
慶長六年十月十日	馬杉木右衛門	奴山村の内十原村　二〇〇石知行として遣わし候	松寿に油断なく奉公仕るべく候	『今井書店古書目録』九号
慶長六年十月十日	横寺宗有	藤原村の内　一〇〇石充行		「小寺家文書」・『福岡県史　近世史料編福岡藩初期』五三一号

を置いたことから、博多の南房州堀に近い鷹匠町にも孝高近臣の屋敷が置かれていたという。

博多や太宰府にも拠点をもち、またしばしば上洛する孝高は、宗像郡の支配を実弟の修理亮利則に委(ゆだ)ねている。孝高の三弟利則は、このころには家督を譲り「養心」と号していた。さらに注目すべきは、馬杉一正(ますぎかずまさ)や都築十兵衛尉のように、「松寿」への奉公を特記される場合もあった。しばしば述べてきたように、この「松寿」とは一柳直末(ひとつやなぎなおすえ)

連歌に執心する

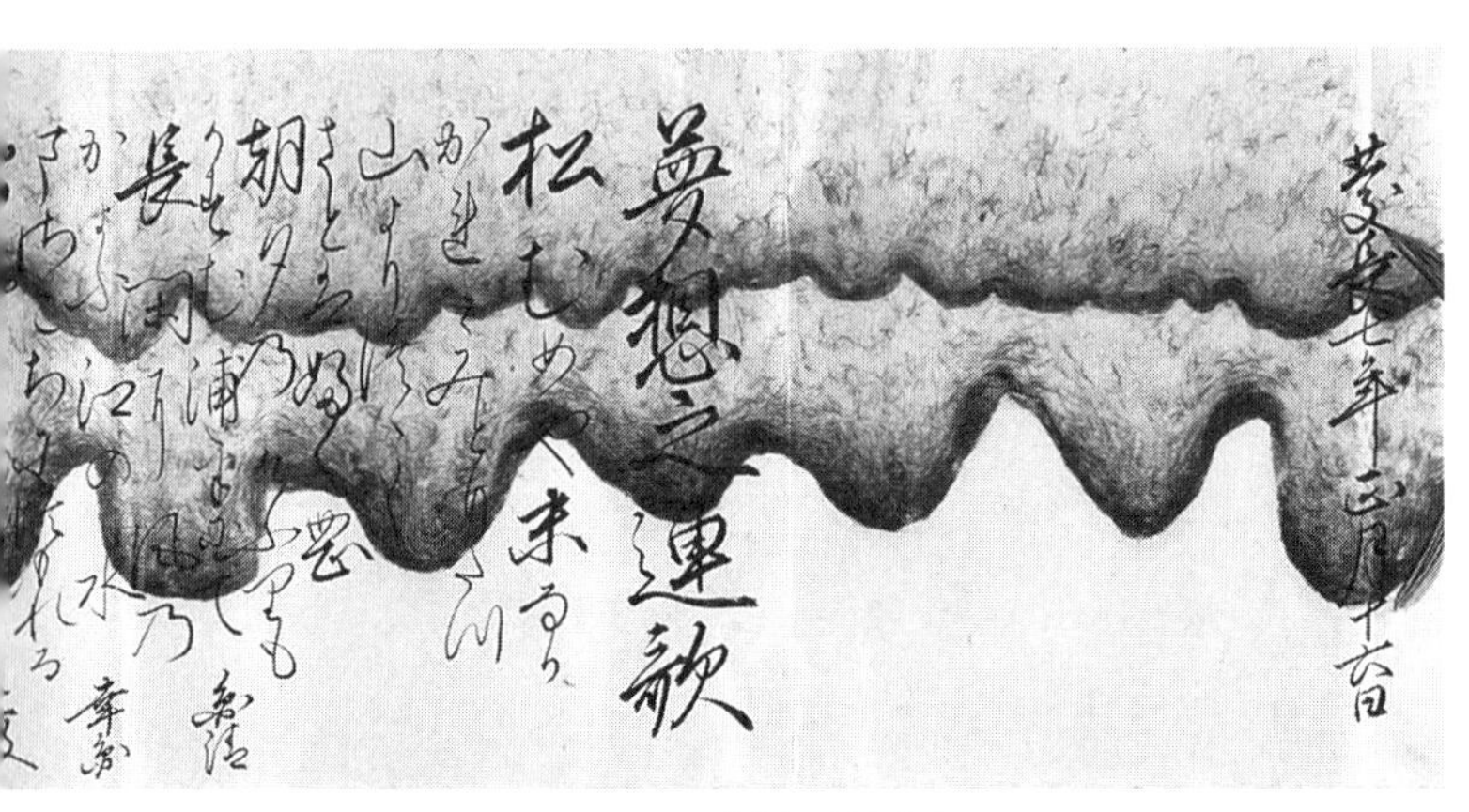

「夢想之連歌」
（福岡市博物館蔵，画像提供：福岡市博物館／DNPartcom）

（市助・伊豆守）と孝高妹の間の子であり、孝高が養子に迎えていた。都築についての詳細は明らかではないが、馬杉一正はもとは一柳家の家臣であり、松寿に付けられて孝高に仕えたという経緯をもつ。

孝高は自らの基盤となる宗像郡の支配を進めるかたわら、歌道に対する執心も衰えていない。閏十一月朔日付で孝高は、肥後(ひご)の連歌師として知られる桜井素丹(さくらいそたん)（加越式部少輔入道）に書状を送っている。ここには「其れ以来は久しく申し承らず候、内々申し候如く、宰府に会所取り扱い申し候、拙者来春上洛相成らず候はば、京衆一両人呼び下し申すべく候条、其切御立ち出で成らるべく候や、加主へも内々申し入れ候」とある（史料纂集本『五条家文書』三〇三号）。この文書が筑後五条家に伝世した理由は定かではないが、当時、桜井素丹は加藤清正に仕えて、肥後歌壇を主導していた。孝高は素丹に対し、太宰府に「会所」を設ける旨を告げている。これはいわゆる「連歌屋」をいう。孝高は来春の上洛が叶わなければ、京から人を呼び寄せて連歌興行を催したいと述べており、ここには加藤清正（主計頭）を招く所存であると述べる。「連歌屋」の建設などにあたるのか、孝高は年末に太宰府などを訪れ、筑前で越年している。年が明けて慶長七年正月十六日には、著名な「夢想之連歌」が太宰府で催行された。孝高が主宰したこの会には、正室櫛橋氏や長政以下の一門・眷属が集った。

三　慌ただしい晩年

徳川秀忠に求められ上洛

こうしたなか、慶長七年（一六〇二）二月、孝高は徳川秀忠から「今度、内府（家康）上洛の事に候、定めて御上り候て対顔たるべきと察せしめ候、指したる事もこれ無く候へ共、啓達し候」との書状をうけ（『黒田家文書』第一巻一五一号）、上洛を決することとなる。

秀忠の言葉通り正月十九日に江戸を発った家康は二月十四日に伏見に入る。その後、いったん大坂へ下り、三月十五日には再び伏見城に入る。孝高の具体的な上洛の時期は定かではないが、三月九日に催行された「玄仍古今相伝開一会」に、「圓清」（孝高は如水軒圓清と号す）の名がみえており、この時日が正確なら、この段階での孝高の在京が確認される。さらに、近衛信尹の『三藐院記』慶長七年三月二十一日条に「如水」の名がみえており、この段階での在洛が確実となる。おそらく三月の中旬には上洛し、しばらくは静養していたようである。

ついで『三藐院記』や『鹿苑日録』などによって、滞京中における孝高の行動をみていこう。『鹿苑日録』の四月十九日条に「曇花院殿へ如水軒伺候」とある。また、二十六日には大徳寺で催行された里村紹巴を追善する連歌会に参加している。ついで、『三藐院記』の五月三日条には「細雨　如水　及晩」とあり、近衛信尹が孝高の屋敷を訪れたのであろう。二十三日にも紹巴旧宅での連歌会に出座し、六月の八日・二十日にも連歌を行なっている。さらに、『三藐院記』七月十日条には「如水来」とあり、この日は孝高が近衛邸に赴いている。また、『鹿苑日録』七月十一日条には「此間ニ遣新九郎、如水落処ヲ問、下立売大文字屋ノ宗意方ニ有会ト云々」とある。孝高は近衛邸を訪ねた翌日、大文字屋宗意の会に出座している。

太宰府天満宮への寄進状を求める

また、孝高は家康から、太宰府天満宮への寄進状を得ようと算段している。七月二十日付の大鳥居信巌充て書状には「天満宮への寄進状、内府御朱印取り候て遣わすべく候、末代の為に候間、案と候旨調え、上げ進さるべく候」とある（太宰府天満宮「宝物殿文書」巻別二所収文書）。孝高は大鳥居信巌（信岩）に対し、その案を上方に上すように求めている。筑後下妻郡の水田に本拠をおいていた大鳥居信巌は、「関ヶ原」合戦に際し、立花宗茂の許で家康に抗ったという経緯をもつ。こうした立場にあった信巌の身上を回復しようとの意思もあったのであろう。孝高は、長政の内諾も取り付けていたが、家康との交渉がどのようになったのか定かではない。管見の限り、家康の朱印状は確認されておらず、孝高の求めは容れられなかった可能性も高い。

京での交友関係

さらに、『鹿苑日録』の八月二十二日条には「豊光ハ於如水軒、有和漢、大仏迄同伴ト云々」とみえる。「豊光」とは相国寺豊光院の西笑承兌である。このとき、孝高は西笑承兌の来訪をうけ、和漢聯句に興じていたようである。八月二十六日催行の連歌にも圓清の名がみえる。『三藐院記』の九月二日条は「晴、如水・昌叱・昌琢・養安院・松雪」とあり、おそらく近衛信尹はここにみえる面々と連歌に興じたものと推察される。『鹿苑日録』九月十二日条には「未明ニ赴伏見、先至如水軒、早今晨被赴会ト云々、跡ヨリ赴村神周防殿、会了之節也、則逢如水、通一語」とある。「村神周防」は越後村上の村上頼勝であろうか。孝高はこの日の早朝から、村上の屋敷を訪れていたようである。

また、この慶長七年と考えられる八月二十四日付の相良頼房充ての山岡道阿弥の書状（『相良家文書』八六三号）にも、孝高（如水）の名がみえる。山岡道阿弥はもともと園城寺の僧であったが、還俗して実名を「景友」と名乗り、足利義昭ついで織田信長に仕えた。小牧合戦では羽柴秀吉と対戦するが、その後に再び剃髪し、秀吉の御伽衆となる。一方、充所の相良頼房（実名はのちに「長毎」）は、「関ヶ原」合戦では石田三成ら「奉行方」に与して岐阜城を守ったが、のちに秋月種長らと共謀して家康方に転じたという経緯をもつ。孝高は頼房の身上回復につとめ、領国を接する加藤清正との間を取り持っている。

筑前宗像郡支配

家康が伏見を離れて江戸に戻るのは、十月二日のこととなる。家康が伏見城に滞在する間は、孝高も滞京を継続し、十月に入って筑前に下ったと考えられる。筑前に戻った孝高は、自らの隠居領たる宗像郡の支配に関わる。十一月二十八日付の馬杉一正（喜右衛門尉）充て書状で、前年の宗像郡内の田久村・三郎丸村の年貢未進分についての対応を命じ、ついで当年の年貢収納についての指示を下す。十二月五日を年貢皆済の日限とし、対応の悪い代官は解任を求めている。充所の馬杉一正は、宗像郡内の田久・土穴・三郎丸三ヵ村の代官を命じられており、同様の指示は宗像郡一円の孝高直轄地を対象に発せられたと考えてよかろう。十二月に入ると、各代官に充てて皆済状を発給している。

再び上洛

十二月十八日付で太宰府天満宮に対し、楼門と三橋の造営に供するため、銀七〇〇目と米九〇石余を寄進している（「太宰府天満宮文書」）。

年の瀬が迫るなか、孝高は国許を発して上洛する。晩年に入ってなお、慌ただしい生活が続いていたことがわかる。あとでみる田中吉政の書状から故秀吉の正室北政所を見舞ったことがわかるが、家康も十一月二十六日に江戸を発して十二月二十五日に伏見城に入っており、家康との面談が重要な目的であったと推定される。具体的な上洛の期日については、孝高が滝川忠征（豊前守）に充てた書状から明確となる。

甲斐守子息誕生仕つるに付いて、遠路御使者過分の至りに候、早昨日罷かり上り候間、其地にて仰せ談ぜらるべく候、拙者事淡気に成られ候て罷り上り候間、其元に於いて申し承るべく候、恐惶謹言、

如水軒

十二月廿五日　圓清（花押）

瀧豊前様

御返報

（名古屋大学文学部所蔵「滝川文書」）

慶長七年十一月九日に福岡城内で、長政と後室（保科正直の女、家康養女）の間に嫡子万

徳（のちの「忠之」）が誕生しており、文書の書き出しはこれをうけたものとなっている。ここから孝高は十二月二十四日（二十五日付書状における「昨日」）に京に向けて出立したことがわかる。

大鳥居信巌の太宰府移転

日程を勘案すると、京着後間もなくか、その途次で越年した可能性が高い。上洛して北政所への拝謁を果たした孝高は、早くも二月二日には国許に戻っている。孝高は福岡に戻ってすぐ、筑後柳川の田中吉政に一連の経緯を報じたようであり、二月四日付の返書を得ている。

尚以て、御心を入れられ忝く存じ候、其もと御暇の刻参を以て申し入るべく候、

貴札忝く拝見せしめ候、此中は政所様御見舞の為、御上京なられ一昨日御下向の由、存ぜず候て書状を以ても申し入れず、所存の外に候、随って大鳥居の儀、内府様へ御礼相済み申し候条、成し下さるべき由、尤もに候、在所の儀も如在申すまじく候、次に甲斐守殿御舟下り申し候に付いて、道具をも遣わすべき由、是又御心を入れられ、忝く存じ候、幸いの儀に御座候間、かり申したく候、いか様参上を遂げ申し入るべく候、恐惶謹言、

田中兵部大輔

二月四日　　　　吉政　花押

如水様貴報

（「西高辻信巌所蔵文書」・長野誠『福岡啓藩志』所収）

吉政との好誼が継続していることが感得される内容となっている。また、孝高は大鳥居信巌を家康に拝謁させたようである。ここで家康に抗したことを弁明し、その身上を回復したのであろう。さらに、「在所の儀」とあることから、長く筑後水田を生活の根拠としてきた大鳥居氏の本拠を、筑前太宰府に移すべく、家康に要請したものであろう。当時、下妻郡水田村は、筑後一国を支配する田中吉政の領知となっていた。これについての許諾を得るため、帰国早々に一連の経緯を吉政に報告したものと推察される。吉政の了承をうけた孝高は、「在所の儀」について談合を行なうためか、太宰府に赴く。

福岡城内の高屋敷に移る

孝高は太宰府から佐賀鍋島家の重臣、鍋島生三に充てて書状を発する。福岡城普請に佐賀鍋島家から助勢があり、その礼を述べるためであった。鍋島家は本丸（本城）より少し高い地点の削平を手伝ったようである（二月十五日付鍋島生三充て如水軒圓清書状「坊所鍋島家文書」九八八号・『佐賀県史料集成』第十三巻）。ここには孝高の屋敷、すなわち「高屋敷」（「鷹屋敷」とも）が設けられることになる。この「高屋敷」は、出丸のような景観となり、普請・作事の進み具合を見通すには絶好の場所になった。「高屋敷」が落成すると、孝高は太宰府の屋敷を大鳥居信巌に譲り、福岡城内に移ったとされる。残念ながら、その具体的な時日は明確ではなく、孝高の博多屋敷との関連も判然としない。

小寺有庵に堪忍分を充行う

その後、孝高は三月の後半に体調を壊し、しばらく在国を続けることになる。この間に家康が将軍宣下をうけ、その参内拝賀に供奉した長政は従四位下に叙せられ、任国である「筑前守」の官途を許されている。五月二十三日、孝高は小寺有庵に対して、三笠郡紫村のうちで「御堪忍分」六四石余を充行っている（『福岡県史　近世史料編　福岡藩初期』五三二号）。「有庵」とは、孝高の旧主小寺政職（播磨御着城主）の子氏職の号である。小寺有庵も連歌に造詣が深い人物として知られており、孝高は有庵に太宰府居住を求めた。こうしたことが太宰府に近接する地での堪忍分充行となったようである。給地は宗像郡内ではないが、旧縁を踏まえて孝高名での充行となったのであろう。

四　数寄と茶人との交わり

孝高の茶事

ここで晩年を迎えた孝高の慰めとなったことなどについて、すこし遡ってみていくこととしたい。播磨の国衆という出自をもつ孝高について、幼少期の文化的な環境を一次史料で語ることはほとんど不可能である。とはいえ、黒田家（姫路小寺家）の家督を継ぎ、直接・間接に信長・秀吉やその周辺との付き合いが拡がり、深まることで文化的な環境も大きく変化していったことは確実である。孝高自身の嗜好もあろうが、「時代」が求めた素養を、周囲に倣って身につけていったという側面も否定できない。

政治的・文化的に強く求められたのは、「政道茶」という表現に象徴されるように、数寄（茶の湯・茶道）の素養であろう。孝高の存在が数寄（茶の湯）の場で最初に確認されるのは、天正十三年（一五八五）正月十六日のこととなる。堺の茶人津田宗及の茶会記（『宗及茶湯日記・自会記』）によると、この日の茶事に「黒田観兵衛」が蜂須賀家政・大文字屋栄清とともに参会している。「黒田観兵衛」は孝高のこととみて大過なかろう。孝高と相伴した蜂須賀家政は盟友正勝の長男、大文字屋栄清は京都の商人で、父親の栄甫も著名な茶人であった。

天正十三年正月といえば、蜂須賀正勝とともに進めてきた対毛利交渉がようやく決着し、紀州攻め・四国攻めの準備にかかっているころである。もとより、数寄への関心がここに始まるわけではないが、留意すべきは孝高のキリスト教入信もこのころとみなされる点であろう。孝高の受洗には高山右近や蒲生氏郷らが関わったとされる。彼らは千宗易（利休居士）の高弟として知られ、それぞれが茶人としても一家をなしていた。人的なつながりでいうと、茶事への関心とキリスト教への関心が重なり、補い合いながら深まっていったと考えざるを得ない。

茶人たちとの交遊

津田宗及との関わりはその後も確認される。天正十六年の毛利輝元（もうりてるもと）初上洛に際し、孝高は毛利一門の接待を任されたが、輝元らの外出や挨拶回りには孝高とともに、宗及や曲直瀬道三（まなせどうさん）らが案内をつとめている。道三は当代一流の名医として知られるが、奈良や堺の茶人とも親しく、「富士茄子（ふじなす）」の茶入れや名香「蘭奢待（らんじゃたい）」を所持していたといわれ、数寄者としても当代一流であった。宗及の長子宗凡（そうぼん）とも親しかったようで、天正十八年九月二十三日に聚楽（じゅらく）で行なわれた秀吉の朝の茶事には、孝高と針屋宗和・津田宗凡が招かれている。

さらに、孝高がしばしば千宗易（利休居士）に秘蔵する道具類の鑑定を依頼していたことは既述したとおりである。数寄（茶の湯）に深く傾倒した孝高は、宗易とも親交をもっていた。豊前中津時代の慶長四年（一五九九）正月、孝高は茶の湯の心得を「定」として著したとされる。「御茶堂之記」と称されるもので、ほかに「如水茶湯掟書」や「如水壁書」の異称をもっている。孝高はこのなかで、千宗易（利休）の茶道観を標榜している。この前年に秀吉は没しており、宗易の名を公にすることの憚（はばか）りもなくなったのであろう。

「関ヶ原」合戦ののち博多を膝下に領すると、城下の鳥飼別邸などで島井宗室（しまいそうしつ）や神屋（かみや）宗湛（そうたん）ら博多商人たちとの茶事を楽しむようになる。さらに、しばしば大坂や京に滞在した折の数寄は、孝高の大きな慰めとなったようである。例えば、慶長六年（推定）二月十日付の鍋島生三充て鍋島勝茂書状には「此比、如水同前ニ古織殿其外方々へ、すきニ参候」という件がある。在洛中の孝高は、親交のある鍋島勝茂を伴って古田重然（織部正）をはじめ方々を訪ね、数寄に興じていた。

五　連歌への執心

連歌を学ぶ

孝高は一門や重臣の子弟に充てて、しばしば「仍って、其の方事手習い油断なく仕るべき事、肝要に候」「態と申し候、手習い・読書油断なく仕るべく候」（『福岡県史　近世史料編　福岡藩初期』五八七号・一二五六号など）といった書状を認めている。孝高は次代を担う子弟の修養にも熱心であり、折に触れて手習や読書を勧めていた。

孝高自身も文事・学問には大きな関心を抱いており、なかでも歌道、とりわけ連歌への執心は特筆される。とはいえ「天正末年まで、見事といってよいほど、文事を伝わるを管見しない」という指摘があるように、若年期の様子は明らかにできない（棚町知弥「黒田如水の連歌」『近世文芸　資料と考証』V）。

木山紹宅を召し抱える

関係資料が徐々に確認されるようになるのは、豊前に領知を得たころからとなる。連歌師の木山紹宅が孝高に従うのも、この前後と考えられる。木山氏は肥後益城郡の木山城に拠る有力国衆であり、紹宅の実名も「惟久」として知られる。家督を嫡子信連（のちの紹印）に譲って上洛した紹宅は、里村紹巴に見い出され、その高弟となる。紹巴は当代一流の連歌師であり、紹宅は細川幽斎らとも好誼を結んだ。

その後、島津勢に攻められて木山城は落城し、紹宅は孝高に召し抱えられる。その立場は孝高の客分と考えられ、連歌の師をつとめる。孝高の文芸・歌道への傾倒が始まっていた証左であろう。里村紹巴と篤い親交をもつに至った孝高は、領国でも折りに触れて連歌会を主宰し、既述したように京坂で催行される連歌会にも名を連ねるようになる。

文禄二年（一五九三）五月、孝高は朝鮮半島から無断で帰国したとみなされ、秀吉から厳しく叱責される。一時は死を覚悟するところまで追い詰められ、その後は長く病に苦しみながら、慶長元年（一五九六）末まで朝鮮半島にとどまり続けた。こうした厄災に苦しむ孝高にとって連歌・歌道が慰めであったろうことは容易に推察できる。

細川幽斎との交誼

黒田家には細川幽斎が孝高に贈った『六家抄』や『新古今集聞書』などの歌集・歌論書が伝世しており、今日なお両者の好誼をうかがうことができる。このうち『新古今集聞書』は、文禄四年に幽斎が東常縁（東野州）の底本を筆写し、座右に備えていたものである。幽斎はこの握翫の書を慶長二年仲春下澣、すなわち二月下旬に孝高に贈った。阿蘇玄与の日記によると、この年二月二十八日に吉田で幽斎が連歌興行を行なっており、孝高の出座も確認される。

この場で幽斎は孝高に『堀河院百首』と『新古今集聞書』とを贈ったとされる。『新古今集聞書』には幽斎の奥書があり、「然るに今、如水の此の道の執心に感じ、これを進献し畢んぬ」とある。これ自体は常套句ではあるが、同じころに孝高は里村紹巴へ『連歌新式』の筆写を求めており、連歌執心には著しいものがあったようである。あるいは戦陣の慰めとすべく、孝高はこれらの書物を朝鮮半島に携行したものであろうか。

連歌百韻を完成

このように、孝高の連歌への執心が本格化するのは、文禄末年から慶長初年にかけてと考えられる。慶長五年には単独で連歌百韻を完成するまでになった。「如水公独吟」と称されるものであり、孝高はこれを里村昌叱に送って添削を乞うている。昌叱はこれに批正を加えて総評を記し、「百韻成就、急度成り難き事に候、誠に奇特に存じ候」と称えた。

歌人たちとの交遊

この間、連歌興行などに際して孝高と同座し、篤い雅交を結んだ中央歌壇の面々をあげると、大略次のようになる。連歌師としては里村紹巴・昌叱・昌琢・玄仍ら、中央の貴顕としては近衛信尹・聖護院道澄・日野輝資・飛鳥井雅庸らの公家や門跡、さらに細川幽斎・前田玄以・木下勝俊（長嘯子）・山中長俊・東条行長（紀伊守）ら文事で聞こえる諸大名である。東条行長は三好の家臣であったが、早くから秀吉に臣従しており、四国平定に際して一族東条実光を誘降したことで知られる。

慶長五年末に黒田家が筑前一国（怡土郡の一部を除く）を与えられると、前にも述べたごとく、近衛信尹が孝高に書状を寄せ、国替えの取り紛れを労いつつ、領内に天神（菅原道真）の故地太宰府を有することを言祝いでいる（十二月十三日付書状・「太宰府天満宮文書」）。翌六年に孝高はこの太宰府に「連歌屋」を設け、故木山紹宅の子紹印（実名は信連）を屋主とした。太宰府を中心とした歌壇の隆盛を期してのことであり、孝高は天満宮司務別当をつとめる大鳥居信厳（信岩）とも、細やかな交遊を結んでいくこととなる。

六　孝高の信仰

キリスト教に入信

孝高は父職隆を亡くした天正十三年（一五八五）ころに、キリスト教に入信したとされる。しかしながら、入信の事実は、後年に至って隠蔽されていくこととなる。筑前上座郡杷木（現・朝倉市）の円清寺に伝わる孝高像には宗儒の賛が添えられるが、そこには「一旦、入〇〇宗門、聴法談雖有年、罵仏謗神、言語別異而文字亦差異」という件がある。〇〇の二文字は塗抹されているが、「法談を聞くこと、年有ると雖も、仏を罵り、神を謗り」と続くことから、ここは例えば「一旦、耶蘇宗門に入り」など、キリスト教に関わる表現があったとみて大過なかろう。

貝原益軒（かいばらえつけん）によって編纂される黒田家の正史『黒田家譜』にも、このあたりの記述はない。キリスト教を徹底的に禁じた歴史を有する以上、日本側の史料で孝高とキリスト教の関係について詳細に論じることは不可能に近い。

一方、教会側の史料についても、イエズス会として実際よりかなり誇張されて報告・記録化された嫌いは否めない。したがって、孝高とキリスト教の関係を辿ることは決し

黒田孝高画像（円清寺蔵）

て容易ではなく、ここでの記述も限定的にならざるを得ない。

キリシタンの中心的存在となる

高山右近や蒲生氏郷に誘われて受洗した孝高は、篤い信仰のもと周囲にも熱心に入信を勧めた。嫡子長政や実弟直之らの一門や、大友吉統(おおともよしむね)や小早川秀包などの諸大名が、孝高の勧誘によってキリスト教への帰依を果たしたという。しかしながら、秀吉がイエズス会に対して不信感を抱くようになると、孝高の立場も次第に難しいものとなる。壮年期に家督を長政に譲るのも、キリスト教信仰が関連するのかもしれない。表だって信仰を表明する機会は減っていったようであるが、孝高は終生にわたって宣教師を支え、キリスト教を保護し続けたようである。晩年に至ってなお、洗礼名シメオンを刻んだ十字架入りのローマ字印を用いており、キリスト教への信仰を捨てることはなかった。

八幡神・禅宗・天神を信仰

秀吉の不興を買ったという経緯もあり、孝高はキリスト教のみを排他的に信仰したわけではない。八幡神を氏神として崇め、禅宗に帰依し、歌道の神として天神を信仰している。禅と天神信仰は、孝高の慰めとして取り上げた数寄（茶の湯）と連歌に関連することはいうまでもない。

大徳寺の『金湯抄』によると、孝高は家督を長政に譲ったのち、しばしば春屋宗園(しゅんおくそうえん)のもとに参禅したという。宗園は京都の人で、永禄(えいろく)十二年（一五六九）に大徳寺の第百十一世住持となり、元亀(げんき)二年（一五七一）には再住を果たす。天正十四年には石田三成や浅野幸(あさのよし)

長らに乞われ、大徳寺の塔頭三玄院を開創する。千宗易（利休）をはじめ古田重然（織部正）や小堀政一（遠江守）らの茶人大名とも親しかった。宗園は黒田家の菩提寺である横岳山崇福寺を博多近郊に再興するにあたって尽力し、慶長五年（一六〇〇）十二月には後陽成天皇によって「大宝圓鑑国師」の号を特賜されている。

第十　孝高の死

一　最後の上洛

家康に求められ上洛

慶長七年(一六〇二)十二月に上洛していた徳川家康は、その後も伏見滞在を継続していた。この間、家康とその周辺は、黒田孝高に対して執拗に出京を求めていたようである。体調のすぐれない孝高は躊躇し続けるが、同八年五月末に至ってようやく上洛を決意する。六月五日に福岡を発った孝高は、七日に芦屋あるいは黒崎あたりから出船した(「坊所鍋島家文書」九九八号・『佐賀県史料集成』第十三巻所収)。入京の期日は詳らかにできないが、七月十三日から二十二日までの間に、家康への拝謁を果たした模様である。

『鹿苑日録』の慶長八年七月二十三日条に、孝高の名がみえる。この日、孝高は西笑承兌・圓光寺元佶・東条行長・寺沢広高らと、大納言日野輝資の会席に臨んでいる。二十四日には深く親交を結んできた連歌師の里村昌叱が亡くなる。孝高は七月二十八日の書状で、その訃報を国許に伝えている(「福岡市博物館所蔵史料」)。

ついで動向が明らかとなるのは、『鹿苑日録』の八月十五日条である。孝高はこの日、西笑承兌・圓光寺元佶・東条行長らと寺沢広高邸に臨んでいる。その後、大坂に下り、住吉で観月を楽しんだ。さらに九月二十四日条から、圓光寺元佶の会への出座が確認される。

大坂屋敷の移転

この間、八月四日付で大坂の黒田家屋敷移転に伴い、前の屋敷に残る石材の処理について高橋匡順（彦二郎）に指示を下す（『福岡県史　近世史料編　福岡藩初期』六三二号）。黒田家の大坂屋敷は長柄にあたったが、そこから程近い天満に移ることを許され、このころ普請が完了したようである。その報せをうけた孝高は、長柄屋敷に石材が残っていれば、自身の屋敷に川舟で移送するように命じた。ここにいう屋敷は、伏見城下に所在するものであろう。その後も孝高の伏見滞在は継続する。

秀頼と千姫の婚儀

この年八月九日付で鍋島生三に充てられた孝高書状には、「爰もと替る儀もこれ無く候、御祝言去月相調い、上下安堵の体に候、十月には帰国申すべく候」という件がある（「坊所鍋島家文書」一〇〇〇号・『佐賀県史料集成』第十三巻）。去月（七月）に挙行された「御祝言」は豊臣秀頼と千姫（大納言徳川秀忠の長女）との婚儀であろう。この祝言を祝福し、「上下安堵の体に候」と政情の安定を感得した孝高は、十月頃の帰国をほのめかしている。九月に入ると、神屋宗湛に充てて、次のような書状を発する。

高麗火はしの儀、宗也一佐所まで申し下し候所、指し上され祝着に候、将軍様御下向次第に帰国申すべく候間、其節申すべく候、恐々謹言、

九月六日　　如水（花押）

宗湛

（「神屋二郎資料」・『新修福岡市史　資料編　近世三』所収）

ここで注目されるのは、家康が伏見を離れて江戸へ下向したら、自身も帰国するという件であろう。孝高のような隠居の身であっても、家康が伏見にとどまっている間は帰国しない、あるいは帰国できないという意識をもっていた。結果的に、家康は十月中旬まで伏見にとどまっており、孝高も在京・在伏見を続ける。

崇福寺中興雲英宗偉の遷化

この間、孝高は、大徳寺百四十一世の雲英宗偉が世齢四十四をもって紫野（大徳寺）に遷化したことを知る。雲英宗偉は、黒田家が菩提寺とする崇福寺の「中興の祖」にあたる人物である。もともと太宰府横岳にあった崇福寺は兵禍にさらされて衰亡していたが、慶長六年に長政が大徳寺百十一世の春屋宗園の要請をうけて、博多近郊の糟屋郡千代に移転・再興させ、故地にちなんで山号を「横岳山」とした。ここに七十八世住持として入ったのが雲英宗偉であった。訃報をうけた孝高は、雲英の御影を崇福寺に掲げることを春屋宗園に相談し、その許しを得ると、孝高はさっそくその旨を国許に指示し

ている。孝高は自ら宗園のもとに向かったようなので、在京を継続していた可能性が高い。

有馬湯治

さて、家康は十月二十八日に伏見城を発し、江戸へ戻る。これをうけて孝高も筑前へ戻るはずであったが、家康の江戸下向に先立って、体調を壊してしまう。発症は十月十四・五日のことである。半井驢庵の調合に係る薬効によって、体調はいったんは回復する。しかしながら帰国するまでには至らず、小康状態を得た孝高は、摂津の有馬へ湯治に出かけている。有馬から東上の途次にある長政に充てた書状をみておこう。

態と申し候、先日馬杉平三郎下し候と雖も、気遣いたるべく候故、重ねて五郎作進らせ候、一雲薬湯相当たり候て、少しずつ能く候間、御心安かるべく候、然る間たゞのうみより下にて、此の者に御逢い候はば、帰国候て尤もに候、右より上に候はゞ兵庫へ着き候て、直に有馬へ越さるべく候、二七日湯治尤も候、迎え馬これを遣わすべく候、我等事は去る十一日より昨日まで一七日に候、湯へ十一度入り申し候、いよいよ快気に候条、国より見廻いの衆、堅く停止の由、申さるべく候、恐々謹言、

十一月十八日　　如水軒

圓清（花押）

黒田筑前守殿
御宿所

（福岡市博物館所蔵史料）

国許にいた長政は、孝高の体調悪化の報をうけて、急遽東上したのであろう。体調を回復させた孝高は、わざわざ見舞いに来る必要はないとして、重ねて使者を差し下したようである。長政が安芸（あき）の忠海に達していないなら、そのまま帰国するように促している。

孝高の体調は十一日から始めた湯治の効果によって快方にむかっているようであり、この十八日からさらに七日間は湯治を続ける心づもりであった。この予定どおりだったとすると、有馬での湯治は十一月二十五日ころまでは続いたとみられる。いずれにせよ、このの ち も孝高の上方（かみがた）滞在は継続し、そのまま越年することとなる。

二　孝高の死

小康状態に入る

慶長九年（一六〇四）二月の孝高発給書状には、「本復」「快気」といった文言がみえており、回復傾向が確認される。二月十五日付の志賀島宮司充て書状には、夏中の帰国が述べられており（『修史余録別集十』、志賀島吉祥寺所持分）、また二月十八日付の神屋宗湛充て書状には、「一雲」の薬湯が効いて快気に至ったとある（劉タケ氏所蔵文書・『大福岡展』図録掲載）。一雲の名は、先にみた長政充ての書状にもみえており、おそらく黒田家が抱えていた医師であろう。

このあと二月十九日から二十一日にかけて催行された千句連歌に、「圓清」の名がみえる。また、『時慶記』の二月二十二日条には「如水軒へ久敷く無音間、樽二・鴨一双遣候、返事在之」とあり、見舞いの品を贈った西洞院時慶に対して、返書を送っているようである。このように、孝高は二月に入ると一時的な回復をみせたようである（例えば二月二十四日付松梅院充て如水書状・『北野天満宮史料　古文書』一六六号など）。

しかしながら、その後、体調が急変して容体は悪化し、知らせをうけた長政も慌ただしく上洛し、伏見の黒田屋敷に入る。長政は家中の動揺を抑えるためか、周防上関に至っていない場合は、わざわざの見舞いに及ばないとの命を発する（三月十六日付見廻りに罷り上り候衆中充て長政判物・『修史余録別集十』、野口八右衛門所持分）。あるいは、すでに孝高の余命がいくばくもないことを悟ったのかもしれない。この四日あと、三月二十日に孝高は薬効むなしく没する。享年は五十九であった。臨終の枕頭には、長政のほか栗山利安らの姿があったようである。辞世とされるのは、

おもひをく　言の葉なくて　ついに行く　道はまよはじ　なるにまかせて

という句である。死に臨んで達観の境地に至った如くである。

葬儀

孝高の死については、一六〇四年十一月二十三日（西暦）付でロドリゲスがローマのイエズス会本部に送った年度報告書に詳しい。そこには「官兵衛殿は都の伏見の政庁で亡くなった。息子（長政）に、自分の遺体を運び、博多の教会に埋葬するように頼み、教会の建築のために一千クルザード以上の喜捨を残した」とある（松田毅一監修『十六・七世紀　イエズス会日本報告集』第Ⅲ期第7巻）。後年の史料には、孝高が福岡で没したとするものがあるが、これは間違いである。遺言に従って、孝高の遺体は筑前に運ばれ、キリスト教による葬儀が行なわれた。さらに、その十五日ないし二十日後には、仏式による葬儀が営まれている。法名は「龍光院殿如水圓清大居士」と号す。

追善の連歌興行

孝高の死を悼み、生前に交わりのあった人々が追善の連歌興行を行なう。その主なものをみておくと、六月二十八日に催行され里村昌琢が発句をつとめた会、七月六日に吉川広家が興行し里村玄仍が発句をつとめた会、十月六日にやはり里村昌琢が発句をつとめた会などである。

形見分け

孝高の遺品として『吾妻鏡』が将軍秀忠に献上されたことは既述したが、このほか鍋島家の家老鍋島生三には、長政から『太平記』が贈られている（「坊所鍋島家文書」一〇〇八号・『佐賀県史料集成』第十三巻）。鍋島直茂や勝茂、さらには親しかったほかの大名にも何らかの形見分けがあったと考えられるが、具体的なことはわからない。

黒田家は孝高の墓所を、博多近郊の横岳山崇福寺に営む。その墓碑には景轍玄蘇が文を寄せた。玄蘇は筑前国宗像郡の生まれで、臨済宗幻住派の禅僧である。博多聖福寺で得度し、永禄年間（一五五八～七〇）には住持となった。対馬宗氏に招かれて朝鮮外交にあたり、文禄・慶長の役に際しても小西行長・宗義智のもとで外交僧をつとめた。のち対馬に以酊庵を開く。

黒田孝高墓所（崇福寺黒田家墓所所在）

さらに孝高が没した翌々年、慶長十一年には、長政が孝高供養のため、江月宗玩を開祖として、京都大徳寺の山内に塔頭龍光院を建立する。このほか股肱の臣たちもそれぞれに寺を建立し、孝高の菩提を弔った。栗山利安は上座郡杷木に竜光山円清寺を設け、井上之房は遠賀郡高倉に王雲山龍昌寺を建立する。

三　孝高の妻子

孝高の実子は、長男の長政と次男の熊之助である。二人とも正室櫛橋氏（通称「光」）との間に生まれた。ほかに実子はおらず、したがって側室も確認されていない。このほかに、末妹の子で甥にあたる幼児を養子に迎えている。一柳直末の遺児松寿である。熊之助は十六歳、松寿は十三歳で、それぞれ元服前に早世している。

正室櫛橋氏

孝高が櫛橋伊定（豊後守）の女を正室に迎えたのは、永禄十年（一五六七）ころのことと推察される。正室の実家である櫛橋家は、播磨国印南郡志方城主である。伊定には、孝高正室のほかに男子四人と女子二人がいた。兄にあたる長子左京（実名は「政伊」とされる）は、三木城の別所長治に与して織田方に謀叛したため、天正六年（一五七八）に滅ぼされている。孝高正室の姉は、播磨赤松の一族で上月城主の景貞に嫁している。景貞は毛利方に属したため、上月城は羽柴秀吉の攻撃をうけて落城する。景貞は討ち死にするが、景貞室は義弟の孝高を頼って落ちのび、のちに剃髪して「妙寿」を名乗る。妙寿は黒田家とともに豊前中津から筑前福岡へと移り、晩年は福岡城内の屋敷で実妹（孝高正室）

ともに暮らしたという。景貞との間に生まれた嫡男上月正好（次郎兵衛尉）も孝高に仕え、「黒田」苗字を許されたが、朝鮮半島で戦死する。孝高正室には兄と姉のほか三人の弟と妹が一人いた。三人の弟は皆、長じてのち孝高に仕える。

櫛橋家と孝高の主家である御着(ごちゃく)の小寺(こでら)家とは姻戚関係にあったようだが、詳細は不明である。櫛橋伊定の女は、いったん小寺政職(まさもと)の養女に迎えられ、孝高に嫁いだという。当時の黒田家（姫路小寺家）が御着小寺氏の重臣だったことを勘案すると、充分にあり得

照福院画像（報土寺蔵）

ることであろう。永禄十一年に長子松寿（のちの長政）を産み、孝高が摂津有岡城で荒木村重に拘禁されると、「御上様」として家中を束ね、難局を乗り切った。天正十年（一五八二）には、次男熊之助を産んでいる。

具体的な時期は不明であるが、秀吉の命により、ある段階から人質として大坂長柄の黒田屋敷で暮らすこととなる。天正二十年（文禄元年）に病を得て朝鮮から中津に戻る孝高を労うため、秀吉から国許に下ることを許されている。実際に中津に帰ったかどうかは不明であるが、その後は再び大坂にいる。慶長三年七月には秀吉・秀頼・北政所に七夕の祝儀を贈り、その礼状をうけている（七月六日付、「かいのかミは、かた」充て秀吉朱印状・東京大学史料編纂所所蔵影写本「郡文書」）。

慶長五年（一六〇〇）七月、家康の排斥を企てた増田長盛・長束正家・前田玄以ら「三奉行」に拘束されるのを嫌い、栗山利安（備後）や母里友信（多兵衛・太兵衛）らに助けられて、長政室とともに密かに大坂を脱出、無事に豊前中津へ帰っている。慶長七年正月十六日に催行された「夢想之連歌」には、「幸圓」という雅号で登場する。孝高が没すると、剃髪して「照福院」と号した。その後は江戸に住し、元和九年（一六二三）に京で危篤の長政を見舞い、長政の没後は筑前へ戻り、福岡城内で暮らす。寛永四年（一六二七）に享年七十五で没し、福岡城下の圓應寺に葬られる。法名は「照福院殿然誉浩栄大法尼」と称す。

長男長政

孝高の子で成人したのは、嫡子長政のみである。長政は「松寿」時代、幼くして織田家の人質となり、秀吉に預けられて近江長浜にあったという（このときには「松千代」を称した）。天正十年の毛利攻めが初陣とあるので、これに先立って元服したのであろう。元服後は「松寿」を改めて、吉兵衛尉長政と名乗る。「隆政」を称したともいうが定かではない。「長政」という実名は、おそらく織田信長の偏諱であろう。賤ヶ岳合戦ののち、天正十一年八月に秀吉から河内国丹北郡内で四五〇石を充行われている。翌年に蜂須賀正勝の女（通称「糸」）を正室に迎える。孝高の影響をうけ、一時はキリスト教に入信し、「ダミアン」の洗礼名を得る。同十七年八月ころに従五位下甲斐守に叙任され、この前後に孝高の譲りをうけて黒田家の家督を継ぐ。

朝鮮出兵に際しては五〇〇〇の軍役を課され、黒田家の主力を率いて渡海した。慶長の再派兵の折りは、蔚山の戦いで「卑怯」な振る舞いがあったと糾弾され、秀吉の逆鱗に触れる。次第に徳川家康への接近をはかり、家康の養女（通称「栄」、実は保科正直の女で家康の姪にあたる）を継室に迎える。蜂須賀正勝の女との間には、女子一人（通称「菊」）を儲けていたが、この子は黒田家で養育され、旗本井上庸名（淡路守、孝高の重臣井上之房の子）に嫁している。長政は「関ヶ原」合戦で徳川方に与し、その功により筑前一国（怡土郡の一部を除く）を与えられる。慶長八年、家康の征夷大将軍任官に伴い、従四位下筑前守に叙任される。

むすびにかえて——その後の黒田家——

最後に、貝原益軒の『黒田家譜』などに触れつつ、黒田孝高没後の福岡黒田家について略述し、本書を終えることとする。長政は正室保科氏との間に三男二女を儲ける。男子は福岡黒田家の二代となる忠之のほかに、長興（初名「孝政」）と高政（実名は「隆政」とも）がいる。女子二人のうち姉（通称「徳」）は榊原忠次（大須賀家を継いだのち、康政の孫として榊原家を継ぐ）に嫁し、妹（通称「亀」）は池田輝興（輝政六男）に嫁している。このほか側室筑紫氏（上野介広門の女）との間に政冬（徳松、甚四郎）がいる。

慶長十七年（一六一二）十一月、長政は嫡子万徳を伴って福岡を発し、駿府城で徳川家康に拝謁する。ここで右衛門佐への任官を許され、翌年江戸で秀忠に拝謁する。ここで秀忠から偏諱を賜り「忠長」と名乗り（実名は「忠政」、さらに「忠之」と改めるので、以下「忠之」で記述を進める）、家康の養女（保科氏）を母にもつことから、「松平」の苗字を与えられる（以後、黒田本家は「松平」が正式な苗字となるが、ここでは混乱をさけるため「黒田」として記述を進める）。ちなみに、長政は行儀や振る舞い諭す文書を数多くこの忠之に充てているが、そのひとつに「惣じて客来の時、退屈なき様に能々嗜み申さるべく候、拙者座敷にて、臥せり候事は、おやの悪しき事と似せ候と存じ候」という件がある（『福岡県史　近世史料編　福岡藩初期』一二七八号）。座敷で寝そべるような仕草は、孝高の悪いところを見習ってしまったと述懐している。長政の孝高観がうかがえて興味深い。

ところで、豊臣秀吉（とよとみひでよし）恩顧の黒田家は、徳川将軍家にとって警戒の対象であり続けた。十九年冬、家康・秀忠は大坂城（おおさかじょう）の豊臣秀頼（ひでより）を攻める（大坂冬の陣）。忠之（当時は「忠長」）は軍勢を率いて大坂攻城に加わるが、長政はこのとき、江戸留守居を命じられている。翌年の夏の陣でも、忠之は軍勢を率いて参陣する。一方の長政のほうは将軍秀忠のもとでの従軍を認められるものの、その兵力は限られたものであった。

元和（げんな）三年（一六一七）九月五日付で長政は秀忠から「筑前国、都合五拾万弐千四百拾六石事」の領知充行状（あておこないじょう）を与えられ、同九年八月四日に京都で没する。享年五十六。「興雲院殿古心道卜大居士」として筑前博多（ちくぜんはかた）の崇福寺（すうふくじ）に葬られる。

黒田本家の家督は、長政の長子忠之が継承した。さらに、三男長興（勘解由のち甲斐守）が五万石を分与されて秋月黒田家を、四男高政（官兵衛）は四万石を得て東蓮寺黒田家を興す。

この分知によって、黒田本家の領知高は四三万三一〇〇石となる。

また、側室筑紫氏を母に持つ次男政冬は徳川秀忠に仕えていたが、長政の乞いによって黒田家中に転じる。しかしながら、長政が亡くなってしばらくののち、寛永二年（一六二五）三月に二十二歳の若さで死去する。

寛永九年、栗山利章（大膳）らが忠之に謀叛の疑いがあると訴え出て、いわゆる「黒田騒動」が起こる。その決着は幕府の審理に委ねられ、結果的に将軍家光が忠之に謀叛の疑いなしとの裁定を下す。改易の危機を乗り越えた忠之は、寛永十四年の天草・島原の乱に際して武功を挙げ、ついで長崎警備の幕命をうける。

承応三年（一六五四）二月に忠之が没すると、長男光之が家督を継ぐ。この三代光之のもとで『黒田家譜』の編纂が行なわれる。光之は従前の記伝が真偽交々であることを嫌い、連続した黒田家の「正史」を欲していた。上意をうけた黒田一貫が、寛文十一年（一六七一）十月に、貝原益軒に家譜編纂を命じた。益軒の推挙には保科正之の薦めがあったという。一貫は一任の子で、三奈木黒田家の三代にあたる。

延宝三年（一六七五）に、光之は長子綱之（初名長良）を廃嫡し、東蓮寺黒田家（延宝三年に東蓮寺は府名を直方に改める）を継いでいた綱之の弟綱政（本家の家督を継ぐまでの実名は「長寛」）を世子とした。貞享五年（一六八八）四月、益軒は十七年にわたる改訂・増補の成果たる『黒田家譜』を光之および世子綱政に献上する（貞享本）。

元禄二年（一六八九）光之が隠居すると、綱政が家督を継ぐ。綱政のもとでも、高弟竹田定直（春庵）の支援をうけ、益軒の修史活動は続く。家譜に関連した『黒田家臣由来記』『黒田記略』を著し、同十五年には『黒田家譜』について最後の改修が行なわれ、最終的な完成をみるのは宝永元年（一七〇四）のこととなる。同四年九月、浄書本が綱政に献上され（宝永本）、これが『黒田家譜』の底本となる。『黒田家譜』は「歴史」を「政治」の鑑戒とする益軒の個性が強く反映しており、またところどころに民政史料を掲載した点が特徴となる（井上忠『貝原益軒』、川添昭二「総説―福岡藩文化史―」・『福岡県史　通史編　福岡藩文化』）。孝高や長政に主君の理想像が投影していることは、書物の性格からも止むを得ない部分があろう。

綱政の長子吉之が世子のまま宝永七年に亡くなり、翌正徳元年（一七一一）には当主綱政も没してしまう。家督は綱政の次男宣政が継ぐものの、生来の病弱で政務を執れず、嗣子もなかったことから、直方黒田家を興していた長清（光之の三男で、綱政の弟）の子で、従兄弟にあたる継高を養嗣子とした。

世子の実父である長清は、宣政の後見として、黒田本家の政務に関わった。享保四年

（一七一九）十一月に宣政が隠居し、継高が六代を継ぐが、翌年の四月には長清が亡くなる。継高の治世は五〇年の長きに及び、その間に享保飢饉後の窮民対策など、藩政の改革にも大きな実をあげた。また、別業「友泉亭」を営んだ人物としても知られる。

継高には夭折した次男宮内のほかに、長男重政と三男長経がいたが、継高の晩年に至って相次いで没してしまう（宝暦十二年重政没、同十三年長経没）。これによって黒田本家の男系は絶える。相次いで男子を失った継高は、御三卿一橋宗尹の子（のちの治之）を重政の女（名は「屋世」）の婿に迎え、孝高・長政の血筋を守ろうとする。しかしながら、婚姻に先立って重政の女は亡くなってしまう。これによって男系・女系を問わず、黒田本家における孝高の血統は絶えることとなる。

孝高・長政以来の血筋が自らの代で絶えてしまうことになった継高は、明和五年（一七六八）天主台の下、東側に初代長政を祀る社殿を創建する。長政の神霊は、武威円徳聖照権現と号したので、本社は聖照宮と称される。聖照宮神殿には長政が軍陣で用いたとされる鎧・床几・弓・鉄砲などが納められ、九月四日にはじめての祭祀が執行された。祭祀をつとめたのは警固社神宮寺の吉祥院である。

明和六年十二月、一橋徳川家から養嗣子に迎えた治之が七代として黒田家を継ぐ。継高は家督を治之に譲った後、安永二年（一七七三）に孝高を祀る社を聖照宮の左殿に勧進している。やはり吉祥院の修法によって、孝高には水鏡権現の神号が奉られ、五月四日に鎮座した。孝高を祀る社は水鏡宮とされ、翌安永三年三月二十日に、はじめて水鏡権現祭礼が営まれている。いうまでもなく、三月二十日は孝高の命日である。以後、聖照宮・水鏡宮は、黒田家にとってもっとも重要な祭祀施設として定例の祭祀が営まれ、黒田家当主の初入部をはじめ、帰国・着城、参勤交代の折節にも公式の参拝が行なわれることになる。

ところが、治之は嗣子をもうけないまま天明元年（一七八一）に没してしまい、黒田家は讃岐多度津京極家の男子を末期養子に迎える。これが治高であるが、治高も家督継承の翌年には没してしまう。黒田家は再び一橋徳川家から末期養子として斉隆を迎える。幼少にして当主の座についた斉隆は、秋月黒田家の長舒の後見を仰ぐ。黒田長舒は長崎警備を代勤し、またこのころには治之の遺言に基づいて、藩校の修猷館や甘棠館が開設されている。斉隆は寛政五年（一七九三）に至って初入国を果たすが、七年には没してしまう。

家督は生まれたばかりの長子長順（のちの斉清）が継ぐが、文字どおりの乳飲み子であり、秋月黒田家の当主長舒・長韶による後見が続く。七歳になった長順は享和元年（一八〇一）江戸へ上るが、斉清と実名を改めて福岡へ戻るのは、文化八年（一八一一）のこととなる。成長したのちの斉清は「蘭癖大名」として大きな足跡を残すが、文政五年（一八二二）に眼病を患い、薩摩鹿児島の島津重豪の九男斉溥（のちの長溥）を婿養子という形で迎え嗣子とする。天保五年（一八三四）に斉溥が襲封する。この斉溥にも男子がなく、婿養子としていた長知（伊勢津・藤堂高猷の三男、実名ははじめ慶賛）が家督を継ぐ。明治二年（一八六九）のことであるが、まもなく版籍奉還が断行される。

さらに、廃藩置県によって黒田家が東京に移転するに際し、孝高と長政を祀った水鏡宮・聖照宮は福岡城外に移されることとなる。いったんは現在の警固神社近く（小烏吉祥院跡）に移転し、明治八年「光雲神社」として県社に列格した。社名は、孝高の法号「龍光院殿」と長政の法号「興雲院殿」から、光と雲を一字ずつをとったものである。その後、明治四十二年に至って、「荒戸山東照宮」（二代忠之が徳川家康を祀る東照宮を分祀して建立）の故地、福岡市内の西公園へ再移転する。

黒田孝高関係系図

上月景勝―景貞
＝女子
　黒田正好

櫛橋伊定（豊後守）
├女子（妙寿）
├政伊
├某（左京進・左内）
├某（右馬助）
├某（中務・号宗雪）
├女子（井上之房室）
├女子（岡本惣兵衛尉室）
└女子（照福院）

孝高（官兵衛尉・勘解由次官・号如水軒圓清・卜庵）
＝照福院
├長政
　＝女子（蜂須賀正勝―女子）
　＝女子（保科正直―女子）（徳川家康養女）

正安（号仙栄）

左近将監
則実
元知
則春
全豊

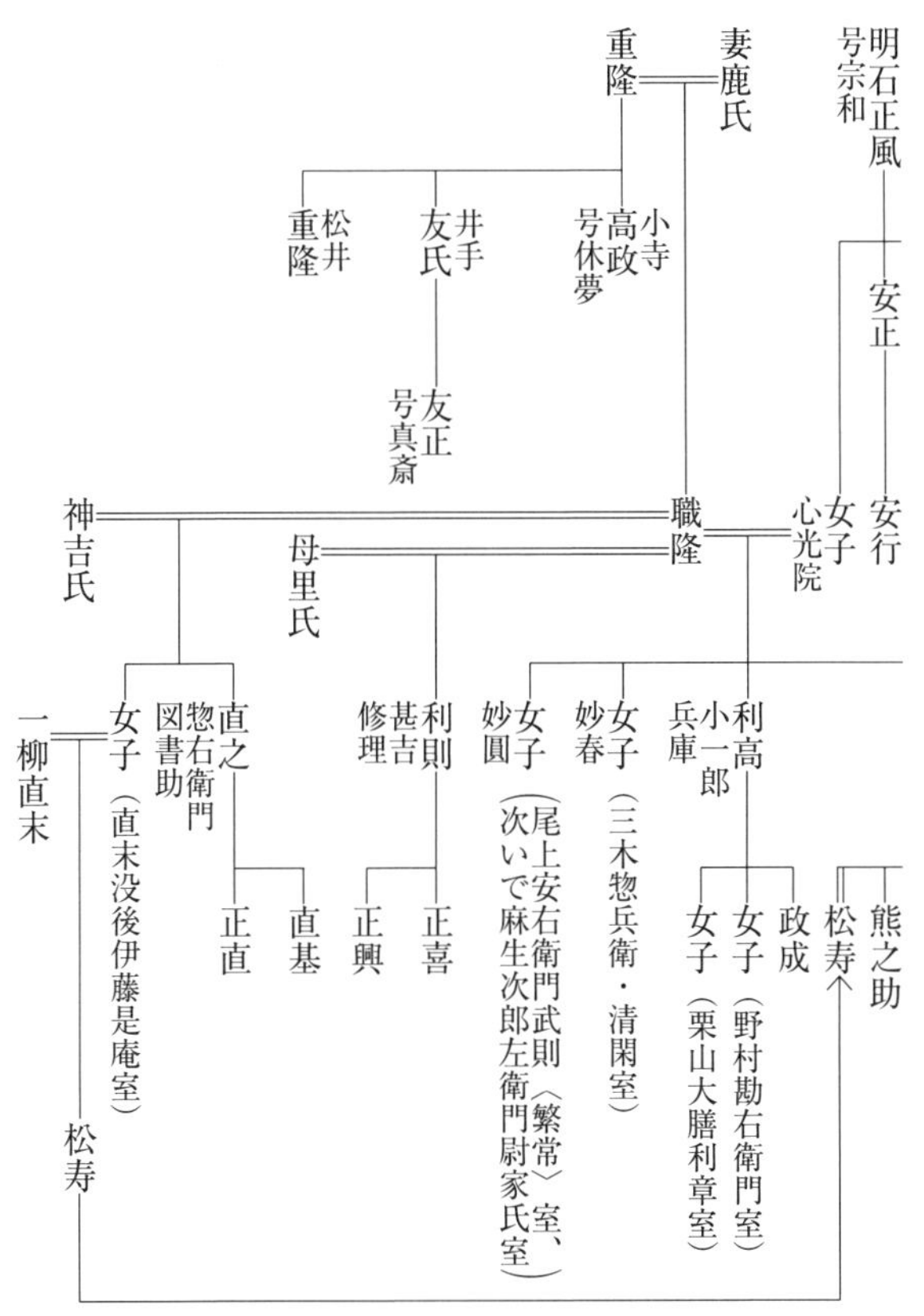

明石正風
号宗和
安正
安行
女子
心光院
妻鹿氏
重隆
小寺
高政
号休夢
井手
友氏
友正
号真斎
松井
重隆
職隆
母里氏
神吉氏
利高
小一郎
兵庫
女子
妙春
（三木惣兵衛・清閑室）
女子
妙圓
（尾上安右衛門武則〈繁常〉室、次いで麻生次郎左衛門尉家氏室）
利則
甚吉
修理
直之
惣右衛門
図書助
女子
（直末没後伊藤是庵室）
一柳直末
熊之助
松寿
政成
女子
（野村勘右衛門室）
女子
（栗山大膳利章室）
正喜
正興
直基
正直
松寿

略年譜

年次	西暦	年齢	事蹟	参考事項
天文一五	一五四六	一	一一月二九日、孝高誕生（幼名萬吉）	一二月二〇日、足利義輝に将軍宣下
永禄二	一五五九	一四	この年、生母明石正風女（心光夫人）没	
四	一五六一	一六	これ以前、父職隆、姫路城を預かり、小寺政職の偏諱を受ける	
五	一五六二	一七	この年、孝高初陣か	
七	一五六四	一九	二月六日、祖父重隆が没す	七月四日、三好長慶没
八	一五六五	二〇	一二月二四日以前、官兵衛尉を名乗る	五月一九日、将軍足利義輝暗殺
一〇	一五六七	二二	この年以前、父職隆、小寺姓を許され美濃守を名乗る○この頃、孝高は「祐隆」を名乗る○この年前後、正室櫛橋伊定女（光、幸圓）を迎えたか	八月一五日、織田信長、稲葉山城攻略○一〇月一〇日、松永久秀、三好三人衆を破る
一一	一五六八	二三	一二月、孝高に嫡子長政誕生（幼名松寿丸）	九月二六日、織田信長、足利義昭を奉じ上洛
元亀二	一五七〇	二五	三月一二日以前、孝高が「祐隆」から「孝隆」に改名	九月一二日、石山合戦開始
三	一五七二	二六	九月一六日以降、「孝隆」から「孝高」に改名か	九月一二日、比叡山焼討

天正 三	一五七五	三〇	この年、父職隆が剃髪して妻鹿城に移る○九月、御着城の小寺政職の許に浦上宗景が遁れてくる○この年、小寺ら播磨国衆、信長に従う	五月二一日、長篠・設楽原の戦い○九月、宇喜多直家、浦上宗景を逐う
五	一五七七	三二	五月一四日、英賀の戦いで孝高が軍功○一〇月一五日以後、孝高が羽柴秀吉を招き入れ、姫路城が拠点となる、松寿丸を人質として織田信長に差し出す○一一月二九日～一二月三日、西播磨上月城攻め	五月、毛利氏が小寺氏を攻撃（英賀の戦い）
六	一五七八	三三	四月、阿閉砦を救援し毛利・雑賀衆撃退○四月中旬、秀吉・荒木村重、上月城救援○六月二六日、秀吉、上月城撤退○この頃、孝高が密かに毛利方の宇喜多家と交渉開始○七月三日、上月城陥落○一〇月下旬、政職、織田家を離反○一一月初め、謀反を起こした荒木村重説得に行き、有岡城内に拘留○年末にかけて、小寺政職が織田家を離反	二月、三木城主別所長治謀反○一一月六日、九鬼水軍、木津川口で毛利水軍を撃破○一一月一六日頃・二四日、高槻城・茨木城開城
七	一五七九	三四	一一月一九日、有岡城開城、孝高が救出される○この後、荒木村重家臣の加藤重徳の子玉松を養子とする（のちの黒田一成）○この後、孝高、黒田苗字に復して、織田家に属す	九月二日、荒木村重出奔○九月・一〇月初旬、南条元続・宇喜多直家、毛利家を離反
八	一五八〇	三五	正月六～一七日、秀吉が三木城総攻撃、陥落○正月一〇日～一一日、志方城・御着城開城○四月二	閏三月、勅命により信長と石山本願寺が和睦○四月初旬、有子山城陥落

年	西暦	年齢	事績	一般事項
			六日、秀吉の命で播磨諸城破却○七月二四日、秀吉より姫路城普請準備を命じられる○九月朔日、秀吉に附属され揖東郡内一万石を充行われる○この頃、妻鹿城へ移る○この年、嫡子長政、蜂須賀正勝女を正室とする	○六月五日、長水城陥落○六月、鳥取城主山名豊国降る
九	一五八一	三六	七月一二日～一〇月二五日、鳥取城包囲○一一月一七～二一日、淡路攻め	三月五日までに姫路城落成○一〇月二五日、鳥取城主吉川経家自刃
一〇	一五八二	三七	正月～三月、毛利方の高畠和泉守・村上通昌を調略○三月二六日、先勢として備前片山へ向かう○五月八日～六月四日、備中高松城水攻め○六月五日～一二日、中国大返し○一三日、山崎の戦い・勝龍寺城の戦いに参陣○六月二七日、清須会議に近侍か○八月二日頃、姫路で恵瓊と領界交渉○九月二二日以前、阿波志智城で後詰め○九月～一〇月、讃岐で軍事行動○この間、毛利家と交渉再開○一〇月下旬、近江・美濃に出陣	三月一一日、武田勝頼自刃○四月四日、羽柴秀吉、備中侵攻○六月二日、本能寺の変○六月二七日の前後、清須会議○一二月九日、長浜城の柴田勝豊を降す○二〇日、岐阜城の織田信孝を降す
一一	一五八三	三八	三月一七日以降、賤ヶ岳布陣○八月頃より、秀吉の大坂築城開始○八月二八日、大坂城普請課役○この頃、毛利家との交渉大筋合意○一〇月二日、揖東郡内一〇〇〇石加増○一一月二四日、毛利方の境目城引渡し遅延を秀吉に叱責される○一二月	四月、賤ヶ岳の合戦○四月二四日、北之庄城落城、柴田勝家自刃○五月二日、美濃大垣城落城、織田信孝自刃○七月、滝川一益降伏

年号	西暦	年齢	事項	一般事項
			末、毛利方が退城拒否した城包囲を命じられる	
一二	一五八四	三九	三月一三日〜二六日頃、岸和田城を救援し根来衆・雑賀衆撃退○三月二六日、嫡子長政へ二〇〇〇石の知行充行○七月一八日、播磨宍粟郡一職を与えられ、山崎に移転○一二月二六日、羽柴秀勝（御次）・輝元養女の婚儀（婚礼の実務を担当）	三月、織田信雄・徳川家康が秀吉と対立○四月六日、長久手合戦で羽柴秀次大敗○一一月一五日、秀吉・信雄和睦
一三	一五八五	四〇	正月、秀吉の紀州・四国攻め表明に、孝高からも小早川隆景に加勢を求める○三月二五〜四月二一日、雑賀太田城攻め○六月、讃岐・阿波侵攻○七月一六日以降、脇城城・岩倉城攻め○八月前半、阿讃諸城を請け取る○八月、父職隆没○この年、キリシタン改宗	七月一一日、秀吉、任関白○七月末、長宗我部元親降伏○八月二六日、佐々成政降る○九月、秀吉、豊臣賜姓○一〇月二日、九州停戦令
一四	一五八六	四一	四月一〇日、筑前検使を命じられる○六月〜七月初め、従五位下勘解由次官に叙任○九月五日、関門両城を修復○九月九日、下関で毛利輝元に出陣要請○一〇月三〜四日、小倉城攻め○この間、筑前帆柱山城攻略○一一月六日、龍造寺政家に人質送致を要求○一一月七日、宇留津城を落とす○一一月一五日、障子岳城を落とす○一二月二二日、秀吉、戸次川敗報を聞き阿波・淡路勢に豊前への発遣、孝高との同陣を命令○一二月二四日、香春	四月五日、大友宗麟、秀吉に救援を求める○五月二二日、蜂須賀正勝没○九月後半、九州北部の諸勢力、秀吉に服属○一〇月二七日、家康、秀吉に臣従○一一月一五日、吉川元春没○一一月一二日、豊後戸次川の合戦

			岳城を落とす	
一五	一五八七	四二	この頃、西肥前諸将の取り次ぎを担当○この間、松浦鎮信、人質を孝高に差し出す○三月九〜一二日、孝高・毛利勢、豊後府内近辺で島津勢と対峙○三月二一日、島津勢撤退を秀吉に叱責され、ついで日向口侵攻○四月六日、高城包囲○四月一八日、小早川隆景と根白坂砦を救援し島津勢追撃○五月八日以後、毛利勢と川内出向○この間、豊臣秀長の下で東九州仕置○五月、秀吉、豊前国内の城整理を命じる○六月二六日頃、箱崎着陣、ここで吉川広家家督継承を取りなす○六月一九日の伴天連追放令により秀吉の不興を買う○この頃、長政・直之受洗○七月三日、豊前六郡を充行われ、馬ヶ岳城を居城とする○その後、領国検地を開始○八月二〇・二三日、佐々領内の国衆一揆を注進○九月七日、筑後発向○九月末〜一〇月初め、領内の国衆蜂起のため豊前帰着○一二月中旬、孝高・長政が犬丸城を落とし、賀来城・福島城を毛利勢と陥落させる○この年、連歌師木山紹宅を客分とする	三月一日、秀吉が九州攻めに出陣○六月五日、吉川元長没○六月一五日、宗義調に朝鮮国王来日を要求○六月一九日、伴天連追放令が発せられる○肥後一揆を受けて、肥前諫早・豊前国内でも国衆が蜂起
一六	一五八八	四三	正月、中津城築城、居城とする○二月一六日以前、	三月中旬、輝元、博多に入る○閏五

年号	西暦	年齢	事項	参考事項
			秀吉に一揆の顛末を報告○四月二日以前、長政、大友吉統との境目争論を解決○四月二八日以前、長政、宇都宮鎮房を滅ぼす○五月中旬まで、肥後検地に従う○七月七日頃、上洛○七月一九日～九月一二日、大坂屋敷に毛利輝元ら一門を迎え、京・大坂を案内○一〇月一九日、新庄城（安芸国山県郡）で吉川広家・秀吉養女（宇喜多秀家の姉）の婚儀○一〇月一九日以降も孝高は安芸に逗留、広島城築城を助言○一一月頃、領国検地が済み、長政の名で知行充行状が発給される	月一四日、佐々成政、改易・切腹を命じられ、小西行長・加藤清正が肥後入封○七月八日、刀狩令・海賊取締令○八月二二日、北条氏規、秀吉に拝謁
一七	一五八九	四四	五月、孝高、家督を長政に譲るか○六月頃、長政、従五位下甲斐守叙任○この年、隠居領一万石を許される	一一月二四日、秀吉、北条氏直討伐を決定
一八	一五九〇	四五	三月一日、秀吉に従い、小田原北条氏攻めのため京を進発○三月二九日、伊豆の山中城で妹婿一柳直末が討死、のちに遺児を養子とし松寿を名乗らせる○六月二四日、北条氏直の許で和平交渉○七月末、関東・奥羽仕置きに関与○九月一日、秀吉に従い帰京か○二四日、秀次から尾張国内三〇〇〇石を充行われる	七月、秀吉、家康に関東移封命令○七月五日、小田原城開城（北条氏滅亡）○八月九～一二日、秀吉、会津黒川で奥州仕置き○一一月七日、秀吉、聚楽で朝鮮使節引見
一九	一五九一	四六	三月一四日、孝高の取りなしで中国地行割が成っ	一二月二八日、秀吉、秀次に関白職

			たことを広家に伝える	を譲る
文禄元	一五九二	四七	三月二六日以前、孝高、豊前中津へ戻る○四月一七日～五月上旬、長政勢、慶尚・忠清両道を攻略し漢城入り○五月一五日頃、孝高、慶尚道星州に隣接する玄風で毛利勢と合流か○五月二〇日前後、漢城に入る○六月一五日、長政、平壌入城○六月末頃、島津義弘が漢城の孝高陣所を訪問○八月二十三日、孝高、慶尚道開寧の毛利輝元本陣を訪問○九月後半、豊前帰国○一〇月二六日、筑前垣生で秀吉に面会○一一月一日前後、秀吉に従い名護屋に入るか	三月二六日、秀吉、肥前名護屋に向けて京都出発（文禄の役）○四月一三日、小西勢、釜山・東莱攻略○四月二九日、朝鮮国王宣祖、漢城離脱○五月三日、小西勢・加藤清正勢、漢城入城○七月一六日、奉行衆、六月三日の軍令を帯び漢城入り○一二月二三日、明軍、朝鮮に入る
二	一五九三	四八	正月初、長政、黄海道で敗走する小西勢と合流、漢城まで撤退。黒田家重臣久野重勝（四兵衛）没○二月中旬、孝高・浅野長吉、晋州城攻略の軍令を帯び朝鮮渡海○五月二一日、孝高、秀吉の軍令を執行せず、名護屋帰還。秀吉の勘気に触れる○六月二一日～二九日、長政、晋州城攻略に参加○七月末までに、豆毛浦で機張築城開始○八月七日以前、孝高が剃髪・入道し、如水軒（如水斎）圓清を名乗る○八月九日付で、孝高が長政に六ヵ条の覚書を記す○八月一〇日、秀吉、孝高の成敗を	正月七日、明・朝鮮軍、平壌を奪還。日本勢後退○四月一七日、明軍、偽勅使を小西行長陣営に投じる○四月末、秀吉、明国降伏の注進状を受けるか○六月一五日、小西・奉行衆、名護屋到着○六月二九日、晋州城攻略○七月二九日、秀吉、朝鮮撤兵を命じる○八月三日、秀吉の子、拾（秀頼）が大坂城で誕生

年号	西暦	年齢	事蹟	関連事項
			宥免○この間、孝高、機張城に入るか○閏九月下旬、腫れ物を患うが、一〇月中旬に快癒○一一月中旬、腹痛に悩む○一二月、腫れ物が再発	
三	一五九四	四九	正月、死を覚悟するほど病状悪化○三月頃、秀次、医師済庵を派遣し、孝高に帰国を促す	三月七日～八月一日頃、伏見築城
四	一五九五	五〇	八月二〇日、長政、秀頼への奉公を誓う起請文に連署○この頃、秀次旧臣岡田利良らを召し抱える○一〇月六日までに長政帰国、孝高は金海竹嶋城逗留	七月一五日、関白秀次、高野山で自刃
	一五九六	五一	五月一八日、弟利高が泉州堺で没○翌年までに、孝高、朝鮮から帰国	九月一～二日、大坂城で明国使節引見。和平交渉決裂、再派兵決定○一二月一九日、秀吉、キリスト教徒二六名処刑
慶長　二	一五九七	五二	二月頃、上洛し秀吉に詫びるか○二月一二日、孝高の朝鮮渡海につき洛中東条屋敷で餞別の連歌○二月二一日付の陣立てで、長政も朝鮮再渡海を命じられる。これに前後して孝高も朝鮮渡海○七月以降、黒田勢、朝鮮渡海○七月一六日、次男熊之助、筑前芦屋沖で溺死○八月、長政の黒田勢、全羅道に侵攻○九月、長政の黒田勢、忠清道に侵攻○一〇月上旬、長政、慶尚道梁山に築城○一二月	七月一四日、巨済島沖海戦○八月一五日、南原城陥落○一六日、黄石山城陥落○一九日、全州入り○九月一六日、鳴梁海戦○一二月二二日～正月四日、蔚山城籠城戦

			二七日、長政、蔚山城救援のため西生浦城入り	
三	一五九八	五三	正月五日、蔚山城救援戦○三月、黒田勢、梁山から亀浦に移動○四月末以降、孝高、帰国か○五月三日、目付衆、長政・蜂須賀家政を讒言。秀吉激怒○五月二二日、黒田勢、亀浦かとかい城破却・西生浦移動を命じられる○八月二四日、孝高、豊前中津で秀吉の訃を知る○一一月、上洛○一二月、長政ら黒田勢、朝鮮より帰還	三月一五日、秀吉、醍醐寺で花見○八月一八日、秀吉、伏見城で没○一〇月一日～一一月二日頃、秀吉訃報を在朝鮮の諸将に伝達○一〇月一日、泗川の戦いで島津勢が明・朝鮮軍撃破○一一月頃から、朝鮮より撤兵
四	一五九九	五四	正月二一日、孝高・長政、伏見の家康を見舞う○正月、『御茶堂之記』を著す○閏三月四日、長政ら七将、石田三成を襲撃を図るか○閏三月一九日、家康、長政・蜂須賀家政にかけられた前年蔚山の合戦での嫌疑を解く○閏三月二一日前後、武力衝突に備え上方屋敷の防備を固める○五月、長政下国○九月二八日、上洛○一〇月頃まで、孝高在京○一〇月一五日以降、孝高下国○この年、長政、正室蜂須賀正勝女を離縁	正月一〇日、秀頼、大坂城へ移る○正月一九日、四大老・五奉行衆が秀吉の遺言違反で家康糾弾○閏三月三日、前田利家没○九月二六日、家康、大坂城西丸に入る
五	一六〇〇	五五	六月六日、長政、大坂で家康養女保科氏と婚儀○七月一七日頃、孝高正室・長政正室が大坂屋敷を脱出○八月八日付で、長政が吉川広家の弁解の書状を伝え、家康了承○この間、井伊直政に他領切	六月一六日、家康、会津征伐に進発○七月一七日、三奉行、「内府ちがいの条々」を発して家康を弾劾○七月一九日、毛利輝元が大坂城入城、

り取りを認められる○九月九日、孝高が中津を進発○九月一〇日、奉行方（西軍）についた富来城包囲○九月一三日、黒田勢先遣隊・細川勢、石垣原で大友吉統と交戦し、一四日、大友吉統が降伏○九月一七日、孝高、杵築城に到着、一八〜一九日、安岐城攻略○九月二三日、孝高、富来城攻めに出立し、別働隊を日隈城・角牟礼城に発遣○この間、日田・玖珠両郡を制圧○九月二七日、黒田勢の船手衆、周防灘で島津船三艘を破る○九月二八日、孝高のもとに美濃国関ヶ原での戦報が届き、日向伊東氏を勧降○一〇月三日、孝高、小倉へ進発し、六日に安達山に着陣（この間、小倉城開城）○一〇月一九日以降、孝高、筑後柳川の立花宗茂攻めに進発、二五日、立花宗茂が勧告を容れ下城○この間、孝高・立花・鍋島勢、島津領に発向○一〇月後半、長政、筑前一国を充行われる○一一月二日、細川忠興、豊前一国充行を報じる○この間、島津義弘、徳川方恭順の意を伝える○一一月一三日、孝高・鍋島直茂・加藤清正、柳川接収後の措置を家康に咎められる○一一月一八日、筑後国内の知行充行を停止される○一二月一日ま

同日に丹後田辺城攻め○七月二三日〜八月一日、伏見城攻め○七月二五日、小山評定○八月五日、家康、江戸に戻る○七月一〇日、石田三成、大垣城入り○七月二三日、岐阜城陥落○七月一二〜一四日、大津城の戦い○七月一五日、関ヶ原の戦い○七月二五日、輝元、大坂退去○七月二七日、家康、大坂城で秀頼に拝謁し西丸に入る○一〇月一日、三成・小西行長・恵瓊、六条河原にて斬首○一〇月一五日頃、家康、諸大名に領知充行を開始○この後、井伊直政・山口直友の使者が薩摩に入り、島津、恭順を決する

			でに、中津帰着○この間、細川忠興ら、黒田家に豊前引き渡しを求める○一二月一一日、長政、筑前名島城を居城とする○一二月末か年明け早々、孝高上洛○この年、連歌百韻を完成させ、里村昌叱の添削を受ける○この年、崇福寺再興	
六	一六〇一	五六	正月一七日、孝高、前田玄以邸連歌会に出座○この頃、家康と面談か○三月中旬～四月初頭、長政、国許で知行充行、宗像郡が孝高隠居領になる○五月一三日、孝高、伏見城で家康の饗応○六月末～七月、孝高、中津・柳川・佐賀・唐津を歴訪○八月、福岡城築城開始○九月下旬～一〇月、長政、筑前帰国○閏一一月一日、大宰府に連歌屋設置を桜井素丹に伝達	五月、二条城普請着手○八月一六日、上杉景勝、米沢転封○一〇月、家康、フィリピン・安南に朱印船制を布達○この年、宗義智・柳川調信らを朝鮮に派遣し捕虜を返還
七	一六〇二	五七	正月一六日、太宰府で「夢想之連歌」を催す○三月～九月頃、滞京○四月二六日、大徳寺での里村紹巴追善連歌会に参加○五月二三日、紹巴旧宅での連歌会に出座○六月八・二〇日、連歌会参加○七月一〇日、孝高、近衛邸訪問○七月一一日、大文字屋宗意の会に出座○八月二二日、西笑承兌が来訪、和漢聯句に興じる○八月二六日、連歌会参加○九月二日、近衛信尹らと連歌○九月一二日、	五月、二条城普請着手○六月、伏見城再建普請

			孝高、越後村上屋敷を訪問○一一月九日、長政に嫡子万徳（忠之）誕生○一二月一八日、太宰府天満宮に銀と米を寄進○一二月二四日、孝高、京に出立	
八	一六〇三	五八	正月頃、孝高、上洛し北政所に拝謁○二月二日、下国○この頃、福岡城内高屋敷に移る○二月一二日、長政、従四位下筑前守に叙任○三月後半、孝高、体調を壊す○六月五日、家康の出京の求めに福岡出立○七月一三～二二日頃、上洛し家康に拝謁か○七月二十三日、孝高、西笑承兌らと大納言日野輝資の会席に出席○八月頃、大坂長柄屋敷を天満に移転○一〇月四～五日、体調を崩す○一一月一一～二五日頃、有馬湯治	二月一二日、家康、将軍宣下を受ける○四月二二日、秀頼、内大臣に任官○七月二八日、秀頼・千姫（秀忠長女）婚儀
九	一六〇四	五九	二月、孝高、一時的に体調回復○二月一九～二一日、千句連歌に出座か○二月下旬～三月、容体が急変し、長政が上洛○三月二〇日、伏見屋敷で没す○一一月二三日（西暦）、ロドリゲス、イエズス会本部に孝高遺言と喜捨を報告	五月三日、糸割符制度導入○八月一四日、家康・秀頼、豊国神社祭礼を催す○一二月一六日、慶長大地震

主要参考文献

一　刊行史料集

東京大学史料編纂所編『大日本古文書』家わけ第二　浅野家文書　一九〇六年

益軒会編『益軒全集』全八巻（巻之五に「黒田家譜」等を収録）　益軒全集刊行部　一九一〇・一一年

黒川真道編『古郷物語』（『国史叢書』）　国史研究会　一九一六年

東京大学史料編纂所編『大日本古文書』家わけ第八　毛利家文書　一九二〇〜二四年

東京大学史料編纂所編『大日本古文書』家わけ第九　吉川家文書　一九二五〜三二年

東京大学史料編纂所『大日本古文書』家わけ第十一　小早川家文書　一九二七年

辻善之助編『鹿苑日録』第三巻　続群書類従完成会　一九三五年

藤井駿・水野恭一郎共編『岡山県古文書集』第一〜四輯　一九五三〜八一年

「天王寺屋会記」（『茶道古典全集』第七・八巻）　淡交新社　一九五九年

『新訂寛政重修諸家譜』第七　続群書類従完成会　一九六五年

桑田忠親校注『太閤史料集』（『戦国史料叢書』第一）　人物往来社　一九六五年

田北学編『増補訂正編年大友史料』第二七～二九　一九六八年
奥野高広・岩沢愿彦校注『信長公記』（『角川文庫』）角川書店　一九六九年
「坊所鍋島家文書」（『佐賀県史料集成』第十一～十三巻）佐賀県　一九七〇～七二年
『三藐院記』（『史料纂集』）続群書類従完成会　一九七五年
『五条家文書』（『史料纂集』）続群書類従完成会　一九七五年
松田毅一・川崎桃太編訳『フロイス日本史』中央公論社　一九七七年
辻善之助・竹内理三編『多聞院日記』四・五（『増補続史料大成』）臨川書店　一九七八年
黒川真道編『復刻古郷物語・御家覚書』防長史料出版社　一九七九年
貝原益軒編著『黒田家譜・黒田記略・黒田先公忠義伝・黒田家臣伝』歴史図書社　一九八〇年
『太宰府天満宮連歌史　資料と研究』Ⅰ　太宰府天満宮文化研究所　一九八〇年
檜垣元吉監修『福岡藩吉田家伝録』上・中・下　太宰府天満宮　一九八一年
「大友家文書録」（『大分県史料』第二部・補遺）大分県　一九八一年
鹿児島県維新史料編纂所編『鹿児島県史料　旧記雑録後編』二　鹿児島県　一九八二年
『福岡県史』近世史料編・福岡藩初期上・下　福岡県　一九八二・八三年
川添昭二校訂『新訂黒田家譜』第一巻　文献出版　一九八三年
鹿児島県維新史料編纂所編『鹿児島県史料　旧記雑録後編』三　鹿児島県　一九八三年
『太宰府天満宮連歌史　資料と研究』Ⅲ　太宰府天満宮文化研究所　一九八六年

『太宰府天満宮連歌史　資料と研究』Ⅳ　太宰府天満宮文化研究所　一九八七年
神戸大学文学部日本史研究室編　『中川家文書』　臨川書店　一九八七年
奥野高広　『増訂織田信長文書の研究』　吉川弘文館　一九八八年
『兵庫県史』史料編・近世一　兵庫県　一九八九年
『寛永諸家系図伝』第十三　続群書類従完成会　一九九〇年
藤田恒春校訂　『増補駒井日記』　文献出版　一九九二年
「直茂公譜」「直茂公譜考補」（『佐賀県近世史料』第一編第一巻）　佐賀県　一九九三年
松田毅一監修　『十六・七世紀　イエズス会日本報告集』第Ⅲ期　同朋舎出版　一九九四〜九七年
八代市立博物館未来の森ミュージアム編　『松井文庫所蔵古文書調査報告書』一〜刊行中　一九九六年〜
福岡市博物館編　『黒田家文書』第一巻　福岡市博物館　一九九八年
上野市古文献刊行会編　『高山公実録』上巻　清文堂出版　一九九八年
福岡地方史研究会編　『福岡藩分限帳集成』　海鳥社　一九九九年
「松井家先祖由来附」（『八代市史』近世史料編八）　八代市　一九九九年
「香川家文書」（『山口県史』史料編・中世2）　山口県　二〇〇一年
永尾正剛　「慶長五年黒田如水発給の知行宛行状について」（『北九州市立博物館　研究紀要』第九号）　二〇〇一年

福岡市博物館編　『黒田家文書』第二巻　福岡市博物館　二〇〇二年
「右田毛利家文書」（『山口県史』史料編・中世3）　山口県　二〇〇四年
『新修福岡市史』資料編・近世一（領主と藩政）　福岡市　二〇一一年
『姫路市史』第九巻・史料編中世2　姫路市　二〇一二年
藤原龍雄　「「播磨古事」解題と翻刻」（『播磨学紀要』第一六号）　二〇一二年
『新修福岡市史』資料編・近世二（家臣とくらし）　福岡市　二〇一四年
福田千鶴　「黒田家臣・栗山利安の覚書」（『九州産業大学国際文化学部紀要』五七号）　二〇一四年
名古屋市博物館編　『豊臣秀吉文書集』一〜刊行中　吉川弘文館　二〇一五年〜
村井祐樹編　『脇坂家文書集成』　たつの市立龍野歴史文化資料館　二〇一六年
亀井森・生田美津希　「鹿児島大学附属図書館玉里文庫蔵『阿蘇墨斎玄与近衛信輔供奉上京日記』翻印」（『鹿児島大学教育学部研究紀要』六八号）　二〇一七年
『新修福岡市史』資料編・近世三（町と寺社）　福岡市　二〇一八年

二　編著書・論文

福本日南　『黒田如水』　東亜堂書房　一九一一年
金子堅太郎　『黒田如水伝』　博文館　一九一六年

橋本政次『姫路城史』上巻　姫路城史刊行会　一九五二年
井上忠『貝原益軒』（『人物叢書』）　吉川弘文館　一九六三年
棚町知弥「黒田如水の連歌」（『近世文芸　資料と考証』五）　一九六六年
棚町知弥「木山紹宅伝稿」（『有明高専紀要』二号）　一九六七年
棚町知弥「大鳥居信岩・信助伝稿」（『有明高専紀要』第三号）　一九六七年
益田宗「吾妻鏡の伝来について」（「中世の窓」同人編『論集中世の窓』）　吉川弘文館　一九七七年
H・チースリク「慶長年間における博多のキリシタン」（『キリシタン研究』第十九輯）　吉川弘文館　一九七九年
本山一城『黒田如水と二十五騎』　村田書店　一九八四年
溝渕芳正編著『豊前一戸城物語―戦国中間史―』　耶馬渓町郷土史研究会　一九八五年
依藤保「羽柴秀吉播磨九城城割り覚」（『播磨小野史談』第六号）　一九八六年
『姫路市史』第十四巻・別編姫路城　姫路市　一九八八年
『福岡県史』通史編・福岡藩（一）　福岡県　一九九八年
福川一徳「中津入部以前の黒田氏」（『西南地域史研究』一一）　文献出版　一九九六年
『福岡県史』通史編・福岡藩文化（上）　福岡県　一九九三年
渡辺大門「御伽衆小寺休夢の基礎的研究」（『野村美術館研究紀要』第一一号）　二〇〇二年

外園豊基『戦国期在地社会の研究』 校倉書房 二〇〇三年
本多博之「史料紹介「小寺家文書」について」（『兵庫のしおり』第六号） 兵庫県県政資料館 二〇〇四年
津野倫明「慶長の役における黒田長政の動向」（『海南史学』第四二号） 二〇〇四年
濱田浩一郎「戦国期における小寺氏の動向―上級権力との関係を中心に―」（『皇学館論叢』二三六号） 二〇〇七年
播磨学研究所編『稀代の軍師 黒田官兵衛』 神戸新聞総合出版センター 二〇〇八年
本山一城『黒田軍団』 宮帯出版社 二〇〇八年
中野等『文禄・慶長の役』（『戦争の日本史』一六） 吉川弘文館 二〇〇八年
丸山雍成「福岡城天守閣と下之橋大手門」（『海路』第七号） 二〇〇九年
林千寿「慶長五年の戦争と戦後領国体制の創出」（『日本歴史』第七四二号） 二〇一〇年
宮野弘樹「福岡藩主黒田家の系譜の変遷について」（『市史研究ふくおか』第六号） 二〇一一年
柴裕之「羽柴秀吉の領国支配」（戦国史研究会編『織田権力の領域支配』） 岩田書院 二〇一一年
小和田哲男『黒田如水』（『ミネルヴァ日本評伝選』） ミネルヴァ書房 二〇一二年
諏訪勝則『黒田官兵衛』（『中公新書』二二四一） 中央公論新社 二〇一三年
渡辺大門『黒田官兵衛』（『講談社現代新書』二二二五） 講談社 二〇一三年

『新修福岡市史』特別編・福岡城　福岡市　二〇一三年
小和田哲男監修『黒田官兵衛』　宮帯出版社　二〇一四年
丸山雍成「黒田孝高（如水）の戦略と築城」（『城郭史研究』第三四号）　二〇一四年
藤井讓治「阿波出兵をめぐる羽柴秀吉書状の年代比定」（『織豊期研究』第一六号）　二〇一四年
播磨良紀「羽柴秀吉文書の年次比定について」（『織豊期研究』第一六号）　二〇一四年
富田志津子「黒田官兵衛と連歌」（『姫路独協大学外国語学部紀要』二八）　二〇一五年
中野等「一次史料に拠る福岡城築城過程の追究」（『市史研究ふくおか』第一〇号）　二〇一五年
播磨学研究所編『官兵衛　鮮烈な生涯』　神戸新聞総合出版センター　二〇一五年
福田千鶴『後藤又兵衛』（『中公新書』二三七二）　中央公論新社　二〇一六年
藤井讓治編『織豊期主要人物居所集成』第二版　思文閣出版　二〇一六年
山澤学「北野社祠官筆頭松梅院の定着と豊臣政権」（『歴史人類』第四五号）　二〇一七年
中野等「筑前入国後における黒田如水の居所と行動」（『市史研究ふくおか』第一六号）　二〇二一年
中野等「「関ヶ原」合戦と黒田如水」（『日本歴史』第八八三号）　二〇二一年

三　図　録　類

『黒田資料図録』　福岡市美術館　一九七九年
『大宰府・太宰府天満宮文書展』　太宰府天満宮　一九八一年
『関ヶ原合戦と九州の武将たち』　八代市博物館未来の森ミュージアム　一九九八年
『黒田家　その歴史と名宝展』　福岡市博物館　二〇〇二年
『黒田長政と二十四騎　黒田武士の世界』　福岡市博物館　二〇〇八年
『黒田官兵衛の魅力　天下をねらった播磨の智将』　姫路文学館　二〇一一年
『動乱！　播磨の中世』　兵庫県立考古博物館　二〇一三年
『秀吉に備えよ!!　羽柴秀吉の中国攻め』　長浜市長浜城歴史博物館　二〇一三年
『軍師官兵衛　二〇一四年NHK大河ドラマ特別展』　NHK・NHKプロモーション　二〇一四年
『黒田官兵衛と城』　九州歴史資料館　二〇一四年
『中国国分／四国国分』　徳島市立徳島城博物館　二〇一五年
『ひょうごと秀吉』　兵庫県立歴史博物館　二〇一七年

著者略歴

一九五八年　福岡県生まれ
一九八五年　九州大学大学院文学研究科博士後期課程中退
現在　九州大学大学院比較社会文化研究院教授

主要著書

『豊臣政権の対外侵略と太閤検地』（校倉書房、一九九六年）
『文禄・慶長の役』（吉川弘文館、二〇〇八年）
『石田三成伝』（吉川弘文館、二〇一七年）
『太閤検地』（中央公論新社、二〇一九年）

人物叢書　新装版

黒田孝高

二〇二二年（令和四）九月二十日　第一版第一刷発行

著　者　中野（なかの）　等（ひとし）
編集者　日本歴史学会
代表者　藤田　覚
発行者　吉川道郎
発行所　株式会社　吉川弘文館
東京都文京区本郷七丁目二番八号
郵便番号一一三―〇〇三三
電話〇三―三八一三―九一五一〈代表〉
振替口座〇〇一〇〇―五―二四四
http://www.yoshikawa-k.co.jp/
印刷＝株式会社　平文社
製本＝ナショナル製本協同組合

ISBN978-4-642-05308-2

『人物叢書』(新装版)刊行のことば

人物叢書は、個人が埋没された歴史書が盛行した時代に、「歴史を動かすものは人間である。個人の伝記が明らかにされないで、歴史の叙述は完全であり得ない」という信念のもとに、専門学者に執筆を依頼し、日本歴史学会が編集し、吉川弘文館が刊行した一大伝記集である。

幸いに読書界の支持を得て、百冊刊行の折には菊池寛賞を授けられる栄誉に浴した。

しかし発行以来すでに四半世紀を経過し、長期品切れ本が増加し、読書界の要望にそい得ない状態にもなったので、この際既刊本の体裁を一新して再編成し、定期的に配本できるような方策をとることにした。既刊本は一八四冊であるが、まだ未刊である重要人物の伝記についても鋭意刊行を進める方針であり、その体裁も新形式をとることとした。

こうして刊行当初の精神に思いを致し、人物叢書を蘇らせようとするのが、今回の企図である。大方のご支援を得ることができれば幸せである。

昭和六十年五月

日本歴史学会
代表者 坂本太郎

日本歴史学会編集

人物叢書〈新装版〉

▽没年順に配列　▽一、四〇〇円～三、五〇〇円（税別）
▽品切書目の一部について、オンデマンド版の販売を開始しました。
詳しくは出版図書目録、または小社ホームページをご覧ください。

日本武尊　道鏡　藤原佐理　西行　北条時宗　経覚　松井友閑
継体天皇　吉備真備　紫式部　後白河上皇　一遍　一条兼良　ルイス・フロイス
聖徳太子　早良親王　慶滋保胤　千葉常胤　叡尊・忍性　亀泉集証　豊臣秀次
秦河勝　佐伯今毛人　一条天皇　源通親　京極為兼　蓮如　足利義昭
蘇我蝦夷・入鹿　和気清麻呂　大江匡衡　文覚　金沢貞顕　宗祇　前田利家
天智天皇　桓武天皇　源信　畠山重忠　菊池氏三代　尋尊　長宗我部元親
額田王　坂上田村麻呂　源頼光　法然　新田義貞　万里集九　安国寺恵瓊
持統天皇　最澄　藤原道長　栄西　花園天皇　三条西実隆　石田三成
柿本人麻呂　平城天皇　藤原行成　北条義時　赤松円心・満祐　大内義隆　黒田孝高
藤原不比等　藤原冬嗣　藤原彰子　大江広元　卜部兼好　ザヴィエル　真田昌幸
長屋王　円仁　源頼義　北条政子　覚如　三好長慶　最上義光
大伴旅人　伴善男　清少納言　慈円　足利直冬　今川義元　前田利長
県犬養橘三千代　清和天皇　和泉式部　明恵　佐々木導誉　武田信玄　高山右近
山上憶良　円珍　源義家　藤原定家　二条良基　朝倉義景　島井宗室
道慈　菅原道真　大江匡房　北条泰時　細川頼之　浅井氏三代　淀君
行基　聖宝　奥州藤原氏四代　道元　足利義満　里見義堯　片桐且元
橘諸兄　三善清行　藤原頼長　北条重時　今川了俊　上杉謙信　徳川家康
光明皇后　藤原純友　藤原忠実　親鸞　足利義持　織田信長　藤原惺窩
鑑真　紀貫之　源頼政　北条時頼　世阿弥　明智光秀　支倉常長
藤原仲麻呂　小野道風　平清盛　日蓮　上杉憲実　大友宗麟　徳川秀忠
阿倍仲麻呂　良源　源義経　阿仏尼　山名宗全　千利休　伊達政宗

天草時貞　立花宗茂　宮本武蔵　佐倉惣五郎　小堀遠州　徳川家光　由比正雪　林　羅山　松平信綱　国姓爺　野中兼山　保科正之　隠　元　徳川和子　酒井忠清　朱　舜水　池田光政　山鹿素行　井原西鶴　松尾芭蕉　三井高利　河村瑞賢　徳川光圀

契　沖　市川団十郎　伊藤仁斎　徳川綱吉　貝原益軒　前田綱紀　近松門左衛門　新井白石　鴻池善右衛門　石田梅岩　太宰春台　徳川吉宗　大岡忠相　賀茂真淵　平賀源内　与謝蕪村　三浦梅園　毛利重就　本居宣長　山村才助　木内石亭　小石元俊　山東京伝

杉田玄白　塙　保己一　上杉鷹山　大田南畝　只野真葛　小林一茶　大黒屋光太夫　松平定信　菅江真澄　鶴屋南北　島津重豪　狩谷棭斎　最上徳内　遠山景晋　渡辺崋山　柳亭種彦　香川景樹　平田篤胤　間宮林蔵　滝沢馬琴　調所広郷　橘　守部　黒住宗忠

水野忠邦　帆足万里　江川坦庵　藤田東湖　二宮尊徳　広瀬淡窓　大原幽学　島津斉彬　月　照　橋本左内　井伊直弼　吉田東洋　緒方洪庵　佐久間象山　真木和泉　高島秋帆　シーボルト　高杉晋作　川路聖謨　横井小楠　小松帯刀　山内容堂　江藤新平

和　宮　西郷隆盛　ハリス　森　有礼　松平春嶽　中村敬宇　河竹黙阿弥　寺島宗則　樋口一葉　ジョセフ＝ヒコ　勝　海舟　臥雲辰致　黒田清隆　伊藤圭介　福沢諭吉　星　亨　中江兆民　西村茂樹　正岡子規　清沢満之　滝　廉太郎　副島種臣　田口卯吉

福地桜痴　陸　羯南　児島惟謙　荒井郁之助　幸徳秋水　ヘボン　石川啄木　乃木希典　岡倉天心　桂　太郎　徳川慶喜　加藤弘之　山路愛山　伊沢修二　秋山真之　前島　密　成瀬仁蔵　前田正名　大隈重信　山県有朋　大井憲太郎　河野広中　富岡鉄斎

大正天皇　津田梅子　豊田佐吉　渋沢栄一　有馬四郎助　武藤山治　坪内逍遙　山室軍平　阪谷芳郎　南方熊楠　山本五十六　中野正剛　三宅雪嶺　近衛文麿　河上　肇　牧野伸顕　幣原喜重郎　御木本幸吉　尾崎行雄　緒方竹虎　石橋湛山　八木秀次　森戸辰男

▽以下続刊